T0278602

DOMINAR LA INCERTIDUMBRE

DOMINAR LA INCERTIDUMBRE

CÓMO LOS GRANDES EMPRENDEDORES Y LÍDERES EMPRESARIALES PROSPERAN EN UN MUNDO IMPREDECIBLE

MATT WATKINSON
Y CSABA KONKOLY

Argentina – Chile – Colombia – España
Estados Unidos – México – Perú – Uruguay

Título original: *Mastering Uncertainty*
Editor original: Cornerstone Press
First published in the UK by Cornerstone Press in 2022,
which is part of the Penguin Random House group of companies.
Traductor: Valentina Farray Copado

1.ª edición Junio 2024

Plaza de los Reyes Magos, 8, piso 1.º C y D – 28007 Madrid
www.empresaactiva.com
www.edicionesurano.com

ISBN: 978-84-16997-82-4
E-ISBN: 978-84-19497-83-3
Depósito legal: M-9.888-2024

Fotocomposición: Urano World Spain, S.A.U.
Impreso por: Romanyà Valls, S.A. – Verdaguer, 1 – 08786 Capellades (Barcelona)

Impreso en España – *Printed in Spain*

Para Marlowe – M.W.

Para Sara, Lily, Aaron y Judy – C.K.

Índice

PARTE 3
Lanzar, hacer crecer y gestionar organizaciones que prosperan en la incertidumbre

Agradecimientos

Nos gustaría dar las gracias a las siguientes personas por su ayuda y apoyo: Louise Watkinson, John Watkinson, Judy Konkoly, Megan Butler, Patrick Walsh, Nigel Wilcockson, Robert van Ossenbruggen, Ben Supper, Matt Neal, Luke Williams, Michelle Carr, Rob Isaacs, Keith Ferrazzi, Robert Kirubi, Linda Schulze, Tamar Cohen, Natalie Malevsky, Cathy Tabatabaie, Chris Duffy, Stephanie Todd y Scott King.

Un agradecimiento especial a Ben Smith, el mejor amigo y socio comercial que alguien podría pedir – M.W.

Introducción

Los recuerdos de la infancia son curiosos. Recuerdo haber actuado de un arbusto en la obra de teatro del colegio cuando era pequeño, de pie en la parte de atrás, agitando de vez en cuando mis hojas de papel de seda para conseguir un efecto dramático, pero no recuerdo haberme caído por las escaleras y haberme roto el brazo, algo que ocurrió más o menos en la misma época. Tengo una foto borrosa de otra escena de la infancia en mi escritorio: mi hermano y yo vestidos de astronautas, sonriendo como idiotas con nuestras botas de lluvia envueltas en papel de aluminio. Tampoco recuerdo eso, pero me gustaría recordarlo. Parece que nos estábamos divirtiendo como nunca.

Los recuerdos de mi adolescencia también son irregulares, pero recuerdo una conversación con mi padre como si hubiera ocurrido ayer. Ingeniero de profesión, mi padre era director técnico de una empresa que fabricaba altavoces para estudios de grabación. Mientras mostraba un prototipo, le pregunté cómo había llegado a ese diseño y su respuesta me dejó una huella indeleble: «Empiezas aprendiendo cómo funcionan los oídos».

El dominio de los principios básicos es crucial cuando se trata de diseño e ingeniería, explicó, y aplicarlos en lugar de copiar lo que ya existe es la puerta de entrada a la innovación. Fue tranquilizador enterarme de que existe una lógica subyacente en el mundo, pero también emocionante. Con estas leyes invisibles trabajando para nosotros, tenía la sensación de que todo era posible, una visión del mundo que llevé hasta la edad adulta.

Comencé mi carrera diseñando sitios web y software. Después, a medida que el número de canales proliferó —aplicaciones, terminales de autoservicio y plataformas de redes sociales junto a salas de exposición y centros de contacto— me encontré ayudando a los clientes a conectarlos entre sí para crear experiencias completas para los clientes. Estudié a fondo mi campo, pero sentí que faltaba algo en la bibliografía: un conjunto de principios básicos que fueran fáciles de entender y aplicar para aumentar nuestras probabilidades de éxito.

Yo mismo me propuse llenar este importante vacío, y eso me llevó a escribir mi primer libro, *The Ten Principles Behind Great Customer Experiences*. Ganó el premio del CMI al libro de gestión del año, algunas empresas pidieron mil ejemplares a la vez, y he tenido noticias de lectores de todo el mundo que han utilizado estos sencillos principios con éxito. Sin embargo, no estaba preparado para el impacto en mi carrera. En lugar de pedirme que hiciera el trabajo que había pasado una década intentando dominar —diseñar experiencias de productos o servicios— los clientes me veían ahora como un consultor que podía asesorarles en cuestiones más estratégicas.

Cuando me embarqué en esta nueva etapa, me fascinó la frecuencia con la que la gente se lanzaba directamente a las soluciones sin diagnosticar primero el problema. Una empresa, por ejemplo, tenía un nuevo producto que no funcionaba bien, a pesar de haber gastado mucho en publicidad. Suponían que el problema era el diseño de la página de inicio del sitio web, pero no se habían parado a hacerse preguntas más fundamentales. ¿La gente quiere realmente el producto? ¿Tiene el precio correcto? ¿La publicidad está bien ejecutada para ser eficaz? ¿La gente asocia este tipo de producto con su marca? ¿Cómo se compara con la competencia? ¿Existen barreras de adopción que impidan a los clientes considerarlo? Cuando presenté este abanico de posibilidades en una reunión inicial, las respuestas parecían una extraña competición de encogimiento de hombros.

Cuantos más clientes potenciales se ponían en contacto conmigo, más me daba cuenta de que muchas personas no tenían ni idea de las causas de sus problemas ni de dónde debían centrar su atención para lograr sus ambiciones de crecimiento. Tampoco consideraban las implicaciones de sus decisiones más allá de su entorno inmediato, su conjunto de habilidades o su departamento delimitaban un horizonte que no podían superar. Muy pocos, al parecer, consideraban su empresa como un todo interconectado.

Descubrí el valor de lo que estaban pasando por alto —el *pensamiento sistémico*— en mi vida personal. Llevaba años luchando contra el dolor de rodilla y ningún tratamiento había funcionado. Sin embargo, finalmente conocí a una terapeuta que adoptó un enfoque muy diferente al de los especialistas que había visto anteriormente.

Comenzó nuestra primera sesión explicando cómo el sistema músculo-esquelético funciona como un todo integrado, y cómo normalmente «son las víctimas las que gritan, no los criminales» cuando se trata de dolor corporal.[1] Otros expertos habían asumido que la rodilla era el problema porque dolía. Sin embargo, ella utilizó su enfoque sistémico para localizar la raíz del problema: un desequilibrio muscular en mis caderas que ejercía tensión sobre las articulaciones de la rodilla. Seguí su programa de ejercicios correctivos, el dolor desapareció y, para mi sorpresa, pude correr por primera vez en una década.

Estos acontecimientos, tanto personales como profesionales, provocaron un cambio radical en mi visión del mundo. Aunque

1. Myers, T.W. (2009), *Anatomy Trains,* Elsevier, Londres.

seguía creyendo que era ventajoso dominar los principios *dentro* de un ámbito determinado, me di cuenta de que el rendimiento en los negocios estaba mucho más influenciado por las interacciones *entre* los ámbitos.

El pensamiento sistémico es más beneficioso que los principios de las disciplinas específicas porque te ayuda a identificar en qué ámbito debes centrarte en primer lugar. No tiene sentido, por ejemplo, invertir mucho en mejoras de la experiencia del cliente si tu marca es invisible: la gente no puede tener una experiencia contigo si no sabe que existes. Las habilidades de un dominio específico solo ofrecen grandes beneficios si ese dominio es una restricción significativa del rendimiento.

El pensamiento sistémico también reduce los riesgos innecesarios al revelar las consecuencias más amplias de las decisiones. Si el efecto de la reducción de costes es la disminución de la calidad, por ejemplo, se acaban obteniendo productos de calidad inferior; con productos de calidad inferior, es probable que la marca se resienta y los clientes se cambien a las marcas rivales. En efecto, se ha recortado el coste para obtener menos beneficios, un resultado indeseable. Esto tiene un sentido intuitivo para la mayoría de la gente, o incluso puede parecer obvio, pero el sentido común y la práctica común no son la misma cosa. Mejorar un aspecto de un negocio a expensas de otro ocurre con frecuencia y es la causa subyacente de muchas catástrofes empresariales.

El fabricante de aspiradoras Hoover, por ejemplo, realizó una vez una promoción en el Reino Unido en la que ofrecía dos vuelos de ida y vuelta a Estados Unidos con cada compra superior a cien libras. Como solución a un reto concreto tuvo mucho éxito: se produjo una precipitación de ventas. Sin embargo, en términos de sistemas, fue un desastre. La oferta no se había calculado correctamente y resultó ser prohibitivamente cara de cumplir. Cuando Hoover intentó dar marcha atrás, el escándalo resultante causó un gran daño a su reputación. Su mal concebida maniobra de *marketing* se convirtió en un desastre financiero y de relaciones públicas, y algunos de los altos ejecutivos de Hoover perdieron sus puestos de trabajo.[2]

Lo que pensé que se necesitaba era una forma de visualizar una empresa como un todo interconectado, una herramienta o modelo que pudiera ayudar a los equipos a identificar las limitaciones de rendimiento, colaborar más eficazmente entre especialidades y minimizar el riesgo latente de sus decisiones. Y mientras me aferraba a mi creencia infantil de que debía haber una lógica subyacente en el mundo, llegué a una emocionante hipótesis: no solo una empresa es un sistema, sino que todas las empresas deben ser el mismo tipo de sistema.

Los factores subyacentes que determinan el éxito deben ser los mismos independientemente del negocio en cuestión, razoné, aunque sus configuraciones individuales sean diferentes. Así que si pudiéramos identificar un conjunto amplio pero manejable de estos factores y presentarlos en una sola página, podríamos considerar cómo una decisión podría afectar a todos ellos, no solo a uno o dos. También podríamos trabajar con la lista para identificar las verdaderas limitaciones del rendimiento, y comprobar la viabilidad de las ideas de nuevos proyectos o empresas.

Mi mente se iluminó ante la perspectiva, pero si hubiera sabido lo que me esperaba, hubiera corrido a apagar la lamparita. Cinco años, trescientas setenta mil palabras de notas y ochenta y dos iteraciones más tarde, por fin tenía una solución que se ajustaba a las necesidades de mi propuesta, presentada en mi segundo libro, *The Grid: The Master Model Behind Business Success.*

El libro consta de dos partes. La primera explica la necesidad de un enfoque de pensamiento sistémico, con una presentación

2. http://news.bbc.co.uk/2/hi/business/3704669.stm

del modelo y cómo utilizarlo en la práctica. En la segunda, se ofrece un manual exhaustivo sobre cada uno de los elementos incluidos en el modelo —desde la fijación y la regulación de los precios hasta la protección de la propiedad intelectual, la creación de marcas y las estrategias de retención— lo que permite al lector comprender de forma exhaustiva el funcionamiento de una empresa como un todo interconectado y apreciar todas las partes que deben confluir. Pero aunque los comentarios de lectores y expertos siguen siendo abrumadoramente positivos —muchos lo han descrito como el libro sobre estrategia y toma de decisiones más útil que han leído— mi euforia duró poco.

De los compromisos de consultoría y los talleres de formación pronto surgió un patrón. La aparente obviedad de los factores del modelo, combinada con la frecuencia con que se pasaban por alto esos factores, hacía que el uso de la cuadrícula fuera una experiencia incómoda para algunos. En la mayoría de las ocasiones, cuando la lógica de la cuadrícula mostraba que una idea tenía pocas probabilidades de éxito, se abandonaba el modelo, no la idea. Los fundadores se negaban a modificar su visión. Los proyectos se terminaban porque ya se habían iniciado, y las ideas que podrían haber mejorado las probabilidades de éxito se suprimían total o selectivamente para adaptarse a la política organizativa en juego.

Nos dimos cuenta de que nuestros compromisos de consultoría no consistían tanto en añadir valor como en añadir validación. Las empresas recurrían a nuestros análisis para defender hipótesis en lugar de probarlas. Y los datos se seleccionaban o manipulaban para apoyar, en lugar de informar, una narrativa. Siempre había asumido que la gente quería que sus negocios o proyectos tuvieran éxito. Lo que encontré en cambio era sutilmente diferente. La gente quería tener éxito, pero en sus propios términos: con su visión, su estrategia y sus creencias, y en su mayoría preferían fracasar antes que cambiarlas.

Estos comportamientos comunes, por no decir omnipresentes, suponen un gran reto para las herramientas y técnicas de gestión —incluida la cuadrícula— que se basan en un supuesto que nunca había pensado en cuestionar: que aspiramos a tomar decisiones racionales y objetivas. Pero hacerlo requiere una batalla constante con nuestras inclinaciones naturales, que solemos perder. En realidad, somos más emocionales que lógicos, más intuitivos que analíticos, a menudo nos importa más caer bien que tener razón, o nos preocupa más la política que la productividad. Además, preferimos hacer las cosas sobre la marcha y aprenderlas por el camino a través de la experiencia de primera mano que confiar en teorías o consejos abstractos. El psicólogo Jonathan Haidt dio en el clavo cuando dijo que nuestro razonamiento consciente funciona como el secretario de prensa, no como el presidente.[3] En su mayor parte lo utilizamos para justificar y explicar las decisiones que ya hemos tomado, no para tomar mejores decisiones en primer lugar.

Sin embargo, mientras reflexionaba sobre estos retos, me di cuenta de algo aún más importante. Muchos de los elementos de la red —los factores que determinan el éxito de nuestro negocio— están fuera de nuestro control o pueden cambiar de forma impredecible.

No podemos saber de antemano si la gente comprará nuestro producto, por ejemplo. Podría ser demasiado innovador, o no lo suficientemente innovador. Tampoco podemos saber con seguridad cómo responderán los clientes a un cambio de precio o de diseño: podría haber una aceptación indiferente o una reacción violenta. No controlamos lo que pueden hacer nuestros rivales o los reguladores, ni si nuestros clientes se quedarán: sus necesidades pueden cambiar, pueden emigrar o morir. Cuando se trata de negocios, hay tantos factores que determinan nuestro éxito, tan

3. Haidt, J. (2012), *The Righteous Mind*, Pantheon Books, Nueva York.

pocos que están bajo nuestro control directo, y son tan densas las interconexiones entre ellos que no podemos saber con certeza cuál será el impacto final de nuestras decisiones.

Aunque se puede diseñar un producto, una oficina o una estructura organizativa, no se puede diseñar una empresa de éxito, y cuantos más factores intentamos gestionar, más burocráticos, dogmáticos y lentos de respuesta nos volvemos. Del mismo modo, incluso la estrategia más convincente puede fracasar debido a acontecimientos imprevisibles o dificultades de ejecución. Aunque marcos como la cuadrícula pueden ayudarnos a estructurar nuestro pensamiento, formar hipótesis, anticipar escenarios futuros y comunicarnos con mayor eficacia, el elemento de la incertidumbre no puede ser erradicado. La visión del mundo que llevaba conmigo desde la infancia, en la que las maquinaciones del mundo eran fundamentalmente conocibles y los principios básicos allanaban el camino hacia el éxito consistente, se había dado de narices contra una pared.

La ironía era profunda. Al enaltecer el valor de los principios y el pensamiento sistémico, había descubierto sin querer sus limitaciones. Al buscar un mayor control sobre los resultados, había llegado a reconocer el papel ineludible del azar. Y al proporcionar un medio para tomar decisiones más objetivas y racionales, descubrí que la gente tiende a no hacerlo. Había algo que faltaba en mi visión del mundo.

Hay quien dice que cuando el alumno está preparado, aparece el maestro. Mientras lidiaba con estos retos, conocí a un tranquilo caballero húngaro —por pura casualidad, claro— en una fiesta en Los Ángeles. Nos llevamos bien y surgió una estrecha amistad.

En los años siguientes, aprendí dos cosas sobre él. En primer lugar, que era un inversor y empresario extraordinariamente exitoso. Nacido y criado en la Hungría comunista, Csaba (que se pronuncia «Chabba») puso en marcha su primer negocio cuando era adolescente, importando coches desde Italia cuando se derrumbó el Muro de Berlín. Mientras estudiaba Economía en la universidad, aprendió por sí mismo a comerciar con acciones, antes de pasar a dirigir fondos de inversión en todo el mundo, gestionando dinero para inversores legendarios como George Soros. Desde entonces, se ha centrado en las inversiones tecnológicas y las empresas incipientes. De sus veinticuatro inversiones en empresas emergentes, cinco se han convertido en unicornios —valorados en más de mil millones de dólares cada uno— y otras siete han alcanzado una valoración de mil millones de dólares en conjunto.

En segundo lugar, había algo fundamentalmente diferente en nuestro enfoque de negocios. Al principio no podía identificarlo, pero a lo largo de nuestras conversaciones se fue haciendo evidente: nuestra actitud ante la incertidumbre. Csaba había comprendido tres décadas antes que yo que el mundo es intrínsecamente imprevisible. Pero no solo había comprendido esta verdad esencial, sino que se había dado cuenta de que podía convertirla en una ventaja. La clave para su enfoque —y la pieza que faltaba en mi visión del mundo— era pensar de forma probabilística. Para Csaba, los negocios no eran una ecuación que había que resolver, sino un juego de números que había que jugar.

Por ejemplo, no rehúye los proyectos en los que las probabilidades de éxito son escasas, siempre que las ventajas potenciales sean lo suficientemente grandes, una filosofía que siguen muchos de los empresarios más exitosos del mundo, pero un concepto ajeno a muchos directivos. Y al aceptar que el mundo es intrínsecamente imprevisible, no intenta descubrir nuevas ideas de negocio mediante un exhaustivo análisis previo, como nos enseñan a hacer en la escuela de negocios, sino que las crea con un coste y un compromiso mínimos mediante un proceso pragmático e iterativo.

Al apreciar la aleatoriedad del mundo, gestiona sus relaciones para aumentar las probabilidades de encuentros fortuitos que puedan crear nuevas oportunidades; nuestra colaboración en este libro es una de ellas. Y al tratar de maximizar sus beneficios, equilibra dos enfoques distintos del crecimiento: la explotación, el tipo estructurado y gradual que todos conocemos, y la exploración, una forma de oportunismo limitado que le permite aprovechar las vías de crecimiento que la mayoría de nosotros no vemos porque no estamos mirando.

Al aprender más sobre sus métodos y su mentalidad, fue como si la pieza que faltaba en el rompecabezas hubiera encajado en su sitio. Descubrí que la aplicación de su enfoque probabilístico no invalidaba ni sustituía el uso de los principios básicos o el pensamiento sistémico, sino que desbloqueaba todo su potencial al desplazar el énfasis hacia la acción pragmática. Fue una revelación extrañamente liberadora.

La silenciosa tiranía de intentar analizar mi camino hacia las decisiones perfectas fue sustituida por una mayor libertad para experimentar. Ya no me castigo si las cosas no funcionan exactamente como las había planeado, sino que empiezo a apostar en consecuencia. El miedo al fracaso dio paso a una nueva confianza para actuar. Y al seguir con gusto mi inclinación instintiva a conectar con otras personas y ayudarlas, empezaron a surgir oportunidades inesperadas en mi camino.

Me pareció que este enfoque no solo era muy eficaz, sino también más instintivo. Somos mucho más propensos a tener ideas y a probarlas que a diseñar soluciones a partir de un análisis lógico y distanciado. Las oportunidades tienden a surgir a través de nuestras relaciones con otras personas, más que a través de la maquinación calculada. También aprendemos a través de la prueba y el error, perfeccionando nuestra técnica y desarrollando nuestras capacidades a medida que avanzamos. Gateamos, caminamos, corremos y luego corremos un poco más rápido y más lejos. No asistimos a un seminario de biomecánica para luego plantarnos en la línea de salida de una maratón. A decir verdad, no tenía intención de escribir otro libro. Estaba ocupado con un negocio en expansión y acababa de ser padre. Pero pronto se hizo evidente lo valioso que sería un libro sobre el tema. Y cuando Csaba y yo hablamos de la posibilidad de colaborar, una cosa llevó rápidamente a la otra.

A las pocas semanas de haber dado vueltas a la idea, nos pusimos a trabajar en el proyecto. Una nueva oportunidad creada a partir de un encuentro fortuito, el fortalecimiento de una relación y de la exploración con la mente abierta. Por lo tanto, el libro encarna las lecciones que queremos compartir en más de un sentido.

Consta de tres partes. La primera parte desarrolla el argumento central: que los problemas y las oportunidades del mundo real no pueden predecirse o descubrirse de forma fiable mediante el análisis porque el futuro es intrínsecamente impredecible y está fuera de nuestro control (capítulo uno), y que las prácticas tradicionales de gestión a menudo no reconocen esta característica fundamental de la realidad (capítulo dos).

Algunos lectores pueden encontrar estos dos capítulos incómodos de leer. Afortunadamente, el resto del libro está dedicado a técnicas prácticas que pueden ayudarte a tomar mejores decisiones, crear más oportunidades y aumentar tus probabilidades de éxito, ya que se basa en una mejor comprensión de cómo funciona realmente el mundo.

La segunda parte ofrece métodos y mentalidades que podemos utilizar como individuos. El capítulo tres describe la mentalidad que debemos adoptar para prosperar en un mundo incierto. El capítulo cuatro explora cómo la construcción de relaciones crea una base para los encuentros fortuitos, el precursor más común de las oportunidades de negocio, y el capítulo cinco aborda la habilidad vital de identificar esas oportunidades y asegurar el compromiso con un curso de acción; en otras palabras, aprender a vender.

Una vez adquiridas estas habilidades individuales, la tercera parte amplía las ideas a las organizaciones, explorando cómo iniciar, hacer crecer y gestionar empresas en nuestro mundo incierto (capítulos seis a ocho).

Antes de entrar en materia, sin embargo, una breve nota sobre cómo se escribió este libro, y para quién fue escrito.

Una queja habitual de los libros de los autores que se encuentran en medio de la acción» —empresarios o directores generales de grandes empresas, por ejemplo— es que suelen ser demasiado anecdóticos. Inspiran y entretienen, pero puede ser difícil aplicar sus ideas a la situación exacta del lector. En cambio, los libros escritos por «pensadores» —académicos o líderes de opinión en un campo— pueden parecer a veces demasiado arraigados en la teoría y carecer de aplicación práctica, sobre todo para aquellos cuyo nivel de influencia en una organización es limitado. Una crítica común a ambos tipos de autores es que sus obras se dirigen o bien a las empresas incipientes y pequeñas empresas o bien a las grandes empresas, pero no a ambas.

Afortunadamente, Csaba y yo encarnamos la diversidad de experiencias por la que abogamos en un equipo. Csaba viene del mundo de las empresas emergentes, la inversión y la gestión de riesgos. También es director, con su propio dinero en juego. En cambio, aunque yo siempre he dirigido mi propio negocio, he pasado la mayor parte de mi carrera como agente, asesorando y diseñando soluciones para las corporaciones, con menos exposición personal al riesgo, pero más conocimiento de las maquinaciones de las grandes empresas.

Csaba es, ante todo, un pragmático que no ve ninguna utilidad en los conocimientos que no puedan mejorar su habilidad de juego, y la mayoría de las ideas de este libro proceden directamente de nuestros debates estructurados sobre su ética y su práctica de trabajo. Mis intereses son ligeramente diferentes: escribir y hablar sobre las ideas me resulta tan gratificante como aplicarlas, de ahí mi papel de narrador.

Al combinar nuestras diversas experiencias, inclinaciones e intereses, estamos encantados de haber creado un libro que puede beneficiar a todo el espectro de responsables de la toma de decisiones empresariales, desde los líderes y gerentes de grandes organizaciones, hasta los emprendedores, los futuros fundadores y otros.

Si quieres crear más oportunidades para ti mejorando tu mentalidad, extendiendo tu influencia, ampliando tu red de contactos y teniendo un mayor impacto en tu proyecto o en el éxito de tu empresa, estás leyendo el libro adecuado.

Bienvenido a bordo y gracias por acompañarnos.

PARTE 1

El elemento del azar

1
Encuentros fortuitos
Nuestro mundo imprevisible al descubierto

¿Podemos predecir el futuro? La respuesta no es tan sencilla como podría pensarse.

Aunque no podemos saber qué ocurrirá un día determinado dentro de veinte años, o qué cambios pueden estar a la vuelta de la esquina, inevitablemente basamos nuestras decisiones en lo que creemos que va a ocurrir, y los resultados suelen ser fiables. Si todo en la vida fuera totalmente aleatorio, nunca saldríamos de casa, y tampoco nos sentiríamos muy cómodos quedándonos dentro.

El problema, sin embargo, es que por muy probables que parezcan los resultados, no son seguros. Como explicó el escritor G.K. Chesterton, «El verdadero problema de nuestro mundo... es que es casi razonable, pero no lo es del todo. La vida no es ilógica, pero es una trampa para los lógicos. Parece un poco más matemática y regular de lo que es; su exactitud es obvia, pero su inexactitud está oculta; su salvajismo está al acecho».[4]

Debido a estas inexactitudes ocultas, el mundo es en realidad mucho más imprevisible de lo que creemos. Los periodos de relativa estabilidad se ven interrumpidos por trastornos sísmicos aparentemente aleatorios. Las pandemias, los colapsos económicos y las nuevas tecnologías llegan a la escena de forma imprevista. Esta

---

4. Chesterton, G.K. (2018), *Orthodoxy*, Editorial Digireads.com.

imprevisibilidad se extiende a la mayoría de los aspectos de la vida, si no a todos. En 2002, por ejemplo, un australiano ganó el Oro olímpico en patinaje de velocidad cuando una colisión hizo desaparecer a los líderes en la última curva.[5]

A nivel intelectual, la mayor parte de la gente entiende esta imprevisibilidad, pero en la práctica subestiman su prevalencia. Por ello, comenzamos nuestro viaje exponiendo el carácter salvaje oculto del mundo, explicando cómo la naturaleza fundamental de los sistemas complejos, la toma de decisiones humana y la tecnología en particular se combinan para crear un entorno inherentemente impredecible.

El reto de la complejidad

Un sistema es un conjunto de elementos interconectados que produce sus propias pautas de comportamiento, y podemos pensar que los sistemas pertenecen a uno de los dos tipos básicos: los complicados y los complejos.

En un sistema complicado puede haber miles de piezas interconectadas, pero obedecen a reglas claras que hacen que su comportamiento sea predecible y comprensible. Un reloj mecánico o un motor de reacción, por ejemplo, son complicados pero funcionan de forma predecible.

Sin embargo, en un sistema complejo, debido a la interdependencia entre los elementos o a la posibilidad de que cada uno de ellos actúe por voluntad propia, el conjunto no se comporta como la suma de las partes, lo que puede hacer que su comportamiento sea imprevisible. ¿Por qué?

En 1887, el rey Óscar II de Suecia ofreció un premio a quien pudiera resolver el infame Problema de los Tres Cuerpos, un reto

5. https://www.olympic.org/news/steven-bradbury-australia-s-last-man-standing

de física que consiste en predecir los movimientos de tres cuerpos celestes, por ejemplo, la Tierra, la Luna y el Sol. El matemático francés Henri Poincaré hizo su mejor esfuerzo y fracasó —hasta hoy sigue sin resolverse— pero su trabajo fue tan impresionante que aun así se le concedió el premio. Poincaré siguió dándole vueltas al problema y, en una revisión de su artículo original, asentó inadvertidamente las bases de lo que se conoció como Teoría del caos.

Explicó que, cuando los elementos de un sistema están interconectados, los pequeños errores o cambios de cálculo se magnifican cuanto más interactúan —un fenómeno que también observó el meteorólogo Edward Lorenz más de medio siglo después al realizar simulaciones por ordenador para modelar los patrones meteorológicos. Lorenz descubrió que diferencias minúsculas —por ejemplo, medir las variables con cuatro en lugar de seis decimales— producían pronósticos radicalmente distintos. Esta observación le llevó a presentar una breve ponencia en una conferencia meteorológica en 1972, titulada *Predictability: Does the Flap of a Butterfly's Wings in Brazil Set Off a Tornado in Texas?* De ahí el popular apodo de este fenómeno: el efecto mariposa.

Tanto la teoría de Poincaré como la de Lorenz se basan en dos conceptos que sustentan gran parte de la incertidumbre en el mundo en general y en los negocios en particular: en primer lugar, que nuestra información es siempre imperfecta, y en segundo lugar, que las entradas pueden tener resultados no lineales.

El problema de la información imperfecta

La información incompleta o incorrecta supone un reto para todos los responsables de la toma de decisiones empresariales. No solo tenemos información parcial (sobre todo en lo que respecta a las intenciones de nuestros rivales), sino que la información que tenemos se ve afectada por nuestra propia interpretación, creencias y prejuicios, o se distorsiona en el camino. Las malas noticias, en particular, rara vez se comunican con exactitud, sobre todo a medida que ascienden a los mandos altos.

E incluso si pudiéramos garantizar una buena recopilación de información y algo que se acerque a la interpretación objetiva, siempre podemos contar con nuestros clientes para enturbiar las aguas. Como dijo el legendario publicista David Ogilvy, «El problema de los estudios de mercado es que la gente no piensa lo que siente, no dice lo que piensa y no hace lo que dice». Un lema con un serio fundamento científico.

El hecho es que, según el biólogo evolutivo Robert Trivers, tenemos un don innato para el autoengaño, gran parte del cual es subconsciente. Habitualmente sobrestimamos nuestra inteligencia, nuestras capacidades y nuestro atractivo, reprimimos activamente los malos recuerdos e incluso recordamos hechos que nunca ocurrieron.[6] Dado que nos mentimos habitualmente a nosotros mismos —aparentemente como medio para mentir mejor a los demás— no es de extrañar que no podamos tener una fe absoluta en lo que se nos dice.

La solución lógica sería basarse en mediciones objetivas, pero la medición de cualquier cosa que vaya más allá de lo simple (la altura de un muro, por ejemplo) está plagada de retos y dificultades. No todo puede medirse y las propias mediciones pueden ser inexactas. Es posible que se dé una importancia excesiva a determinadas mediciones, que se interpreten mal o que se midan cosas equivocadas.

El historiador financiero y economista Peter Bernstein lo expresó mejor: «La información que tienes no es la que quieres. La información que quieres no es la que necesitas. La información

6. Trivers, R. (2011), *The Folly of Fools: The Logic of Deceit and Self- Deception in Human Life,* Basic Books, Nueva York

que necesitas no es la que puedes obtener. La información que puedes obtener cuesta más de lo que quieres pagar».[7] Por tanto, no tenemos más remedio que tomar decisiones sobre la base de información parcial y potencialmente engañosa, y aceptar que los resultados serán inciertos.

El reto de la no linealidad

Que los pequeños acontecimientos puedan tener un impacto desproporcionado es un fenómeno que nuestro cerebro rechaza instintivamente, pero que domina el mundo que nos rodea. El tráfico fluye rápidamente y luego se detiene sin ninguna razón obvia. Las fluctuaciones menores de la economía tienen efectos significativos en la disponibilidad del crédito.[8] La relación entre las puntuaciones de satisfacción, la recompra y el poder de fijación de precios es igualmente no lineal.[9]

En todas partes hay ejemplos de sucesos aparentemente triviales que tienen consecuencias profundas, sobre todo en nuestra vida personal. Un pequeño incidente de mi vida ilustra muy bien esta cuestión. Cuando tenía dieciocho años, subí a un tren para visitar a un amigo y me puse a hojear un periódico que alguien había dejado en el asiento de al lado. Acababa de terminar los estudios y quería ganar algo de dinero, así que cuando vi un anuncio de un trabajo que me parecía interesante, decidí, sin pensarlo dos veces, solicitarlo. Me ofrecieron una entrevista, conseguí el puesto y así conocí a mi primer mentor, que dio el pistoletazo de salida a mi carrera.

---

7. Bernstein, P.L. (1998), *Against the Gods,* John Wiley & Sons, Nueva York.

8. Marks, H. (2018), *Mastering the Market Cycle - Getting the Odds on Your Side,* Houghton Mifflin Harcourt, Nueva York.

9. Kordupleski, R. y Simpson, J., *Mastering Customer Value Management - The Art and Science of Creating Competitive Advantage,* Customer Value Management, Inc., Randolph, NJ.

Si hubiera subido a un tren más tarde, si me hubiera sentado en otro vagón, o incluso si hubiera tomado otro asiento en el vagón que elegí; si hubiera llevado un libro para leer, o si me hubiera distraído de alguna manera, no habría visto el anuncio y no habría conocido a mi mentor. Quizá me hubiera embarcado en una carrera totalmente diferente. Si hubiera sido así, seguramente nunca habría conocido a mi socio, que nunca me habría presentado a la madre de mi hijo. Tampoco habría conocido a Csaba, y tú no estarías leyendo este libro.

De hecho, cuando miro hacia atrás en mi vida, todos los desarrollos significativos han surgido de eventos y encuentros igual de insignificantes. Estoy seguro de que lo mismo ocurre con todas las personas del planeta. Los sucesos triviales pueden tener consecuencias profundas, y nunca podemos conocer el impacto final de un acontecimiento hasta después de que se haya producido, un elemento clave de otro fenómeno sistémico, conocido como *criticalidad autoorganizada.*

El impacto de la criticalidad autoorganizada

La forma más sencilla de entender este concepto es imaginar que se construye un montón de arroz, grano a grano. La pila se hace más empinada hasta el punto en que la adición de un solo grano más desencadena una avalancha. Sin embargo, no podemos estar seguros de cuál será el grano que desencadene la avalancha, ni de la magnitud de esta, ya que cualquiera de los numerosos granos del montón podría estar a punto de caer en el momento en que se produce la coalición.

Por lo tanto, cualquier grano adicional puede provocar una avalancha pequeña, mediana o enorme, o ninguna avalancha, sin que haya nada inusual en el grano que la desencadena. Si seguimos añadiendo granos, el montón seguirá creciendo hasta el siguiente colapso aleatorio. Si visualizáramos la altura del montón de arroz a lo largo del tiempo, el gráfico tendría un aspecto irregular y desordenado. Los periodos de crecimiento se intercalarían con avalanchas aleatorias de diversos tamaños.

Este comportamiento no es exclusivo de los montones de arroz. Es un rasgo característico de los sistemas naturales y sociales: los terremotos, los incendios forestales, la venta de entradas de cine, las guerras, las revoluciones científicas y políticas y las fluctuaciones económicas presentan las mismas características. No se puede saber de antemano la magnitud de los acontecimientos, ni hay nada especial en las circunstancias que los desencadenan.[10]

El libro seminal de Nassim Taleb, *El cisne negro* (el título es una referencia a un término coloquial para designar un acontecimiento imprevisible y de gran impacto), subraya el papel fundamental que desempeñan estos acontecimientos en nuestras vidas.[11] «Un pequeño número de cisnes negros explica casi todo en nuestro mundo», escribe, «desde el éxito de las ideas y las religiones hasta los elementos de nuestra vida personal». La historia, explica, no se arrastra, sino que salta, y está formada por acontecimientos improbables. No podemos anticipar ni evaluar su importancia hasta después de que han sucedido.[12]

En resumen, el comportamiento de los sistemas adaptativos complejos puede ser muy imprevisible, sobre todo porque los sistemas sociales —desde la economía y la sociedad hasta las organizaciones de todas las formas y tamaños— están compuestos por elementos con una característica distintiva: una mente propia.

---

10. Buchanan, M. (2000), *Ubiquity: Why Catastrophes Happen,* Three Rivers Press, Nueva York.

11. Taleb, N.N. (2010), *The Black Swan: The Impact of the Highly Improbable,* Random House, Nueva York.

12. Ibídem.

El elemento humano

Teniendo en cuenta nuestras esperanzas y sueños, pensamientos y sentimientos, inclinaciones y preferencias, experiencias y conocimientos únicos, no se puede saber con seguridad lo que hará cada persona. Si añadimos nuestras interacciones y relaciones con otras personas, el panorama se vuelve aún más complejo.

Aunque somos capaces de pensar y actuar de forma independiente, también estamos influenciados por los demás. No hay nada que atraiga más a la gente que una multitud, y naturalmente queremos encajar en el grupo social que hemos elegido, adoptando sus comportamientos, sus elecciones de productos o sus opiniones. Sin embargo, no nos limitamos a decidir qué hacer individualmente o a imitar ciegamente a los demás. También intentamos elaborar estrategias, anticipando lo que podrían hacer otros individuos u organizaciones.

Por lo tanto, cualquier acontecimiento puede desarrollarse de muchas maneras diferentes. Pensemos, por ejemplo, en el problema del bar «El Farol», que toma su nombre de un bar real cercano al Instituto de Santa Fe, el hogar espiritual de la ciencia de los sistemas complejos. Un jueves cualquiera, la gente querrá pasar el rato en el bar a menos que esté demasiado lleno, en cuyo caso no será divertido. Como resultado, el bar puede acabar lleno porque todo el mundo supone que estará vacío, o vacío porque todo el mundo supone que estará lleno.[13] Cualquier acontecimiento puede provocar resultados imprevistos, ya sean deseables o indeseables.

Y, por supuesto, los humanos también cometen errores.

---

13. Arthur, W.B. (2014), *Complexity and the Economy,* Oxford University Press, Oxford.

El papel del error humano

Los seres humanos somos propensos a cometer errores por naturaleza. Podemos ser torpes, olvidadizos y distraídos. Podemos tener el plan correcto y estropear la ejecución, o ejecutar perfectamente el plan equivocado.

Cuando las cosas van mal a lo grande —un avión se estrella o una planta química explota— nos apresuramos a señalar a los individuos implicados, pero esto es solo una parte del panorama. Los errores suelen ser consecuencia de factores coyunturales, como una formación inadecuada, un mal diseño o un mantenimiento deficiente. Y estas *condiciones latentes*, que están presentes en todos los sistemas, suelen ser invisibles hasta que se combinan con un conjunto único de factores contextuales para desencadenar un evento adverso.[14]

Según la teoría de los accidentes normales de Charles Perrow, estos incidentes son inevitables. No se trata de *si* ocurrirán eventos catastróficos —derrames de petróleo (Deepwater Horizon, 2010), incidentes nucleares (Fukushima, 2011), explosiones en almacenes químicos (Beirut, 2020) o derrumbes de estructuras (Surfside, Florida, 2021)— sino de *cuándo*. Y como a menudo se producen como resultado de complejas coincidencias, suelen llegar sin previo aviso, cogiéndonos desprevenidos.

Parte del problema es que el número de formas incorrectas de hacer las cosas tiende a superar ampliamente el número de formas correctas. Como explica el experto en errores James Reason, «los procedimientos necesarios para guiar la preparación de, por ejemplo, una sopa minestrón pueden ser transmitidos en unas pocas frases. Pero los procedimientos necesarios para garantizar que esta tarea se realice con absoluta seguridad podrían llenar

---

14. Reason, J. (2016), *Managing the Risk of Organisational Accidents,* Taylor & Francis, Abingdon.

varios libros... no hay forma de prever todas las posibles combinaciones de peligros y sus correspondientes escenarios de accidentes».

Para reforzar este punto, Reason ofrece otro ejemplo. Pensemos en un tornillo con ocho tuercas que deben enroscarse en una secuencia determinada. Solo hay una forma correcta de montarlas. Sin embargo, hay 40.319 maneras de ensamblarlas de forma incorrecta.[15] Los errores son, por tanto, una característica omnipresente de la vida humana y una fuente ineludible de incertidumbre. Y, como también aclara la teoría de los accidentes normales de Perrow, estos errores son aún más probables cuando se tiene en cuenta la complejidad de los sistemas modernos y las tecnologías que los componen.

La aparición y el impacto de la tecnología

Toda tecnología se basa en un principio o idea subyacente que produce una solución particular.[16] Para simplificar, utilicemos el motor de pistones como ejemplo. El principio básico en el que se basa es que, explotando el plancton jurásico de una determinada manera, se pueden mover los pistones hacia arriba y hacia abajo para crear un movimiento rotatorio.

Si una tecnología funciona y se demuestra que es ventajosa desde el punto de vista comercial o militar, la rivalidad entre diseñadores e ingenieros llevará su rendimiento al límite. El humilde motor de pistones, por ejemplo, adquirió innovaciones como el turbocompresor y la inyección de combustible. Con el tiempo, estos subsistemas también alcanzan sus límites y exigen

---

15. Ibídem.

16. Arthur, W.B. (2011), *The Nature of Technology: What It Is and How It Evolves,* The Free Press, Nueva York.

sus propios subsistemas, por lo que la solución se complica cada vez más a medida que mejora su rendimiento.

Es entonces que se aplica la ley de los rendimientos decrecientes, ya que cada mejora incremental proporciona avances más pequeños que son cada vez más caros y difíciles de conseguir. En ese momento, lo más probable es que surja un principio tecnológico totalmente nuevo que inicie su propio proceso de elaboración. Un motor de reacción, por ejemplo, no es un motor de pistón muy complicado; tampoco lo es el motor de un Tesla. Estas tecnologías funcionan con principios fundamentalmente diferentes.

En teoría, podemos ver cómo evolucionarán las tecnologías a corto plazo: mejorarán complicándose hasta que sean sustituidas por algo más sencillo. También deberíamos ser capaces de detectar cuándo se pondrán de moda las nuevas tecnologías: solo tenemos que ver cuáles de las soluciones existentes han alcanzado la madurez y qué nuevas tecnologías podrían sustituirlas. Sin embargo, la realidad es que este proceso está plagado de incertidumbre.

Cuando una tecnología alcanza la madurez, se encuentra encerrada en estructuras más amplias. El planeta está salpicado de plataformas petrolíferas y gasolineras, por ejemplo, y existen eficientes cadenas de suministro para la fabricación y el mantenimiento de motores de pistón, lo que facilita su compra y posesión. Las tecnologías maduras también suelen superar a las nacientes, al menos en algunos aspectos que importan a la gente.

Por tanto, los atractivos de una nueva tecnología pueden no ser inmediatamente evidentes, por muy prometedora que parezca. Además, existe una cierta inercia sistémica. Instintivamente preferimos lo conocido a lo nuevo, y nos animan a ello los intereses creados que apoyan lo que ya existe. En consecuencia, puede ser difícil, y a veces imposible, que las nuevas tecnologías se impongan. La gente seguirá prefiriendo «estirar» la tecnología antigua y conocida para satisfacer sus necesidades hasta que llegue el momento en que la nueva tecnología sea innegablemente mejor, se resuelvan los problemas de infraestructura más amplios o la normativa favorezca un nuevo enfoque. Para intentar llevar a cabo este proceso se necesita un gran capital, por no hablar de la predisposición al riesgo.

Otra incertidumbre se debe a que, si surgen dos nuevas tecnologías al mismo tiempo, no necesariamente prevalecerá la mejor; el más pequeño o aleatorio de los acontecimientos, tal vez un artículo favorable o un encuentro casual entre las partes interesadas, puede hacer que la menos prometedora se imponga. El economista de la complejidad, W. Brian Arthur, escribe que «la solución que se impone no es necesariamente la mejor de las que compiten. Puede que haya triunfado en gran medida por casualidad».

Cuando la Armada estadounidense estudió la forma de refrigerar los reactores nucleares de sus submarinos y portaaviones, decidió que la refrigeración por agua era la mejor opción. Esto se debe a dos razones. En primer lugar, sus ingenieros tenían una amplia experiencia en el trabajo con agua a presión. En segundo lugar, les preocupaban los riesgos de utilizar otros materiales de refrigeración en un entorno acuático: el sodio, por ejemplo, explota en el agua.

Cuando la Comisión de Energía Atómica de Estados Unidos se encontró con la necesidad urgente de un reactor nuclear terrestre (por razones políticas), se consideró más rápido y fácil adaptar el diseño de un reactor de un portaaviones que diseñar uno desde cero. De este modo, los reactores refrigerados por agua obtuvieron una ventaja indiscutible en el mercado, aunque los expertos sugieren que, tanto desde el punto de vista económico como tecnológico, no son la mejor solución.[17]

---

17. Ibídem.

La adopción de la tecnología, en otras palabras, es muy imprevisible. En un momento dado, circulan docenas, si no cientos, de ideas viables y nacientes, cualquiera de las cuales puede abrirse paso si se produce en el lugar y el momento adecuados. Y aunque a posteriori asumimos que el triunfo de una tecnología concreta era «inevitable», basta con ver nuestro atroz historial de previsión de tendencias tecnológicas para darnos cuenta de que rara vez es así en ese momento.

Los expertos contemporáneos creían que los ordenadores personales, la aviación militar, la televisión e Internet nunca se pondrían de moda. El grupo de expertos del gobierno The Rand Corporation predijo que para el año 2020 seríamos conducidos por simios bien entrenados.[18] Incluso los innovadores pueden juzgar mal el valor de sus creaciones. Xerox inventó Ethernet, la interfaz gráfica de usuario y una tecnología llamada Interpress que permitía que cualquier ordenador se comunicara con cualquier impresora, y sin embargo vio poco potencial en ellas.[19] A 3Com, Apple y Adobe —que llevaron cada una de estas innovaciones al mercado— no les ha ido nada mal.

Nuestro mundo es inherentemente impredecible

Hasta ahora, las ideas de una serie de disciplinas apuntan a la misma conclusión: nuestro entorno es intrínsecamente imprevisible. El mundo de los negocios es especialmente susceptible a sufrir alteraciones ya que el éxito está ligado a una maraña de factores que son imprevisibles por separado, y aún más en conjunto.

---

18. Sí, de verdad. Véase Seaborg, G.T. (1996), *A Scientist Speaks Out: A Personal Perspective on Science, Society and Change,* World Scientific Publishing, Londres

19. Livingston, J. (2007), *Founders at Work,* Apress, Berkeley.

Las tendencias sociales, los comportamientos emergentes en las organizaciones y la economía, las innovaciones tecnológicas imprevisibles, los decretos gubernamentales, la acción competitiva y todo el espectro del comportamiento humano —desde el ingenioso hasta el inepto, desde el acertado hasta el erróneo— se mezclan para crear el entorno más imprevisible de todos.

Y, aunque la naturaleza humana nos hace creer que debe haber algún mecanismo oculto que aún no hemos descifrado, o algún *significado* detrás de los acontecimientos épicos, la evidencia demuestra lo contrario. No hay un patrón predecible para los desastres naturales. Los acontecimientos que modifican el arco de la historia de la humanidad son casi imposibles de detectar antes de que ocurran. Las burbujas, las crisis, los auges y las caídas son características del sistema económico, no son defectos que puedan corregirse fácilmente. La previsibilidad se nos escapa en cada giro, por mucho que intentemos atraparla.

La gran mayoría de las predicciones de los expertos son incorrectas, y cuando son correctas, lo son de forma inconsistente. Y cuanto más adelante miramos, menos podemos ver. Si tenemos en cuenta el papel dominante de los cisnes negros en la vida, podemos concluir razonablemente que lo que realmente importa no puede predecirse en absoluto.

Hay un proverbio yiddish que lo resume todo: «Nosotros planeamos. Dios se ríe». La incertidumbre es un hecho ineludible de la vida. Y como la mayoría de los acontecimientos escapan a nuestro control, llegamos a una conclusión ineludible: nuestras acciones no dictan los resultados por sí solas.

Resultados = acciones + condiciones

Nuestros resultados están determinados tanto por las acciones que realizamos como por las condiciones en que las llevamos a cabo. Imaginemos, por ejemplo, que estás solicitando un trabajo.

Podrías buscar la ayuda de un experto para pulir tu currículum, investigar cuidadosamente la empresa a la que te presentas, aprender todo lo que puedas sobre el puesto, y prepararte rigurosamente pensando en el tipo de preguntas que podrían hacerte. También puedes prever factores imprevisibles, como retrasos en los viajes que te hagan llegar tarde a la entrevista.

Sin embargo, muchas, si no la mayoría, de las condiciones que determinan si obtendrás el trabajo siguen siendo inciertas. Por ejemplo, no conocerás el panorama político de la organización en cuestión, el nivel de los demás candidatos o su relación con el director de contratación. Tampoco puedes saber realmente los objetivos personales de tu entrevistador o los criterios de éxito para la contratación, ni si tendrás una gran química con ellos. Puede que piensen que estás sobrecualificado o infracualificado. Estos factores son muy inciertos y están fuera de tu control.

Por ello, tus acciones deben incluir una dimensión probabilística. Puedes reservar algo de dinero para ganar tiempo y encontrar el puesto adecuado, ya que puede que tengas que besar algunos sapos. Podrías decidir establecer relaciones con personas que podrían presentarte a posibles empleadores. Podrías optar por solicitar dos o tres puestos en los que encajas bien.

Este ejemplo también revela otra lección vital: cuando las condiciones son inciertas, que siempre lo son en cierta medida, las decisiones más inteligentes pueden tener resultados desfavorables. El azar puede ser decisivo en cualquier caso.

La mayoría de nosotros tememos la perspectiva del fracaso. Aparte de las consecuencias prácticas, un torrente de emociones dolorosas —remordimiento, vergüenza, miedo a ser reprendido e incluso autodesprecio— puede llegar a perseguirnos. ¿Por qué? Porque asumimos que somos culpables. Para la mayoría de nosotros, la noción de una buena acción y un buen resultado son inseparables, así que si no tenemos éxito, debemos tener la culpa. La idea de que una gran decisión puede tener un resultado no óptimo y seguir siendo una gran decisión nos parece equivocada.

Y sin embargo, en un mundo complejo en el que condiciones desconocidas pueden determinar los resultados, el fracaso puede ser lo que nos toque. Si aceptamos que los acontecimientos a menudo están fuera de nuestro control, podemos replantear nuestra relación con los resultados adversos y reducir drásticamente nuestro sufrimiento (un tema al que volveré en el capítulo tres).

Además, podemos dejar de preocuparnos constantemente por saber si estamos siguiendo la estrategia, la teoría o la receta perfecta para tener éxito. Incluso si hubiera una, el resultado deseable no estaría garantizado. Debemos contentarnos con las posibilidades y apostar en consecuencia.

Todo en los negocios es un juego de números

Algunas personas que conozcamos se convertirán en amigos íntimos, socios comerciales o clientes, y otras se quedarán en el camino. Algunas de nuestras ideas serán un éxito y otras un fracaso. Algunos clientes potenciales se convertirán en clientes de pago, otros no. De los periódicos que cojamos en el tren, algunos contendrán un artículo que podría alterar fundamentalmente el camino de nuestras vidas, otros no.

Ante todas estas incertidumbres y caminos posibles, tenemos dos métodos a nuestra disposición si queremos aumentar nuestras posibilidades de éxito. Podemos aumentar el número de personas con las que nos reunimos, las ideas que probamos o las perspectivas que perseguimos, ampliando la parte superior de nuestro embudo, si se quiere. O podemos optimizar nuestra tasa de conversión, aumentando la proporción de lo que entra en la parte superior del embudo que tiene una recompensa positiva en la parte inferior.

La mayor parte de la literatura empresarial se centra en este último aspecto. La optimización nos da una mayor sensación de control y crea un proceso más eficiente, ambas cosas deseables. Pero dada la incertidumbre inherente al mundo, centrarse demasiado en la optimización puede ser algo malo.

Para demostrarlo, imaginemos dos empresas con actitudes fundamentalmente diferentes. Una tiene un enfoque determinista. Sus directivos creen que con suficiente capacidad de análisis y una planificación cuidadosa pueden garantizar el éxito minimizando su exposición al azar. La otra empresa tiene un enfoque probabilístico. Sus directivos aceptan la incertidumbre como un hecho de la vida y tratan de explotar, en lugar de domar, el azar mediante un juego de números.

Ahora imaginemos que se presenta un proyecto que tiene un diez por ciento de probabilidades de éxito, pero que podría producir un retorno de cien veces la inversión si tiene éxito. Los gestores deterministas casi sin duda lo rechazarán. Las probabilidades de éxito son, sencillamente, demasiado bajas. Los gestores probabilísticos, por el contrario, podrían decir un sí rotundo, siempre que puedan permitirse cómodamente explorar la idea. De hecho, Jeff Bezos —la persona más rica del mundo en el momento de escribir estas páginas— utilizó este mismo ejemplo para ilustrar su filosofía empresarial probabilística.[20]

20. En la carta a los accionistas de Amazon de 2016, Jeff Bezos escribió: «Los rendimientos superiores a menudo provienen de apostar contra la sabiduría convencional, y la sabiduría convencional suele tener razón. Con un diez por ciento de probabilidades de ganar cien veces la recompensa, deberías aceptar esa apuesta siempre. Pero aun así te equivocarás nueve de cada diez veces... Todos sabemos que si intentas lanzar la pelota fuera del estadio, vas a hacer muchos strikes, pero también vas a pegar algunos jonrones. La diferencia entre el béisbol y los negocios, sin embargo, es que el béisbol tiene una distribución de resultados truncada. Cuando haces un swing, no importa lo bien que conectes con la pelota, lo máximo que puedes conseguir son cuatro entradas. En los negocios, de vez en cuando, cuando se sube al plato, se pueden hacer mil entradas. Esta distribución desproporcionada de rendimientos es la razón por la que es importante ser audaz. Los grandes ganadores pagan muchos experimentos». https://www.sec.gov/Archives/edgar/data/1018724/000119312516530910/d168744dex991.htm

En una carta a los accionistas de Amazon reforzó el mensaje: «A medida que una empresa crece, todo debe aumentar, incluido el tamaño de los experimentos fallidos. Si el tamaño de tus fracasos no crece, no vas a inventar a un tamaño que realmente pueda mover la aguja... Nos esforzaremos para que sean buenas apuestas, pero no todas las buenas apuestas acabarán siendo rentables... La buena noticia para los accionistas es que una sola gran apuesta ganadora puede cubrir con creces el coste de muchas perdedoras».[21]

Dado que en el mundo real la mayor parte de nuestro éxito proviene de la serendipia, de los accidentes felices y de la asunción de riesgos con el potencial de obtener recompensas no lineales, la incorporación de un enfoque probabilístico en nuestra toma de decisiones conduce a un mayor éxito.

Esta idea indica por qué los gerentes con una educación empresarial formal a menudo fracasan como empresarios, mientras que individuos aparentemente inexpertos con inteligencia «callejera» y empuje pueden tener un éxito extraordinario. Los primeros suelen estar fascinados por la inteligencia determinista, pero se tambalean ante los imprevistos. Consideran los negocios como un concurso intelectual, por lo que la idea de jugar a un juego de números les resulta aborrecible. Los segundos, en cambio, cambian la reflexión prolongada por llamar a las puertas, estrechar manos y simplemente probar cosas. A menudo fracasan, pero a veces obtienen grandes beneficios. Ganan en un juego de números que los analistas se niegan a jugar.

Cuanto más tiempo paso con empresarios, inversores y fundadores-propietarios como Csaba, más veo esta diferencia en todo su contraste. Los gestores tradicionales se valen de una astucia calculada para evitar correr riesgos. Los verdaderos ganadores asumen

21. https://blog.aboutamazon.com/company-news/2018-letter-to-shareholders

riesgos calculados con apoyo de la inteligencia. En lugar de intentar evitar el fracaso a toda costa, los principales inversores, empresarios y líderes del mundo lo aceptan como un ingrediente necesario para alcanzar un mayor éxito. Ven la incertidumbre como lo que es: nuestra mayor fuente de oportunidades.

La incertidumbre es nuestra mayor fuente de oportunidades

Imagina un mundo en el que tú, y solo tú, pudieras predecir el futuro. ¿Sería el cielo o el infierno? Cuando se trata de ganar dinero, podrías pensar que es el cielo: podrías comprar las acciones adecuadas y respaldar las mejores empresas emergentes sin ningún riesgo.

Pero, desgraciadamente, para que el mundo siga su curso predecible, tú también tendrías que ser predecible. Serías un pasajero en la vida, sin capacidad para dar forma a los acontecimientos ni para construir un futuro mejor que el que se te ha ordenado.

Ahora imagina que todo el mundo compartiera esta capacidad milagrosa de discernir el futuro. Las cosas serían aún peores. Como todo el mundo posee la misma capacidad de discernimiento del futuro, ningún individuo disfrutaría de una ventaja sobre otro. Lo mismo ocurriría si existiera una fórmula mágica para el éxito empresarial: una vez que se conociera ampliamente, no ofrecería ninguna ventaja comparativa.

El brillante inversor Howard Marks lleva esta línea de investigación a su conclusión lógica en uno de sus populares memorandos. «Las previsiones de todos», dice, «son, por término medio, previsiones de consenso». Y continúa explicando: «Si tu predicción es también de consenso, no producirá un rendimiento superior a la media, incluso si es correcta. El problema es que los resultados extraordinarios solo se obtienen con previsiones correctas no consensuadas, pero las previsiones no consensuadas son difíciles de hacer, difíciles de hacer correctamente y difíciles de accionar».[22]

Desde este punto de vista, la incertidumbre no es el aspecto aterrador que creemos que es. Por el contrario, nos da la libertad de elegir nuestro propio camino. Si el futuro no está escrito, podemos ser nosotros los que lo escribamos. El progreso, después de todo, depende de que la gente esté dispuesta a arriesgarse y a ser recompensada por ello, algo que los regímenes comunistas aprendieron por las malas. Su obsesión por la planificación y el control centralizados paralizó el desarrollo social y económico, tal y como Csaba experimentó de primera mano al crecer en Hungría.

Por lo tanto, llegamos a la conclusión final de nuestro capítulo: el azar no es algo indeseable que hay que eliminar, una arruga que hay que planchar o una barrera que hay que superar, sino que es la fuente misma de las oportunidades.

Con esta constatación, la estructura del *management* moderno cede bajo una avalancha de preguntas sin respuesta. Si hay más factores que escapan a nuestro control que los que están dentro de él, ¿por qué las teorías de gestión se centran en el análisis detallado en lugar de en las probabilidades? Si los factores que realmente determinan nuestro éxito a menudo no se pueden prever —y mucho menos medir— ¿cómo hemos acabado con una cultura de cuantificación obsesiva?

Si el cambio es la única certeza, ¿por qué se pone en un pedestal tan frecuentemente la eficiencia y se compromete tan a menudo la adaptabilidad? Y si la incertidumbre es nuestra mayor fuente de oportunidades, ¿por qué nos negamos a aceptarla? En el capítulo dos encontraremos las respuestas a estas y otras preguntas.

---

22. Marks, H. (1993), *The Value of Predictions, or Where'd All This Rain Come From?*, Oaktree Capital Management, L.P., Los Ángeles.

RESUMEN DEL CAPÍTULO

- Vivimos en un mundo de sistemas complejos cuyo comportamiento es intrínsecamente imprevisible.
- Dado que debemos actuar sobre la base de información imperfecta, los resultados siempre contendrán un grado de incertidumbre.
- Los cisnes negros —que combinan una baja previsibilidad con un alto impacto— desempeñan un papel dominante en la configuración de nuestro mundo.
- La evolución y la adopción de las nuevas tecnologías son muy imprevisibles.
- La amplia gama de comportamientos humanos —desde nuestras irracionalidades y estrategias individuales hasta nuestros comportamientos de manada— es otra fuente de imprevisibilidad.
- Los errores y accidentes son inevitables y en gran medida imprevisibles, debido a la complejidad de los sistemas modernos.
- Los acontecimientos son mucho más imprevisibles de lo que pensamos. Las acciones correctas pueden conducir a resultados adversos o viceversa, debido a los elementos inciertos e incontrolables de nuestro entorno.
- Por lo tanto, debemos tratar de explotar el azar en lugar de domesticarlo, actuando de forma probabilística.
- La incertidumbre es también nuestra mayor fuente de oportunidades, ya que nos permite escribir el futuro por nosotros mismos.

2
A la sombra de Taylor
Nuestra ceguera sistémica ante la incertidumbre

Una vez que aceptamos la imprevisibilidad inherente del mundo, surgen dos preguntas candentes. En primer lugar, si los acontecimientos imprevisibles son omnipresentes, ¿por qué actuamos como si no lo fueran? En segundo lugar, en lo que respecta a los negocios, ¿por qué las prácticas de trabajo populares suponen una realidad más ordenada y estable de lo que realmente existe?

Para desentrañar estos misterios, hay que retroceder en el túnel del tiempo para entender cómo evolucionaron nuestra especie, el *Homo sapiens*, y el directivo profesional, el *Homo amministratoris,* y señalar los desajustes entre su herencia evolutiva y las realidades del mundo moderno.

Por ejemplo, no somos idóneos para un hábitat sedentario con abundancia de alimentos calóricos. Nuestros cerebros están optimizados para tomar decisiones rápidas en entornos más sencillos pero más duros. Y aunque los sistemas complejos y adaptativos y las probabilidades pueden ser intelectualmente comprensibles, desafían nuestras intuiciones. Nuestros cerebros ocultan la aleatoriedad del mundo tras un velo de ilusiones cognitivas.

Tu cerebro y la aleatoriedad

La psicología moderna ha puesto de manifiesto un desconcertante abanico de prejuicios y delirios que distorsionan nuestro juicio, haciendo que los mismos rasgos que aseguraron nuestra supervivencia durante milenios parezcan defectuosos en los tiempos actuales. Esto plantea un interesante dilema: ¿cómo podemos esperar prosperar en nuestro mundo complejo e imprevisible si nuestros cerebros están mal adaptados a la tarea?

Afortunadamente, aunque estas inclinaciones están incrustadas en la estructura de nuestra mente, también somos capaces de la metacognición, pensar sobre lo que estamos pensando, y del ajuste cognitivo, utilizar nuestra comprensión intelectual de una situación para corregir nuestro rumbo. No somos casos perdidos, y a través de la conciencia de estas propensiones podemos ejercer un mejor juicio.

El célebre libro de Daniel Kahneman *Pensar rápido y despacio,* por ejemplo, o *El arte de pensar*, de Rolf Dobelli, exploran un amplio espectro de sesgos y delirios, y sugieren cómo podemos compensarlos. Sin embargo, para nuestros propósitos es suficiente con limitarnos a cinco factores psicológicos que borran la mayor parte de la aleatoriedad del mundo, empezando por el que quizá sea nuestro impulso más poderoso: el deseo de control.

Control

El sentido de la competencia y la autonomía se encuentran entre nuestros motivadores más poderosos, son necesidades primarias que se manifiestan casi desde el nacimiento. A principios del siglo XX, por ejemplo, el psicólogo Karl Groos observó la felicidad que sienten los niños cuando descubren que sus acciones tienen consecuencias: experimentan lo que él acuñó como «el placer de ser la causa», una simple alegría que incentiva a los niños a explorar el mundo a través del juego.[23] Si a los bebés se les niega este placer por cualquier motivo, reaccionan de forma negativa, algo que todos los padres descubren rápidamente.

Esta necesidad instintiva de control está en contradicción con nuestro mundo incierto, dominado por acontecimientos imprevisibles. Y como la incertidumbre nos resulta incómoda, podemos comportarnos subconscientemente como si estuviéramos al mando —incluso si hacemos algo que sabemos que es totalmente aleatorio, como lanzar una moneda—, un fenómeno que se conoce como «la ilusión de control».[24]

De hecho, existen muchos comportamientos comunes para desterrar la desagradable presencia del azar y la imprevisibilidad de nuestras vidas. Analizamos y elaboramos estrategias. Buscamos a los expertos. Y adoptamos con avidez productos y servicios que dicen garantizar resultados; tendencias que suelen explotar los mercadólogos, vendedores, estafadores y consultores de gestión.

Sin embargo, nuestro deseo de control no es la única razón por la que confiamos tanto en el análisis previo, la estrategia y la planificación. También creemos en estos enfoques porque, una vez que los acontecimientos han ocurrido, parecen inmediatamente obvios. «Seguramente un mejor análisis habría revelado este reto o esta oportunidad», pensamos. Sin embargo, esto no es más que otro truco cognitivo que oculta la aleatoriedad del mundo: el sesgo retrospectivo.

El sesgo retrospectivo

Todos hemos experimentado este potente engaño en acción. Si una pareja se rompe, lo vimos venir desde el principio. Cuando un

23. Graeber, D. (2018), *Bullshit Jobs,* Simon & Schuster, Nueva York.

24. Tetlock, P.E. y Gardner, D. (2015), *Superforecasting,* Crown Publishing Group, Nueva York.

producto o negocio se convierte en un gran éxito, parece obvio que sus responsables han acertado. En cambio, si una decisión que tomamos resulta ser errónea, nos preguntamos cómo pudimos ser tan estúpidos. El refrán sobre el diario del lunes es válido.

Larry Page y Sergey Brin en un inicio trataron de vender Google con la intención de seguir estudiando. Se dirigieron a AltaVista con una propuesta de acuerdo de un millón de dólares, y luego a Excite con una de 1,6 millones de dólares; ninguna de las dos organizaciones estaba interesada.[25] Page y Brin creían claramente en su tecnología de búsqueda; de lo contrario, no la habrían desarrollado. Pero ni ellos ni las empresas tecnológicas con las que hablaron vieron el verdadero potencial de Google.

Sin embargo, en retrospectiva, el milagroso éxito de Google es fácil de explicar. El motor de búsqueda de Page y Brin era más fácil de usar que los ideados por otras empresas. Los resultados eran más precisos. La interfaz era menos recargada, todo es tan obvio.

Lo mismo ocurre con otros éxitos espectaculares. Cuando Tinker Hatfield propuso el diseño de las Air Max —con una burbuja de aire transparente inspirada en el Centro Georges Pompidou de París— los ejecutivos de Nike pensaron que debería ser enviado a un manicomio.[26] Martin Goodman, propietario de Marvel Comics, pensó que Spiderman era una idea terrible.[27] Leica pasó veinte años trabajando en la tecnología de autoenfoque para las cámaras, pero vendió la tecnología a Minolta ya que se conside-

---

25. Redding, A.C. (2018), *Google It: A History of Google,* Feiwel and Friends, Nueva York.

26. Hatfield ha contado la historia en varios documentales y entrevistas, como *Respect the Architects: The Paris Air Max 1 Story.*

27. https://www.rollingstone.com/culture/culture-news/how-spider-man-conquered-the-world-189368/

ró que no era comercializable.[28] Hoy en día, la reticencia o el escepticismo con que se encontraron estas ideas parecen irrisorios. Pero eso es simplemente el sesgo retrospectivo en acción.

¿Por qué se entrega el ser humano a estas tergiversaciones de la realidad? Algunos psicólogos sostienen la hipótesis de que se trata de un subproducto del aprendizaje adaptativo: borramos los conocimientos que teníamos antes para dar cabida a otros nuevos, lo que libera a la memoria de tener que almacenar dos relatos contradictorios. Otros sugieren que, naturalmente, queremos que nuestra comprensión del mundo sea coherente, por lo que, cuando se nos presenta una respuesta final, volvemos a unir los puntos de forma que coincidan con el resultado.

Sin embargo, los peligros de estos procesos de pensamiento son demasiado evidentes. El sesgo retrospectivo distorsiona la percepción de nuestra propia capacidad de predicción, nos engaña y nos hace pensar que sabemos más de lo que en realidad sabemos, hace estragos en nuestras calibraciones de riesgo y nos hace suponer que el mundo es mucho más simple de lo que es. Al no distinguir entre lo que sabemos ahora y lo que sabíamos entonces, confundimos la capacidad percibida de predecir el pasado con la capacidad de predecir el futuro, un problema común para los teóricos de la gestión. Cuando sabemos lo que ha sucedido es mucho más fácil explicar por qué ha sucedido, lo que nos lleva a la tercera compulsión que esconde la aleatoriedad del mundo: la posracionalización.

Posracionalización

La causalidad es quizá el principio más fundamental y fácil de entender del universo: si se golpea un tambor, se produce un sonido. Comprender la causa y el efecto es lo que nos permite dar sentido

28. https://www.cultofmac.com/383779/leica-invented-autofocus-then-abandoned-it/

al mundo. Sin embargo, no pasa mucho tiempo antes de que nuestro interés empiece a fluir en sentido contrario. Exigimos saber por qué suceden las cosas, una necesidad tan poderosa que, cuando no hay explicaciones, nos las inventamos.

Esta compulsión por dar explicaciones significativas a los acontecimientos es ineludible. Imponemos un orden al mundo, exista o no, y siempre lo hemos hecho. En la antigüedad se culpaba de una mala cosecha a un dios enfadado. Hoy en día, los expertos de la televisión se dedican a dar explicaciones de por qué las acciones suben o bajan, aunque estos movimientos sean a menudo fluctuaciones aleatorias.

Nuestro deseo de conocer la razón de los acontecimientos es insaciable, y nuestro don para la posracionalización no tiene límites. Sin embargo, al crear estas narrativas, sustituimos los sucesos aleatorios por inevitabilidades lógicas y, en la prisa por ofrecer explicaciones que suenen plausibles, nos exponemos involuntariamente al sesgo más pernicioso de todos cuando se trata de negocios: el efecto halo.

El efecto halo

Hace un siglo, mientras investigaba la forma en que los oficiales militares calificaban a sus subordinados, el psicólogo Edward L. Thorndike observó que los oficiales tendían a inferir las capacidades específicas de un soldado —como las habilidades de liderazgo, la inteligencia y la aptitud física— a partir de su apariencia general, un fenómeno que denominó «el efecto halo».[29]

Esta tendencia natural a extrapolar lo específico a partir de lo genérico tiene sentido si imaginamos el entorno en el que evolucionamos. Al agrupar todo y adivinar los factores que no podemos

29. Dobelli, R. (2013), *The Art of Thinking Clearly*, Hodder & Stoughton, Londres.

observar a partir de los que sí podemos, tomamos un atajo cognitivo y podemos actuar más rápidamente con menos esfuerzo mental. También tendemos a suponer que la excelencia (o su opuesto) en un área se replica en otras, lo que explica por qué la gente hace caso a las opiniones de los famosos en temas en los que no son expertos.

La neurociencia apoya cada vez más la idea de que nuestro cerebro funciona haciendo constantes inferencias. En lugar de adoptar un proceso lineal en el que se procesa la información sensorial y se produce una respuesta conductual, los expertos sostienen que la cognición puede ser más bien un proceso de ida y vuelta, en el que, en respuesta a un estímulo, el cerebro ofrece una «mejor suposición» que se corrige a medida que se agregan datos sensoriales adicionales.[30]

(Por cierto, así es exactamente como se comprime un vídeo y se envía por Internet. Cuando un vídeo de YouTube se almacena en el búfer, el servidor envía una cantidad reducida de detalles al navegador, que entonces adivina lo que falta. El servidor tiene un software de adivinación idéntico y compara el vídeo original con la suposición, y luego solo envía las correcciones de errores al navegador, un proceso mucho más eficiente que el envío del archivo completo).

Volviendo al asunto que nos ocupa, no es difícil ver cómo el efecto halo puede meternos en problemas. Si inferimos los detalles por las generalidades, o lo que es inmediatamente visible, podemos suponer injustamente que un acusado en un juicio es culpable por su aspecto. También podemos decidir contratar, o no contratar, a alguien por su acento o su forma de hablar, en lugar de por su capacidad real. Y cuando se trata de determinar qué ha

30. https://www.quantamagazine.org/to-make-sense-of-the-present-brains-may-predict-the-future-20180710/

hecho que una empresa tenga éxito o no, a menudo buscamos en los lugares equivocados.

Si los resultados financieros de una empresa son buenos, el efecto halo nos lleva a alabar todo lo relacionado con esa empresa, desde el liderazgo y la cultura hasta el servicio al cliente que ofrece y la estrategia de producto que ha puesto en marcha. Del mismo modo, si la empresa atraviesa una mala racha, el efecto halo se convierte en el efecto cuerno. De un plumazo, todas esas características que antes considerábamos sobresalientes se convierten en grandes debilidades. Los líderes visionarios y seguros de sí mismos se convierten en arrogantes y delirantes. El espíritu emprendedor que antes alabábamos se convierte en una forma temeraria de asumir riesgos. En la realidad, por supuesto, lo único que ha cambiado es el rendimiento de las acciones.

Esta inclinación natural a rellenar los espacios en blanco hace que nos resulte extremadamente difícil discernir lo que realmente hace que una empresa tenga éxito. Imaginemos que nos embarcamos en una búsqueda para descubrir los secretos del rendimiento superior, como muchos han hecho antes que nosotros. Podría parecer que un enfoque lógico sería identificar algunas empresas de alto rendimiento y preguntar a sus directivos qué es lo que las hace tan exitosas. Al fin y al cabo, si alguien sabe por qué determinadas empresas tienen éxito, deberían ser las personas que las dirigen.

Pero, por desgracia, estas personas habrán sido tan corrompidas por el efecto halo como todos los demás. Por ejemplo, podrían decirnos que la satisfacción de los empleados es la clave de su grandeza. Sus empleados están contentos en el trabajo, por lo que hacen un mejor trabajo. Y, por supuesto, eso podría ser cierto. Pero, de hecho, es muy posible que ocurra lo contrario: que sea el rendimiento superior lo que ha impulsado la satisfacción de los empleados. Por lo visto, un estudio en este ámbito que se ha construido para evitar el efecto halo sugiere que esta última interpretación tiende a ser la correcta. A la gente le gusta trabajar para empresas de éxito, y ese éxito confiere un halo a las experiencias laborales de los empleados.[31]

En otras palabras, la mayoría de las explicaciones sobre el éxito de las empresas son cuestionables, porque se basan en el estudio de empresas que *ya sabemos* que tienen éxito, y se basan en las opiniones de personas que *conocen su éxito*. Los participantes en la investigación aportan, sin saberlo, una narrativa que parece creíble en retrospectiva: una narrativa en la que se ha eliminado la aleatoriedad y se ha superpuesto el efecto halo. También influye la información que pueden recordar con mayor facilidad, una tendencia conocida como «la heurística de disponibilidad».[32]

La heurística de la disponibilidad

A la hora de tomar decisiones, tendemos a basarnos en la información que recordamos más fácilmente, en lugar de la que puede ser significativa o relevante. Lo más reciente o lo que más se nos viene a la cabeza es inevitablemente lo más importante. Por ejemplo, si nos preguntan si una palabra elegida al azar de un pasaje en prosa tiene más probabilidades de empezar con la letra R o de tener la R como tercera letra, lo más probable es que asumamos erróneamente que es la primera, por la sencilla razón de que es más fácil recordar palabras que empiezan con una R que aquellas en las que aparece más tarde en la secuencia de letras.[33]

Este tipo de atajo cognitivo se manifiesta de varias maneras. Tendemos a sobrestimar la frecuencia de los acontecimientos más destacados, como los escándalos sexuales de los políticos o los

31. Rosenzweig, P. (2007), *The Halo Effect,* Free Press, Nueva York.

32. Ibídem.

33. Kahneman, D. (2011), *Thinking, Fast and Slow,* Allen Lane, Londres.

divorcios de Hollywood, por ejemplo. Y las experiencias personales, naturalmente, llevan más peso que los informes estadísticos o los sucesos que afectan a otras personas.[34]

El sesgo de la disponibilidad también nos condiciona de otras maneras. Como somos mucho más conscientes de las habilidades que hemos desarrollado y del trabajo duro que hemos realizado para conseguir nuestros éxitos en la vida que de las maquinaciones más sutiles del azar, naturalmente hacemos hincapié en las primeras y prestamos menos atención a las segundas. Por ejemplo, me detengo en las recompensas y los retos de la escritura, más que en mi suerte de haber nacido en un país y en una familia donde la educación y la alfabetización se valoran y están disponibles. A esto se une el hecho de que, como la evolución nos ha programado para prestar más atención a los acontecimientos adversos —dificultades a las que nos hemos enfrentado o barreras que debemos superar— puede que no nos demos cuenta en absoluto de la buena suerte que experimentamos.

El economista Robert H. Frank ilustra muy bien estos rasgos en su libro *Success and Luck* mediante la analogía del viento en contra y el viento a favor. Si montas en bicicleta con un fuerte viento en contra, te parecerá mucho más difícil, pero si montas en bicicleta con un fuerte viento de cola, no lo notarás. De hecho, sigues teniendo la sensación de estar pedaleando contra el viento. De la misma manera, recordamos los retos que hemos superado en nuestro camino hacia el éxito mientras seguimos siendo felizmente inconscientes de la fuerza propulsora de la buena fortuna.[35]

Teniendo en cuenta estos impulsos y prejuicios, es comprensible que tendamos a restar importancia a la influencia de los

34. Ibídem.

35. Frank, R.H. (2016), *Success and Luck: Good Fortune and the Myth of Meritocracy*, Princeton University Press, Princeton.

acontecimientos imprevisibles en los negocios. Sencillamente, no tenemos una percepción innata de la aleatoriedad, las probabilidades o las propiedades de los sistemas complejos que conforman nuestro mundo moderno. Preferimos imaginarnos como dueños de un entorno que está bajo nuestro control.

Y sin embargo, aunque estos sesgos cognitivos y delirios explican gran parte de nuestra actitud ante la incertidumbre, no explican por qué muchos métodos de gestión populares también parecen ignorar la gran imprevisibilidad del mundo. En cambio, nunca hemos estado tan obsesionados con los datos (que provienen todos del pasado), el análisis (que solo puede realizarse con información imperfecta) y el desarrollo de la capacidad de predicción (que, en el mejor de los casos, es deficiente y probablemente seguirá siéndolo).

La falacia de la gestión científica

Para entender por qué es así, debemos volver a las raíces de la disciplina de gestión —una historia que comienza con Frederick Winslow Taylor, que introdujo el concepto de análisis en las empresas— y seguir su desarrollo hasta los tiempos modernos.

El legado de Taylor

Taylor nació en una familia rica en 1856, pero en lugar de convertirse en un abogado educado en Harvard como se esperaba, se saltó la universidad y comenzó un aprendizaje en una fábrica de hidráulica. Ascendió rápidamente en el escalafón. Y mientras lo hacía, se dio cuenta de una evidente discrepancia entre el comportamiento de las máquinas y sus operarios. Las máquinas eran predecibles y eficientes. Sus operarios eran incoherentes, ineficaces y propensos a descansar, lo que comprometía la productividad.

Como Taylor consideraba a los trabajadores como extensiones de carne y hueso de la maquinaria de la fábrica —que estaban allí para hacer, no para pensar— impuso prácticas de trabajo rígidas y realizó análisis exhaustivos para mejorar la eficiencia. Hecho esto, lanzó una consultoría independiente para llevar sus métodos a un público más amplio. Prometió a los clientes potenciales reducir los costes de fabricación mediante la mejora de los procesos y la estandarización, y la aplicación práctica de una investigación rigurosa.

El más famoso de estos compromisos de consultoría fue con Bethlehem Steel, por el cual en 1899 se enfrentó al espinoso proceso de carga de arrabio, un caso práctico que se convirtió en la pieza central de posteriores argumentos de venta. Según su relato del reto al que se enfrentó allí, la gigantesca acería había producido ochenta mil toneladas de arrabio —unos dos millones de barras— y necesitaban un equipo de setenta y cinco hombres para cargarlas en vagones de tren para su transporte y venta. Sin embargo, el sistema para hacerlo estaba plagado de ineficiencias.

El análisis de Taylor sugirió que era posible cuadruplicar la productividad —cargar la friolera de 47,5 toneladas por persona, por día— si se aplicaba el proceso adecuado. Para ello, contrató a un hombre de gran tamaño —seleccionado específicamente para obtener el máximo de músculo y el mínimo de imaginación— y lo formó para que se convirtiera en el primer cargador de arrabio gestionado científicamente. Estimulado por la promesa de una remuneración en función del rendimiento, el hombre alcanzó el objetivo de productividad de Taylor y el resto es historia.

O al menos eso dice el cuento.

En realidad, no había ochenta mil toneladas de arrabio en Bethlehem Steel, sino diez mil. No había setenta y cinco trabajadores, sino diecinueve o veinte. Y en cuanto a la tasa de trabajo científicamente calculada de 47,5 toneladas por día, se basaba en el rendimiento de los diez hombres más fuertes disponibles trabajando a toda máquina durante catorce minutos, multiplicado por agitar un dedo mojado en el aire. En otras palabras, la investigación de Taylor no era muy científica. Cuando Taylor propuso a los trabajadores que trabajasen a ese ritmo ridículo indefinidamente por un extra de setenta centavos al día, estos se negaron con un lenguaje adecuadamente colorido. Taylor los despidió a todos y los sustituyó por otro grupo que estaba demasiado agotado para continuar después del primer día. Entonces le tocó a Taylor ser despedido, y todos sus programas en Bethlehem se fueron con él.

Puede que los experimentos de Taylor acabaran en fracaso o en ficción, pero no importaba: había captado el espíritu de la época. Estados Unidos estaba cautivado por la promesa de la ciencia y la tecnología y anhelaba un enfoque de los negocios que coincidiera con sus ideales. La ferviente creencia de Taylor de que la gestión es una disciplina regida por leyes exactas —la filosofía que subyace en su libro *Los principios de la administración científica*— fue fácil de vender, especialmente a los decanos de las Ivy League. Las universidades vieron una oportunidad en el mundo en rápida industrialización. El trabajo de Taylor prometía un barniz de legitimidad académica para la educación empresarial que estaban empezando a ofrecer.

La administración científica era la respuesta a todas sus plegarias. Los negocios debían enseñarse como una ciencia newtoniana basada en experimentos que nunca funcionaban. Y en consonancia con los tiempos, las empresas serían tratadas como elaboradas máquinas de relojería. El cismo que Taylor estableció entre los cuerpos en la planta de producción y los cerebros en la oficina ejecutiva se introdujo en el plan de estudios. Al mismo tiempo, los académicos y consultores se colocaron en la cima de la cadena alimentaria intelectual, prometiendo un rendimiento superior a sus clientes ilustrados.

En su fascinante exposición, *Taylor's Pig Iron Tale*, los autores Charles Wrege y Amedeo Perroni se apresuraron a señalar tanto la absurda hipocresía en el corazón de la gestión científica, como sus implicaciones duraderas. «Esto fue hecho a propósito por un hombre que no soportaba a los mentirosos y que insistía en la estricta observancia de la más mínima norma, es un comportamiento aberrante», escribieron. «Que este hombre, que se comportaba de forma aberrante, fuera también el fundador de un sistema de gestión que ha afectado profundamente a las relaciones laborales hasta el día de hoy, requiere una investigación».[36]

El paradigma básico de Taylor permanece en gran medida inalterado ciento veinte años después, y muchos gurús posteriores le han rendido homenaje como una inspiración heroica. La creencia ciega en la supremacía de la analítica —o «taylorismo mayor», como lo llamó el genio Walter Kiechel— ha impregnado todos los aspectos de la empresa, y los empleados rara vez toman la iniciativa cuando se producen acontecimientos inesperados porque no se les permite.[37] El pensamiento estratégico sigue siendo competencia exclusiva de la élite intelectual de la cúspide de la empresa y de sus asesores de confianza.

Este modelo se ha mantenido, no porque se adapte perfectamente a nuestro complejo entorno, sino porque la creencia errónea que subyace sigue siendo la misma: que la gestión podría convertirse en una ciencia exacta. Pero a pesar de los terabytes de datos, de la enorme potencia intelectual desplegada en su búsqueda y de los deseos más ardientes de los gurús y acólitos desde entonces, el sueño de Taylor de una administración científica sigue siendo exactamente eso.

36. Perroni, A.G. y Wrege, C.D. (1974), «Taylor's Pig-Tale: A Historical Analysis of Frederick W. Taylor's Pig-Iron Experiments», *Academy of Management Journal.*

37. Kiechel, W. (2010), *The Lords of Strategy: The Secret Intellectual History of the New Corporate World,* Harvard Business School Press, Boston.

¿Cuándo una ciencia no es una ciencia?

A diferencia de la ley de Ohm, por ejemplo —un descubrimiento científico que explica la relación entre corriente, tensión y resistencia en los circuitos eléctricos con absoluta fiabilidad— para casi todos los preceptos de la empresa hay excepciones.

Por lo general, el aumento de los precios provoca una disminución de las ventas. Sin embargo, a veces puede provocar un aumento de las ventas. Nos dicen que extender una marca a un área no relacionada es una tontería. Sin embargo, Aerobie pasó de fabricar un disco volador similar a un *frisbee* para niños a producir una cafetera neumática, la AeroPress, que se ha vendido a millones.[38] En la ciencia, lo contrario de un principio que se cumple es uno que no se cumple. Sin embargo, en los negocios, parafraseando a mi amigo Rory Sutherland, lo contrario de una buena idea puede ser una idea aún mejor.

Si bien es cierto que hay ciertos principios legales que se desprenden de los datos, estos no constituyen una receta para el éxito universal, al igual que la comprensión de las propiedades de las gotas de agua no nos permite controlar el clima. Con tantos factores que pueden determinar un resultado, nunca podremos saber realmente cuáles fueron decisivos. Y aunque podemos realizar fácilmente experimentos dentro de una organización, no podemos clonar una empresa, cambiar una sola variable en ella y ver qué diferencia hay. Además, dado que el rendimiento es siempre relativo en los negocios, el acto de jugar el juego cambia las reglas.

En resumen, no puede haber una llave maestra para desbloquear el éxito empresarial. La experiencia adquirida en un ámbito competitivo suele ser inútil en otro. Y el futuro probablemente no será como el pasado. Ron Johnson, por ejemplo, tuvo un éxito tremendo diseñando y dirigiendo las tiendas de Apple, pero su

38. https://aeropress.com/pages/about

halo se rompió en JCPenney, donde su breve mandato como director general fue un desastre. Y en lo que respecta a la iniciativa empresarial, las cosas son aún más difíciles. Un noventa y tres por ciento de las empresas tienen que cambiar su estrategia inicial para prosperar.[39] Como señaló el economista John Kenneth Galbraith, «No hay nada fiable de lo que aprender sobre cómo hacer dinero. Si lo hubiera, el estudio sería intenso y todos los que tuvieran un coeficiente intelectual positivo serían ricos».[40]

En consecuencia, en la empresa nos encontramos en una extraña situación en la que, si bien empleamos los principios básicos del método científico, formular y probar ideas o hipótesis a través de la experimentación, el proceso en sí mismo no produce necesariamente un conjunto fiable de conocimientos científicos, una colección general de verdades que puedan servir de base para una acción predecible en el futuro.

Esta distinción se le escapa a muchos, que confunden el aspecto de la ciencia —la investigación, los datos y la jerga técnica— con la posibilidad de convertir los negocios en una ciencia exacta. Sin embargo, no son lo mismo, como se puede demostrar aplicando la famosa prueba de fuego del filósofo Karl Popper: la falsificación.

Según Popper, cuando se trata de teorías científicas, en lugar de buscar pruebas que confirmen nuestras afirmaciones, como solemos hacer en los negocios, debemos buscar pruebas que demuestren que son erróneas.[41] La ciencia, argumenta, no se basa en la confirmación sino en la falsificación. Si las afirmaciones son demasiado vagas, no pueden probarse o se demuestra que son falsas,

---

39. Bhide, A.V. (2000), *Origin and Evolution of New Business,* Oxford University Press, Nueva York.

40. Marks, H. (2006), *Dare to be Great,* Oaktree Capital Management, L.P., Los Ángeles.

41. Popper, K.R. (2002), *The Logic of Scientific Discovery,* Routledge Classics, Londres.

no son científicas. Solo cuando no se puede demostrar que son falsas, se pueden juzgar como verdaderas.

Sin embargo, fuera del ámbito científico, este enfoque es difícil de aplicar. Mi horóscopo de hoy me dice que estoy entrando en un periodo vibrante de mi vida, y que es un buen momento para empezar a explorar una nueva afición —algo que ya he hecho, por cierto— pero no es una afirmación científica. No puedo refutar que estoy entrando en un periodo vibrante porque no puedo medir la vibración de la vida, y tampoco puedo comprobar si es un buen momento para explorar una nueva afición. Mi horóscopo no pasa la prueba de Popper. Tampoco la mayoría de las teorías empresariales. La mayoría de las veces, los gurús que seguimos son poco más que astrólogos comerciales.

Pensemos, por ejemplo, en la clase de negocios de Peters y Waterman, *En busca de la excelencia*, un éxito que ha vendido más de seis millones de ejemplares y que ha convertido a su principal artífice, Tom Peters, en una celebridad. La tesis básica del libro es que las empresas excelentes tienen ocho características particulares. Por ejemplo, «se mantienen cerca del cliente» y «se ciñen a lo conocido». Sin embargo, un análisis minucioso sugiere que la metodología y las ideas de Peters y Waterman eran tan cuestionables como las de Taylor.

Preguntar a las personas de las empresas de éxito qué es lo que les hace triunfar, sin comparar esas empresas con un grupo de control de rendimiento medio, es prácticamente inútil. Es imposible aislar lo que podría ser un efecto de halo, o reconocer qué papel desempeñan el sesgo retrospectivo y la racionalización posterior. Por lo tanto, en última instancia, simplemente no es posible identificar lo que sirvió para distinguir a los ganadores de los perdedores.[42]

---

42. Rosenzweig, P. (2007), *The Halo Effect,* Free Press, Nueva York.

Una vez eliminado lo que no se puede demostrar científicamente, lo que queda son prescripciones para la excelencia que rozan lo platónico, y cuya falta de fiabilidad se revela en el hecho de que, dos años después de la publicación inicial del libro, la mitad de las empresas excelentes incluidas en el estudio ya no lo eran. Cuando la analista de inversiones Michelle Clayman fue posteriormente «en busca del desastre», demostró que una cartera de empresas que no cumplían los criterios exactos de Peters y Waterman superaba en realidad a los modelos en un sesenta por ciento.[43]

Y, sin embargo, fórmulas tan endebles como esta se repiten con entusiasmo y se adoptan en el lugar de trabajo cada año. Ahora se nos dice, por ejemplo, que una empresa debe tener un propósito para tener éxito, que la producción de una determinada marca de calcetines o de rodamientos de bola de cerámica tiene que estar vinculada a una misión social más amplia para que tenga más éxito. Sin embargo, en la realidad, muchas empresas de este tipo fracasan, y muchas empresas tienen mucho éxito sin una.

Para poner a prueba cualquier gran mantra empresarial, basta con hacerse tres sencillas preguntas. En primer lugar, ¿es viable hacer lo contrario? Si no lo es, se trata de un tópico que puede ser un recordatorio útil de buenas prácticas, pero que probablemente no ofrezca ninguna ventaja en el mundo real. En segundo lugar, ¿es posible comprobar la afirmación? Si no lo es, se trata de una generalización que podría ser correcta o no. En tercer lugar, ¿puede negarse la afirmación? Si se puede demostrar que no se ha aplicado en una circunstancia concreta, entonces no es una ley irrefutable. Te sorprenderá saber que muy pocas teorías empresariales superan estos tres criterios.

---

43. Clayman, M. (1987), «In Search of Excellence: The Investor's Viewpoint», *Financial Analysts Journal.* JSTOR, www.jstor.org/stable/4479032.

La pregunta es entonces cómo se afianzan estas tendencias espurias, en primer lugar, si se pueden refutar tan fácilmente. A lo largo de mi carrera he observado un curioso ciclo que parece notablemente consistente.

El ciclo de las modas

El proceso comienza con la creación de una nueva idea para vender, normalmente por parte de una consultora, una escuela de negocios o una empresa de investigación.

Estas ideas necesitan un tipo de nombre particular, idealmente la combinación de dos sustantivos o verbos abstractos y técnicos. El «pensamiento de diseño» es un buen ejemplo, al igual que «transformación digital», «*marketing* de rendimiento» o «experiencia omnicanal».

Estos nombres ambiguos son importantes porque permiten a sus defensores demostrar el doble de experiencia que los demás, primero definiendo lo que significa el término (y por qué los demás se equivocan), y segundo explicando seriamente por qué es tan importante.

Una vez que se ha acuñado un nombre adecuado, el siguiente paso es presentar el concepto junto con algunos datos que suenen creíbles, anécdotas e, idealmente, uno o dos estudios de caso. No hay que preocuparse demasiado por la legitimidad de la investigación, ya que la mayoría de la gente conocerá nuestro concepto de segunda mano o no se preocupará por los detalles. Solo tenemos que generar la suficiente expectación para conseguir más clientes.

Con el viento de cola adecuado, nuestra gran idea cobra impulso y nuestra misteriosa nueva jerga empieza a penetrar en el léxico de la gestión empresarial. Ahora es el momento ideal para el tercer paso: producir una segunda ronda de investigación para reforzar aún más la importancia de nuestra idea. Lo ideal sería que dijera algo así: «el 78 % de los líderes de Fortune 500 consideran que la adopción del servicio asimétrico [un concepto que acabo de inventar] es una gran prioridad en los próximos cinco años». Si es posible, haremos hincapié en lo crucial que es la madurez en este campo, para asustar a la gente y que piensen que se están quedando atrás.

Esto nos lleva al cuarto paso: la profecía autocumplida. Tanto si nuestra idea tiene mérito como si no, e independientemente de si encaja con un contexto determinado, se instala una manía en la que un número suficiente de personas que creen que la idea es importante la convierten en el próximo campo de batalla competitivo. Cuando la moda alcanza su punto álgido, aparecen generosos presupuestos y, como por arte de magia, los consultores están ahí para atender la floreciente demanda.

Sin embargo, con el tiempo el interés empieza a decaer. Los resultados no son tan buenos como todo el mundo esperaba y, al atraer tanta atención, también hemos llamado la atención de algunos pensadores críticos, que se deleitan en señalar que el emperador no lleva ropa. Pero no hay que preocuparse. Pronto otra idea gana terreno y el ciclo vuelve a empezar.

Pensemos en el ascenso del gigante de la gestión, Boston Consulting Group. Tras dos años de intentar competir con poderosas empresas como McKinsey, su fundador, Bruce Hender, decidió que la empresa debía especializarse, pero ¿en qué exactamente? Durante una lluvia de ideas un sábado por la mañana se decidieron por la estrategia, no porque el mercado pidiera a gritos asesoramiento estratégico, sino porque era lo suficientemente vago como para que ellos lo definieran, convirtiéndose en los expertos de facto.[44]

---

44. Este es el relato de los hechos del propio BCG. Véase: https://web.archive.org/web/20130204055506/http://www.bcg.com/about_bcg/history/history_1965.aspx

La primera idea de BCG fue la llamada curva de la experiencia, seguida poco después por el exitoso concepto que les llevó a la fama: la matriz de crecimiento. Esta asigna las unidades de negocio a uno de los cuatro cuadrantes en función del crecimiento de sus mercados y su cuota de mercado. Las «vacas lecheras» tienen un bajo crecimiento pero una alta cuota de mercado. Los «perros» tienen un bajo crecimiento y una baja cuota de mercado. Las «estrellas» tienen un alto crecimiento y una gran cuota de mercado. Y los «signos de interrogación» están en mercados de alto crecimiento pero tienen una baja cuota de mercado. La idea es que, una vez que sepamos a qué categoría pertenece cada unidad de negocio, podremos gestionarla más eficazmente. Podemos ordeñar a las vacas, aplicar la eutanasia a los perros, prodigar la atención a las estrellas y hacer lo que nos apetezca con los signos de interrogación.

Cuando este modelo se presentó por primera vez, el público enloqueció y BCG se convirtió en una potencia de la consultoría. Pero, ¿merece la matriz ser enseñada a estudiantes con resaca medio siglo después? En un estudio, los estudiantes que aplicaron la matriz seleccionaron sistemáticamente inversiones poco rentables, y algunas investigaciones sugieren que las empresas que la utilizaron obtuvieron, en general, peores resultados que las que no lo hicieron.[45]

No es difícil imaginar por qué. Se puede aumentar fácilmente la cuota de mercado mediante estrategias que erosionan la rentabilidad —bajando los precios, por ejemplo— y el hecho de que una categoría sea atractiva o no depende de mucho más que de su crecimiento, como la facilidad con la que otros pueden entrar en ese mercado o el grado de competencia existente. No es de extrañar

45. Stewart, M. (2009), *The Management Myth,* W.W. Norton & Company, Nueva York.

que el propio Henderson describiera la consultoría como «el negocio más improbable del mundo».[46]

Estrategia de venta

¿Puede ser cierto que la propia estrategia, el medio dominante por el que las empresas deciden qué hacer y cómo hacerlo, haya sido simplemente ideada por consultores como algo que vender? Sí y no.

Al igual que pudimos trabajar en equipo durante miles de años antes de que Peter Drucker «inventara» la gestión, el propio concepto de estrategia es anterior al Boston Consulting Group por varios milenios.[47] *El Arte de la Guerra* de Sun Tzu, por ejemplo, apareció en escena hace dos mil quinientos años. Lo que Henderson y sus compañeros gurús hicieron fue formalizar y empaquetar el concepto en algo que pudiera venderse a gran escala, ampliando el proyecto básico de Taylor a un ámbito totalmente nuevo.

Primero fue la *escuela de diseño*, que hizo hincapié en la importancia de la adecuación entre las posibilidades del mercado y nuestras propias capacidades; un enfoque propuesto por primera vez a finales de la década de 1950 que sigue dominando el plan de estudios y la práctica de la administración. Al más puro estilo taylorista, el mando y el control están a la orden del día: los que están en la cúspide del árbol deben elaborar la estrategia perfecta de forma aislada y luego entregarla a sus subordinados para que la apliquen.

La *escuela de planificación* de Igor Ansoff —otra variante de la administración científica— fue la siguiente, que elevó a once las mismas ideas básicas, exigiendo más datos, más recuadros y más flechas en el organigrama.

---

46. O'Shea, J. y Madigan, C. (1997), *Dangerous Company: The Consulting Powerhouses and the Businesses They Save and Ruin,* Times Books, Nueva York.

47. https://www.drucker.institute/perspective/about-peter-drucker/

En los años ochenta llegó la *escuela de posicionamiento* de Michael Porter, que dio un ligero giro a sus antecesores. En lugar de limitarse a establecer un ajuste entre la empresa y el entorno, el objetivo era identificar y ocupar posiciones deseables dentro del mercado. Al igual que sus predecesores, Porter consideraba la estrategia como una actividad creativa más que darwiniana, en la que reinaba el análisis. Las oportunidades están en el mercado, creía, solo hay que descubrirlas.

Al entrar en la década de los noventa se impuso otro enfoque, no como sustituto total de estas escuelas prescriptivas, sino como complemento: la mejora de las operaciones. Gary Hamel, otro gurú de la gestión que pensaba que Taylor caminaba sobre el agua, imploraba a los líderes que desarrollaran sus competencias básicas. Michael Hammer también les animaba a «borrar» las actividades que no añadían valor, a través de la reingeniería de los procesos de empresariales, la misma idea que no mejoró la carga del arrabio casi cien años antes.[48]

Si avanzamos hasta la actualidad, poco ha cambiado, salvo que se han amontonado estas ideas unas sobre otras. En su exitoso libro *Jugar para Ganar*, Roger Martin, aclamado como el segundo mejor pensador de gestión empresarial del mundo, describe la estrategia como «un conjunto coordinado de cinco elecciones: una aspiración ganadora, dónde jugar, cómo ganar, capacidades básicas y sistemas de gestión».[49] Esto parece ser, a todos los efectos, una síntesis rudimentaria de los conceptos que acabamos de explorar.

---

48. El libro *Strategy Safari* de Henry Mintzberg ofrece una excelente visión general de cada una de estas escuelas de pensamiento estratégico. Véase Mintzberg, H., Ahlstrand, B. y Lampel, J. (1998), *Strategy Safari: A Guided Tour Through the Wilds of Strategic Management,* The Free Press, Nueva York.

49. Martin, R. (2013), *Playing to Win: How Strategy Really Works,* Harvard Business School Publishing, Boston.

Si Martin es el número dos, cabe preguntarse quién es el número uno. Ese galardón es para Renée Mauborgne y W. Chan Kim, coautores de *La estrategia del océano azul*, cuya idea básica es que las empresas deben buscar una posición competitiva ventajosa en un «océano azul» de espacio no disputado: la idea de posicionamiento de Porter, reflejada en un espejo de feria.[50]

En cada paso de la evolución del pensamiento de gestión, las diferencias han sido más superficiales que sustanciales: al frente de cada movimiento ha habido un gurú que ha blandido otro libro de jugadas pseudocientífico; cada iteración parece haber mantenido el apartheid intelectual de Taylor, desvinculando el pensamiento de la acción, la estrategia de la ejecución, partiendo de la base de que las oportunidades se descubren, no se crean, deben ser extraídas por la maquinaria pesada del análisis, un trabajo complicado que requiere una cohorte de consultores.

La escuela de aprendizaje

A medida que una escuela ha dado paso a otra, los críticos han señalado con razón lo que concluimos en el capítulo uno. Estos grandes planes —perfectamente formulados en la torre de marfil— parecen casi destinados a fracasar en nuestro complejo e imprevisible mundo. Henry Mintzberg, el más conocido de estos críticos, no se cansa de señalar que la mayoría de estas prescripciones ni siquiera se ponen en práctica, y mucho menos son fructíferas. Toda la pompa y circunstancia no hace más que ralentizarnos y estorbarnos.

En cambio, el principio central de la *escuela de aprendizaje* de Mintzberg es el incrementalismo. La estrategia debe ser más eficaz

50. El ranking es según *Thinkers50,* que calificó a los autores como los mejores pensadores empresariales del mundo en 2019. También otorgaron a *Blue Ocean Strategy* su premio de estrategia a «el libro de negocios de la década» en 2011. Véase https://thinkers50.com/biographies/w-chan-kim-renee-mauborgne/

y menos inteligente, con un acoplamiento más estrecho del pensamiento y la acción. Muchos líderes de éxito están de acuerdo. Jack Welch, de General Electric, por ejemplo, es famoso por aconsejar a los líderes que «olviden los arduos cálculos numéricos y el exhaustivo análisis de datos que los gurús dicen que hay que hacer... olviden la planificación de escenarios, los estudios de un año de duración y los informes de más de cien páginas. Son largos y caros, y no son necesarios. En la vida real, la estrategia es muy sencilla. Eliges una dirección y la implementas hasta las últimas consecuencias».[51] Pero si las estrategias prescriptivas son tan costosas de desarrollar, rara vez se aplican y tienen tan pocas probabilidades de éxito, ¿por qué no han sido usurpadas por un enfoque más pragmático? Hay tres razones fundamentales.

En primer lugar, los consultores y los académicos están sujetos a los mismos prejuicios que todos los demás. Nuestra ingeniosa capacidad de posracionalizar los acontecimientos nos permite convertir las estrategias emergentes en prescriptivas a posteriori.

En un ejemplo famoso, el Boston Consulting Group, al que hemos nombrado antes, elaboró un informe para el gobierno británico en 1975 en el que explicaba el milagroso éxito de Honda en la venta de motocicletas pequeñas en Estados Unidos, un estudio de caso que resultó ajustarse perfectamente a sus intrincados modelos y teorías. Sin embargo, según la propia empresa, esto no tenía sentido. Su estrategia original era vender motos grandes, no pequeñas, pero acabó en desastre. Por suerte, los *scooters* que utilizaban sus empleados para desplazarse por Los Ángeles llamaron mucho la atención, así que los vendieron en su lugar. Todo se redujo a la serendipia y al aprendizaje, no a una estrategia inteligente.[52]

---

51. Lowe, J. (2008), *Jack Welch Speaks: Wit and Wisdom from the World's Greatest Business Leader*, John Wiley & Sons, Hoboken.

52. Mintzberg, H., Pascale, R.T., Goold, M. y Rumelt, R.P. (1996), «The "Honda Effect" Revisited», *California Management Review.*

En segundo lugar, la popularidad de los conceptos de gestión depende en gran medida de si se pueden rentabilizar o no. Imagínate la escena en la que dos consultoras se presentan ante una empresa mundial que quiere crecer. La empresa A presenta su proceso lógico en un paquete de diapositivas repleto de ingeniosos diagramas, gráficos y cálculos de retorno de la inversión. Prometen desterrar la incertidumbre mediante un análisis riguroso, y señalar con precisión las oportunidades más lucrativas del mercado. Primero desarrollarán una visión cristalina y luego la ejecutarán de forma impecable.

La empresa B, por su parte, ofrece ayudar a la empresa a probar algunas ideas y aprender sobre la marcha. No pueden prometer un retorno de la inversión porque es una jungla, y sugieren que el cliente calcule cuánto se sentiría cómodo perdiendo si las cosas no salen bien. Creo que estarás de acuerdo en que la empresa B se enfrenta a una dura batalla.

La tercera razón es más insidiosa, pero la he observado innumerables veces en grandes organizaciones. Cualquier operación a gran escala no es solo una estructura comercial, sino también social, en la que el estatus —otro deseo humano innato— importa mucho. ¿Qué significa nuestro rango social dentro de una organización? Está el salario, por supuesto, pero a menudo se mantiene en secreto. También hay títulos de trabajo, pero pueden parecer más impresionantes de lo que son. Lo que realmente significa importancia es otra cosa: la cantidad de personal y el presupuesto. Cuantos más recursos tengamos a nuestra disposición, más alto será nuestro estatus.

Por lo tanto, los proyectos más importantes son los que más cuestan y requieren más personal, no los que pueden demostrar el valor más ostensible. El resultado neto es que a menudo es más fácil conseguir que se apruebe una amplia iniciativa de transformación o de cambio de marca que un proyecto táctico que podría resolver un dolor de cabeza de la noche a la mañana. El proyecto pequeño pero valioso es demasiado trivial para que los agentes de poder se molesten en él. Por el contrario, nada dice más que «nos tomamos esto en serio» que el hecho de contar con la ayuda de una famosa y costosa empresa de consultoría.

Así pues, no es de extrañar que la mayoría de los empresarios expertos ignoren por completo este tema. Si el fundador de una empresa emergente de éxito te describe como un académico, no es un cumplido. Muchas empresas medianas, que siguen siendo propiedad de sus fundadores, tampoco tienen la inclinación, y mucho menos el presupuesto, para entregarse a una estrategia de alto nivel. Y cuando se trata de las empresas más grandes del mundo, su gran tamaño y complejidad pueden hacer imposible saber si estos enfoques deterministas, y los consultores que los aplican, añaden valor o no. Como dijo un director general: «La estrategia deliberada es lo que presentamos a los accionistas. La estrategia emergente es lo que realmente hacemos».[53]

En cualquier caso, esta breve incursión en la historia de la gestión y la estrategia empresarial revela que los enfoques que más nos animan a adoptar los consultores, gurús y académicos son los que se pueden empaquetar y vender, basados en un antiguo parámetro que no solo está obsoleto, sino que nunca fue adecuado para su propósito en primer lugar. Y sin embargo, desde sus inicios, la gestión empresarial se ha aferrado a la mentalidad mecanicista de Taylor.

Existen claros paralelismos con el Siglo de las Luces, cuando los intelectuales y filósofos creían que el mundo era totalmente determinista, sin margen de maniobra para el azar.

«A lo largo del Iluminismo... el azar, la superstición, la vulgaridad y la sinrazón fueron piezas de un mismo puzle», escribe Ian

---

53. Agradezco al estratega J.P. Castlin que haya compartido conmigo esta idea.

Hacking en *La domesticación del azar.* «El hombre racional, esquivando tales cosas con la mirada, podía cubrir el caos con un velo de leyes inexorables. El mundo, se decía, puede parecer azaroso, pero solo porque no conocemos el funcionamiento inevitable de sus resortes internos. En cuanto a las probabilidades... no eran más que las herramientas defectuosas pero necesarias de la gente que no sabe suficiente».[54]

Podría haber descrito fácilmente la profesión de gestor. Los procesos, los modelos, los marcos, las técnicas de investigación, las filosofías de gestión de proyectos y el afán por recopilar cada vez más datos surgen de una ilusión determinista similar: si tan solo tuviéramos herramientas más potentes, si tan solo tuviéramos más datos, si tan solo tuviéramos mejores procesos, podríamos analizar nuestro camino a la victoria.

Pero en un mundo complejo, el futuro no solo es intrínsecamente imprevisible, sino que si fuera predecible no lo controlaríamos: todo lo que ocurriera estaría predeterminado. Y al aferrarnos a la creencia de que los negocios deben ser una ciencia exacta, no solo ignoramos inconscientemente el fundamento del propio método científico —probar cosas y ver qué pasa— sino que limitamos innecesariamente el alcance de nuestra actividad a lo que parece científico y damos prioridad a eso frente a enfoques más creativos.

Nos dejamos embaucar por el envoltorio más que por la sustancia de las ideas y nos centramos en lo que se puede medir fácilmente en lugar de lo que realmente importa. Ejecutamos las ideas que parecen más lógicas —las mismas que serán obvias para nuestros competidores de mentalidad lógica— y utilizamos métodos cada vez más complicados que nos exponen a mayores riesgos.

---

54. Hacking, I. (1990), *The Taming of Chance, Ideas in Context,* Cambridge University Press, Cambridge.

También nos dejamos llevar por una falsa sensación de certeza gracias a datos precisos pero engañosos que nos dejan peligrosamente expuestos a acontecimientos imprevisibles.

Y lo que es peor, percibimos la serendipia y la experimentación que hay detrás de nuestros mayores éxitos como aberraciones que hay que racionalizar a posteriori, lo que limita nuestra capacidad de explotar plenamente su potencial, al tiempo que ignoramos las inesperadas oportunidades de oro porque no están en nuestro meticuloso plan.

Sin embargo, la historia nos enseña que los inventos ingeniosos y las innovaciones a menudo son fruto de accidentes felices y no de un proceso de descubrimiento deliberado. El fenómeno por el que funciona la detección por radar, por ejemplo, apareció como una interferencia cuando dos ingenieros de la Marina estadounidense estaban probando una radio de alta frecuencia. Al darse cuenta de que habían encontrado una forma de detectar las naves enemigas, independientemente de las condiciones meteorológicas, solicitaron financiación a sus superiores, quienes —en consonancia con nuestra capacidad de predicción— consideraron que la idea era una idiotez.[55] Otros ejemplos de felices descubrimientos accidentales son: Play-Doh, los copos de maíz, el velcro, los antibióticos, el Big Bang, la Coca-Cola, el horno de microondas, los rayos X, el teflón, el cristal de seguridad y el Viagra.[56]

Al inculcar a los profesionales de la gestión unas teorías dudosas, al inculcarles una obsesión por el análisis y al exaltar las virtudes de los planes inteligentes, les animamos involuntariamente a ignorar esos descubrimientos fortuitos, y los predisponemos al fracaso en nuestro mundo dinámico y desordenado. Y al tratar

---

55. Bahcall, S. (2019), *Loonshots,* St. Martin's Press, Nueva York.

56. https://www.sciencealert.com/these-eighteen-accidental-scientific-discoveries-changed-the-world

desesperadamente de reducir el papel del azar mediante análisis y estrategias interminables, acabamos corriendo riesgos aún mayores, poniendo todos los huevos en una canasta muy frágil de diapositivas de PowerPoint pseudocientíficas.

Sin embargo, como escribió Francis Bacon hace más de cuatrocientos años, «si un hombre empieza con certezas, acabará con dudas; pero si se contenta con empezar con dudas, acabará con certezas».[57] Para prosperar en un mundo impredecible, por tanto, es necesario adoptar una mentalidad diferente, tema de nuestro próximo capítulo.

RESUMEN DEL CAPÍTULO

- No tenemos un sentido innato del azar, la probabilidad o las propiedades de los sistemas complejos que conforman nuestro mundo moderno, y preferimos imaginar que nuestro entorno está bajo nuestro control y que los acontecimientos tienen explicaciones lógicas.
- El sesgo retrospectivo —nuestra tendencia a ver los acontecimientos como predecibles una vez que ya han ocurrido— distorsiona nuestra percepción de nuestras capacidades de predicción, nos engaña haciéndonos creer que sabemos más de lo que sabemos, y hace estragos en nuestras calibraciones de riesgo.
- Nuestra necesidad de posracionalizar los acontecimientos es tan poderosa que, cuando no hay explicaciones para los resultados, simplemente los inventamos, cegándonos a la aleatoriedad del mundo.
- Una vez que sabemos que una empresa funciona bien, el efecto halo nos hace suponer que la empresa es brillante en

57. Bacon, F., *El avance del aprendizaje* (dominio público).

todo y nos proporciona una narrativa creíble y libre de azar para explicar su éxito.

- Nuestros juicios suelen estar distorsionados por acontecimientos recientes, frecuentes o especialmente destacados, un fenómeno conocido como «heurística de la disponibilidad». Como recordamos más fácilmente nuestro trabajo y los obstáculos a los que nos hemos enfrentado, restamos importancia al papel del azar y prestamos menos atención a nuestra buena suerte.
- La historia de la gestión también explica en gran medida nuestra actitud ante la incertidumbre, una historia que comienza con Frederick Winslow Taylor, que introdujo el concepto de análisis en las empresas y creía que la administración era una ciencia exacta.
- No existe una llave maestra para abrir el camino del éxito: la experiencia adquirida en un ámbito competitivo suele ser inútil en otro, y el futuro probablemente no será como el pasado.
- La mayoría de las teorías empresariales y los conceptos de gestión son intrínsecamente modernos, y su popularidad depende más de si pueden ser rentabilizados por académicos y consultores que de su eficacia.
- La propia estrategia no es una excepción, y está dominada por enfoques prescriptivos que son costosos de desarrollar, rara vez se aplican y es poco probable que sobrevivan al contacto con nuestro mundo incierto.
- Al aferrarnos a la creencia de que los negocios deben ser una ciencia exacta, a menudo ignoramos o denigramos la creatividad, la serendipia y el pensamiento probabilístico que hay detrás de nuestros mayores éxitos.

PARTE 2
Crear tu propia suerte

3
Una cuestión de mentalidad
Enfrentar la incertidumbre sin rodeos

¿Por qué algunos individuos tienen más éxito que otros? Dada nuestra inquebrantable creencia en la meritocracia, tendemos a pensar que todo se reduce al talento y al trabajo duro. Como explicó la superestrella del tenis Rafael Nadal en una entrevista reciente: «No creo que haya ningún otro secreto [para conseguir un buen rendimiento] que no sea el trabajo duro, la dedicación y el talento».[58] ¿Pero qué hay de la suerte?

Los ganadores de la vida suelen ofenderse si se les sugiere que han tenido suerte; la analogía del viento en contra y el viento en cola del capítulo anterior explica por qué. Sin embargo, la idea de que podemos llegar a la cima del árbol sin tener buena suerte se desvanece ante el menor escrutinio.

Supongamos que el éxito fuera puramente una cuestión de atributos naturales, por ejemplo. ¿Debemos atribuirnos el mérito de poseerlos? Difícilmente. No elegimos nacer con pies como aletas que nos dan una ventaja natural en la piscina, o con manos enormes que pueden abarcar los extensos acordes de piano de Rachmaninov; tampoco elegimos lo inteligentes que somos. Calificamos de superdotadas a las personas con un talento natural excepcional porque sus capacidades son exactamente eso: un don. Se conceden al nacer, no se desarrollan.

58. https://www.ramp.space/en/products/rampstyle-22-i-for-myself/#138

Que esas habilidades se descubran y se cultiven después es también una cuestión de azar. ¿Podría haber llegado a ser campeón olímpico de luge o de esquí Mogul? Nunca lo sabremos. No son habilidades que haya aprendido creciendo en los suburbios de Inglaterra. Así que, aunque tengamos la suerte de poseer un talento, manifestarlo y desarrollarlo dependen en gran medida de factores como nuestra familia y nuestro entorno educativo, que también están fuera de nuestro control.

El talento tenístico de Nadal, por ejemplo, fue descubierto cuando tenía tan solo tres años por su tío Toni, un entrenador de tenis profesional, que luego lo cultivó pacientemente: un golpe de buena suerte si los hay, y una ventaja que no todos los niños con talento tienen. «Sin él no sería nada», dice Rafael, reconociendo que puede haber algo más en su rendimiento que el trabajo duro, la dedicación y el talento.[59] De hecho, cuanto más competitivo es un entorno —los negocios, los deportes profesionales o las artes, por ejemplo— mayor es el papel del azar.

Tomemos, por ejemplo, la relación entre el talento y el éxito financiero. El profesor Alessandro Pluchino y sus colegas de la Universidad de Catania crearon una ingeniosa simulación informática para reflejar con exactitud la diversidad del talento en el mundo real y hacer un seguimiento del éxito de estos individuos virtuales durante un periodo teórico de cuarenta años. Su modelo llegó a la misma distribución de la riqueza que vemos en la realidad, pero también demostró que los que más prosperaban en la simulación no eran los más talentosos. «El máximo éxito nunca coincide con el máximo talento, y viceversa», concluyen los investigadores. «Es evidente que los individuos con más éxito son

59. https://www.telegraph.co.uk/sport/tennis/rafaelnadal/8707878/Rafael-Nadal-Uncle-Toni-terrified-me-but-without-him-Id-be-nothing.html

también los más afortunados, y los individuos con menos éxito son también los más desafortunados».[60]

¿Significa esto que nuestros logros en la vida son simplemente una cuestión de azar? No. Si te tiras todo el día en el sofá esperando que te ocurra algo bueno, te decepcionarás. Y hay muchos que han logrado un éxito extraordinario a pesar de la gran desgracia o de carecer de los dones de sus compañeros. En el extremo opuesto, muchos comienzan con la baraja a su favor, pero solo alcanzan una fracción de su potencial. Y por mucho talento que tengamos, no mejoraremos si nos negamos a aceptar las críticas o nos dejamos caer cuando las cosas se ponen difíciles.

En consecuencia, podemos hacer mucho para cambiar nuestras probabilidades de éxito, porque las creencias y actitudes que dirigen nuestras acciones son lo que más importa, incluidas nuestras creencias y actitudes sobre los acontecimientos y resultados fortuitos.

Nuestro primer paso práctico es, por tanto, cultivar la mentalidad adecuada. Una mentalidad que nos ayude a descubrir nuestros intereses, talentos y habilidades naturales, que desarrolle una ética de trabajo que nos permita desarrollar nuestro potencial y que, igualmente, tenga en cuenta el inestimable papel del azar en la vida. Esencialmente, debemos esforzarnos por crear nuestra propia fortuna —un tema destacado en este capítulo y en el siguiente— mantener la calma y la tranquilidad en momentos de gran incertidumbre, y mantener la cabeza fría cuando nos toca una mala mano.

¿Cómo lo conseguimos en la práctica? Cultivando cinco principios actitudinales o disposiciones que nos permiten trascender las incertidumbres inherentes a nuestro entorno: una relación sana

60. https://www.technologyreview.com/2018/03/01/144958/if-youre-so-smart-why-arent-you-rich-turns-out-its-just-chance/

con el fracaso, una mentalidad de crecimiento, la tenacidad de seguir intentándolo hasta conseguirlo, un compromiso con la búsqueda de la verdad y la búsqueda de la maestría.

Principio 1: Desarrolla una relación sana con el fracaso

La premisa básica de este libro es que el futuro es intrínsecamente imprevisible y que la mayoría de los acontecimientos escapan a nuestro control. No vivimos en un mundo de certezas, sino de posibilidades y probabilidades. Y cuando aceptamos esta realidad, debemos enfrentarnos a una verdad importante: nuestras acciones por sí solas no dictan nuestros resultados, hay factores imprevistos que escapan a nuestro control y que a menudo desempeñan un papel decisivo.

Esta constatación no supone un problema cuando los resultados son favorables. Si conseguimos el trabajo, ganamos el concurso o lanzamos una nueva empresa con éxito, aceptamos la recompensa y seguimos con nuestra vida, a menudo sin saber que cualquier otro resultado era posible. Pero cuando los resultados son desfavorables, la cosa cambia. Los malos resultados nos impactan más que los buenos, y las consecuencias emocionales y prácticas del fracaso suelen ser desagradables.[61] Para algunos, la perspectiva del fracaso es tan dolorosa que hay que evitarla a toda costa. Lo sé, yo fui uno de ellos. Me crié en un hogar en el que se esperaba la excelencia y en el que se me avergonzaba por mis frecuentes deficiencias. También pasé mis años de formación en un internado conservador en el que un estrecho espectro de actividades —en ninguna de las cuales era particularmente bueno — gozaban de una gran estima.

---

61. Baumeister, R.F., Bratslavsky, E., Finkenauer, C. y VohsBad, K.D. (2001), «Bad is Stronger than Good», *Review of General Psychology.*

Como consecuencia, al llegar a la edad adulta había asimilado la creencia común, aunque tóxica, de que el fracaso no era algo que la gente hacía sino algo que era, y que mi valor como ser humano dependía de mis logros. Estas patologías se manifestaron de dos maneras. En primer lugar, me limitaba inconscientemente a las actividades en las que el éxito parecía más probable. Luego, perseguía esas actividades con el tipo de perfeccionismo monomaníaco del que solo son capaces los verdaderamente aterrorizados.

Ninguna de las dos tendencias favorece la maximización de nuestro potencial, como veremos, y aunque un miedo moderado al fracaso es un aditivo útil, por sí solo es un combustible terrible. Cuando nos dejamos llevar por el miedo al fracaso, cuanto más éxito tenemos, más ansiosos nos sentimos. Al igual que cuando subes una escalera, cuanto más alto llegas, más te asusta la perspectiva de caer.

Sin embargo, una vez que apreciamos la naturaleza probabilística de los negocios, descubrimos las fuertes restricciones que una relación insana con el fracaso impone para nuestro éxito potencial. Para evitar estas ataduras, hay cinco ideas que pueden ayudarnos a reformular el concepto de fracaso para mejorarlo.

1. Nuestra esfera de influencia individual es limitada

Dado que la mayor parte de lo que ocurre en el mundo está fuera de nuestro control, y que las grandes decisiones no siempre acaban en grandes resultados, no tiene mucho sentido castigarnos cuando las cosas van mal. Sin embargo, gran parte de nuestro miedo al fracaso está impulsado por un sentido de responsabilidad personal: que nosotros, y solo nosotros, somos culpables si los acontecimientos no salen como esperábamos, un problema exacerbado por el sesgo retrospectivo que todos padecemos.

Una vez que nos damos cuenta de que nuestra esfera de influencia es limitada y de que solo podemos tomar decisiones con la información que tenemos en ese momento, podemos ver los resultados imprevistos bajo una nueva luz, como consecuencias inevitables de operar en un mundo que escapa a nuestro control. Y cuando ya no nos sentimos obligados a castigarnos cada vez que las cosas no salen a nuestro favor, la incomodidad asociada al fracaso, y el miedo que genera, disminuye enormemente.

2. Lo contrario del éxito no es el fracaso, es el aprendizaje

Cuando intentamos algo nuevo, se necesita tiempo para desarrollar esas habilidades. Mi hijo, por ejemplo, a menudo tropezaba o se caía cuando aprendía a caminar. Yo también cometía errores cuando aprendía a tocar el piano. En ninguno de los dos casos nadie habría considerado que lo que hacíamos era un «fracaso»; estábamos intentando desarrollar habilidades que requerían práctica y un cierto grado de ensayo y error. Lo mismo ocurre cuando se formula una estrategia empresarial o se lanza una nueva empresa. Algunas de nuestras suposiciones son seguramente incorrectas o requieren ser refinadas, y algunos factores que afectarán a nuestro éxito son desconocidos de antemano. Solo podemos aprender lo que funciona mediante la iteración y la experimentación.

La mayor parte de lo que percibimos como fracaso es simplemente la consecuencia práctica de aprender y operar en un entorno incierto. Si nuestras hipótesis resultan ser erróneas, aunque hayamos llegado hasta el lanzamiento de un producto para averiguarlo, deberíamos verlas como valiosas lecciones que pueden ayudarnos a mejorar, un mantra por el que vivía Thomas Edison. Cuando un ayudante se quejó de que semanas de experimentación no habían dado resultados, Edison respondió: «¡He obtenido muchos resultados! Conozco varios miles de cosas que no funcionan».[62]

---

62. Dyer, F.L. y Martin, T.C. (1910), *Edison: His Life and Inventions,* Harper & Brothers, Nueva York.

Por lo tanto, debemos darnos permiso a nosotros mismos, y a los demás, para fracasar en el camino si queremos alcanzar nuestro potencial, y reconocer que un proyecto, una visión o una empresa fallidos no convierten a una persona en un fracaso.

3. No podemos tener éxito si no lo intentamos

Si no estamos dispuestos a arriesgarnos a fracasar, es poco probable que consigamos grandes éxitos. El niño pequeño o aspirante a concertista de piano no llegará a ninguna parte si aspira a evitar cometer errores a toda costa. Recuerda: no necesitamos ser magníficos en algo para empezar, pero sí necesitamos empezar para llegar a ser magníficos. Debemos tener el valor para dar el primer paso y estar preparados para aprender sobre la marcha.

En los negocios, o en la vida, hay dos posibles fuentes de arrepentimiento: las cosas que desearíamos haber hecho de forma diferente y las cosas que nunca hicimos pero que desearíamos haber hecho. Esto último suele ser mucho peor, porque su desventaja está garantizada. Si lo intentamos, puede que tengamos éxito. Si lo intentamos y fracasamos, puede que aprendamos algo valioso. Si no lo intentamos, definitivamente no tendremos éxito ni aprenderemos nada. Lógicamente, entonces, tiene más sentido intentar algo y arriesgarse a fracasar que no intentarlo nunca.

No es casualidad que dos leyendas del mundo del deporte, otro ámbito en el que el azar puede ser decisivo, defiendan precisamente esta filosofía. «Puedo aceptar el fracaso, todo el mundo fracasa en algo», dijo la estrella del baloncesto Michael Jordan. «Pero no puedo aceptar no intentarlo».[63]

---

63. Jordan, M. (1994), *I Can't Accept Not Trying: Michael Jordan on the Pursuit of Excellence,* Harper, San Francisco.

El jugador de hockey sobre hielo Wayne Gretzky dijo que «fallas el cien por cien de los tiros que no disparas».[64] Lo mismo ocurre en los negocios. No podemos permitir que el miedo al fracaso se convierta en una profecía autocumplida: si no lo intentamos, fracasamos por defecto. No tenemos más remedio que arriesgarnos, y esos riesgos conllevan la posibilidad de que las cosas salgan mal.

A muchos de nosotros nos cuesta cumplir nuestras ambiciones —ya sea emprender una nueva afición que siempre nos ha interesado, embarcarnos en una nueva aventura empresarial o cambiar de carrera— porque no podemos pasar de la línea de salida. No sabemos por dónde empezar. La enormidad del trabajo que tenemos por delante es desalentadora. Nos preocupa nuestra falta de experiencia. Nuestra mente se llena de razones para esperar un momento mejor. Seguimos apuntando pero nunca disparamos. Utilizo el término de ingeniería «fricción estática» para describir este problema. La fricción estática es la resistencia inicial que impide que un cuerpo en reposo se mueva, la primera barrera que debemos superar cada vez que nos embarcamos en algo nuevo.

He descubierto que hay dos aspectos que van de la mano para superar este obstáculo: uno intelectual y otro práctico.

La solución intelectual consiste en reconocer que la mayoría de los obstáculos que nos impiden empezar son ilusorios, un espejismo mental provocado por fijar la mirada en el horizonte. Al mirar hacia el futuro, el camino está plagado de retos y obstáculos a los que sin duda deberemos enfrentarnos en algún momento, pero nos sentimos como si tuviéramos que tenerlos resueltos hoy para empezar cuando esto no es así: no necesitamos haber resuelto todos los problemas a los que nos podemos enfrentar para empezar.

---

64. Esta famosa cita apareció por primera vez en la edición del 16 de enero de 1983 de *The Hockey News*. Gretzky hizo su afirmación en respuesta al comentario del editor Bob McKenzie de que había recibido muchas balas ese año.

De hecho, intentar hacerlo nos impedirá pasar a la acción. La solución práctica que nos hará avanzar es, entonces, limitar nuestra atención al siguiente paso hacia adelante.

Quizá siempre hayas soñado con aprender a hacer surf. Busca en Google «clases de surf» y reserva una primera clase con un instructor. Tal vez quieras cambiar de profesión. Empieza por ponerte en contacto con veinte personas en LinkedIn que tengan el trabajo que deseas, explícales tu situación y pregúntales si pueden dedicar unos minutos a responder algunas preguntas u ofrecerte algún consejo. Muchos te ignorarán, pero algunos dirán que sí, y ya estarás avanzando. Como le gusta decir a Csaba, «la mejor manera de tomar impulso es tomando impulso». Empiezas, normalmente con un solo paso trivial, y pronto coges ritmo y confianza.

Este año, por ejemplo, mientras la pandemia de Covid-19 me mantenía confinado en casa, decidí embarcarme en un proyecto de mi lista de deseos: construir una motocicleta personalizada. Sin ninguna experiencia previa, sin herramientas y sin siquiera el carné de moto, algunos me sugirieron que me estaba extralimitando. En realidad, al centrarme en el siguiente paso, nunca me sentí abrumado por el proyecto. Cuando cometía errores, me recordaba a mí mismo que meter la pata es una parte inevitable del aprendizaje de algo nuevo, y poco a poco fui creando una red de personas que me asesoraban cuando me atascaba. Así es como empecé.

En primer lugar, encontré una moto en venta que era una buena candidata para mi proyecto, la compré y organicé el envío, todo muy fácil y agradable. Mientras esperaba a que llegara la moto, compré y leí un par de libros sobre restauración de motos, adquirí las herramientas básicas que recomendaban y el manual de mantenimiento de la moto, también muy fácil. Tomé clases y obtuve mi licencia, algo al alcance de cualquiera con un poco de práctica. Luego, cuando llegó la moto, empecé a desmontarla siguiendo las instrucciones del manual de mantenimiento, haciendo fotos y etiquetando cada pieza que se desprendía; no se necesitaban más habilidades que las de manejar una llave inglesa, usar un destornillador, hacer algunas fotos básicas y meter las cosas en bolsas y cajas etiquetadas.

Antes de que me diera cuenta, la moto estaba en pedazos y yo estaba a medio camino de reconstruir el motor. Cuando estaba atascado, consultaba los libros (o YouTube), preguntaba a un amigo experto o llamaba a un profesional. No había nada más que eso. Los únicos obstáculos reales eran el tiempo, el dinero para comprar herramientas y el espacio para hacer el trabajo, pero incluso estos se pueden superar con un poco de pensamiento lateral. Sé de una persona en Múnich que está reconstruyendo la misma moto que yo en un apartamento de una habitación. Guarda las piezas bajo la cama y tiene una novia muy comprensiva.

Puedes adoptar un enfoque similar con tus ambiciones particulares, ya sea convertirte en cinturón negro de karate, iniciar un negocio o cualquier otra cosa. Decide el primer paso lógico, luego el siguiente, y sigue adelante, afrontando los retos a medida que se presenten.

4. El que se arriesga, gana

A muchos les desconcierta cómo ideas aparentemente inverosímiles pueden atraer tanto financiación como personas dispuestas a trabajar en ellas. Sé que a mí me ha sucedido en el pasado. La razón, sin embargo, es sencilla: son las ideas grandes y locas las que tienen el potencial de obtener grandes y alocados beneficios. En otras palabras, existe un fuerte vínculo entre el riesgo y la recompensa.

Pensemos, por ejemplo, en los riesgos que asumió Apple con el desarrollo del iPhone, o en los que asumió SpaceX con la construcción de cohetes reutilizables. Piensa en Jim Jannard, que creó la marca de equipamiento deportivo Oakley en su garaje con solo trescientos dólares y la convirtió en una empresa que vendió por dos mil cien millones de dólares.[65] En lugar de retirarse y tomárselo con calma, asumió otro reto de alto riesgo, lanzando Red Digital Cinema, una empresa que fabricó las primeras cámaras de cine digital 4K del mundo.

Sí, el riesgo de que estos proyectos fracasen puede parecer mayor que la ventaja de ir sobre seguro. Pero lo cierto es que si nos apuntamos varios fracasos pero conseguimos un gran éxito, es casi seguro que acabaremos por delante del rival que persiguió visiones menos extravagantes. Si creemos —como deberíamos— que no podemos conseguir resultados extraordinarios con ideas ordinarias, también debemos aceptar que habrá un riesgo de fracaso.

5. Si las pérdidas son asequibles, el fracaso es imposible

Por muy ilustrada que sea nuestra actitud, los inconvenientes del fracaso persisten. No podemos hacer un *all-in* y arriesgarnos a perderlo todo, ni invertir nuestro tiempo y dinero en todas las ideas que se nos ocurran: nos arruinaremos enseguida. Necesitamos algún tipo de barrera que impida que nos dejemos llevar. La solución es el principio de la pérdida asequible: nunca apostamos más de lo que podemos permitirnos perder en una idea determinada.

Siempre que trabajemos dentro de los límites de la pérdida asequible, será imposible fracasar. En cambio, aprenderemos de los errores que no nos arruinarán. De hecho, las investigaciones demuestran que es la pérdida asequible, y no el rendimiento de la inversión, lo que impulsa los procesos de toma de decisiones

65. Véase (2014), *Oakley*, Assouline Publishing, Nueva York. También: https://www.forbes.com/2007/06/21/luxottica-oakley-update-markets-equity-cx_vr_0621markets21.html?sh=60f031e33896

de los principales empresarios del mundo, ya que les abre a la posibilidad de enormes ventajas al tiempo que limita sus pérdidas.[66]

Para calibrar la pérdida asequible, empieza por plantearte una pregunta crucial: ¿Cuál es la desventaja? Aunque parezca natural concentrarse en los posibles beneficios de una decisión, para luego determinar cómo las probabilidades de éxito pueden maximizarse, en realidad el enfoque opuesto es más eficaz. Es mejor centrarse en las posibles desventajas de una decisión y en cuán aceptables son, lo que nos libera para intentar más cosas sin la presión de tener que garantizar un resultado. Invertir mi proceso de toma de decisiones de esta manera ha representado el mayor cambio en mi mentalidad desde que empecé a colaborar con Csaba, y empecé a cosechar los beneficios casi inmediatamente. Este es uno de los muchos ejemplos.

Un posible cliente en Europa envió a mi empresa de consultoría de diseño y a un puñado de competidores una solicitud de propuesta para ayudarles a desarrollar una nueva aplicación móvil. Sin embargo, en el informe de presentación estaba claro que su enfoque del proyecto tenía pocas probabilidades de éxito. ¿Qué debíamos hacer? Las opciones más obvias eran presentar la mejor propuesta posible, esperar ganar el trabajo y luego persuadirles para que adoptaran un enfoque diferente; o simplemente rechazar el encargo. En lugar de eso, aplicando el principio de pérdida asequible, se nos ocurrió una tercera opción.

Llamé al cliente potencial con una oferta propia. Volaría a sus oficinas a la hora que le conviniera, pasaría un día entero explicando nuestros procesos de diseño y respondiendo a las preguntas del equipo, pasaría la noche en un hotel para que pudiéramos cenar y

---

66. Sarasvathy, S.D. (2008), Effectuation: Elements of Entrepreneurial Expertise, Edward Elgar, Northampton, MA.

socializar un poco, y luego volaría de vuelta a California al día siguiente, todo ello sin coste alguno para ellos.

Veamos las posibles desventajas de esta decisión. Podrían decir que no por teléfono, y entonces podríamos decidir si presentar o no una propuesta, sin ningún inconveniente. Por otro lado, podrían decir que sí y aceptar mi oferta, en cuyo caso el peor resultado posible sería que nos hubiéramos gastado unos cuantos miles de dólares en vuelos y hoteles, que hubiéramos perdido tres días de productividad en el viaje, que hubiéramos sufrido un poco de jet lag y que no hubiéramos conseguido ningún trabajo de ellos. Consideré que todos estos inconvenientes eran pérdidas asequibles para la empresa.

Ahora veamos las posibles ventajas de esta idea. En primer lugar, podríamos conocernos cara a cara, ver si tendríamos buena química y profundizar en nuestra relación. En segundo lugar, tendríamos una larga conversación sobre su negocio y cómo podríamos ayudarles en la que podríamos aprender más de lo que podríamos con el *briefing*. En tercer lugar, podrían abandonar su propuesta competitiva, decantarse por nuestro enfoque y darnos el proyecto. Y, en cuarto lugar, si les explicáramos exactamente cómo enfocar el compromiso con éxito y siguieran queriendo ceñirse a su plan, sabríamos que no querríamos trabajar con ellos de todos modos.

¿Y qué ocurrió? Aceptaron de buen grado nuestra oferta y ganamos ese proyecto y algunos trabajos posteriores, evitando un concurso. El retorno de la inversión de mi pequeño viaje fue de más del 3.000 % en el primer año.

Cuando se exponen de esta manera las posibles desventajas y ventajas, la decisión puede parecer obvia, sobre todo porque ya se conoce el resultado. Pero lo cierto es que la mayoría de las consultoras a las que se les presenta la misma oportunidad nunca se plantearían esta posibilidad. De hecho, si un posible cliente te pidiera una propuesta y tu respuesta fuese gastar un vuelo al otro lado del mundo para decirle que tienes una idea mejor, probablemente te despedirían.

¿Por qué?

Porque su objetivo es conseguir una clara ventaja con un riesgo mínimo, en lugar de aceptar el riesgo de una determinada pérdida en busca de una ventaja mayor pero quizá menos probable. Según esta lógica, ofrecerse a dar media vuelta al mundo es una locura. Simplemente presentar la propuesta que han solicitado parece lo más sensato. No hay riesgo de pérdida más allá del tiempo dedicado a escribir y presentar la propuesta, aunque responder a una solicitud de propuesta puede costar fácilmente más tiempo y esfuerzo que un breve viaje al extranjero.

Pero aunque parece lógico buscar una ventaja garantizada en lugar de centrarnos en los inconvenientes, este enfoque es intrínsecamente limitante, ya que nos restringimos innecesariamente a actividades en las que los beneficios son inmediatamente obvios a corto plazo y se sienten fácilmente alcanzables. Nos quedamos atascados en nuestra zona de confort, progresando en pequeños incrementos, y nunca podemos desarrollar nuestro potencial.

En cambio, si nos conformamos con las posibles consecuencias negativas de una acción, somos libres de experimentar más ampliamente, asumir riesgos que antes habríamos evitado y, en el proceso, exponernos a mayores ventajas.

Principio 2:
Adoptar una mentalidad de crecimiento

Según la psicóloga Carol Dweck, el principio central de la mentalidad de crecimiento es la creencia de que nuestras cualidades o capacidades básicas pueden cambiar y crecer mediante el esfuerzo consciente y la orientación de los demás; que nuestros talentos y aptitudes no son fijos —pueden mejorarse o modificarse— y que nuestro verdadero potencial es incognoscible. La alternativa es la mentalidad fija, es decir, la creencia de que nuestras cualidades están inmutablemente grabadas en piedra.[67]

La mentalidad que adoptamos tiene un enorme impacto en la forma en que vivimos nuestra vida. En las áreas en las que creemos que nuestras habilidades son fijas, por ejemplo, nos centramos en demostrar en lugar de mejorar nuestras capacidades. Al fin y al cabo, si solo tenemos una cantidad fija de talento para algo, ¿por qué molestarnos en aprender o intentar mejorar? ¿Por qué arriesgarnos a mostrar nuestras insuficiencias?

La mentalidad fija y el miedo al fracaso van de la mano, manteniéndonos en nuestra zona de confort. Cuando tenemos una mentalidad fija, evitamos o rechazamos ferozmente cualquier crítica, ya que no podemos hacer nada al respecto. En su lugar, buscamos la validación de nuestras habilidades, o rodearnos de gente que no nos pondrá en evidencia.

Sin embargo, una mentalidad fija es fundamentalmente incompatible con lo que se necesita para tener éxito en nuestro mundo incierto. Si no creemos que podemos aprender, mejorar y superar los retos, la dura realidad del mercado, los altibajos de la montaña rusa empresarial y los inevitables fracasos que forman parte de la vida nos encajonarán. Cada contratiempo, cada resultado desafortunado, cada hipótesis errónea, se sentirá como un juicio que lastima profundamente. Nunca desarrollaremos nuestro potencial y nos resultará difícil superar las dificultades que se nos presentan.

En cambio, con una mentalidad de crecimiento —la creencia de que podemos desarrollar nuestro potencial— nos centramos

---

67. Dweck, C.S. (2016), *Mindset: The New Psychology of Success,* Random House, Nueva York.

más en el proceso que nos lleva al éxito que en el resultado. Somos más receptivos a los comentarios y a las críticas constructivas que pueden ayudarnos a mejorar, y cuando fracasamos no nos definimos por ello: utilizamos las lecciones aprendidas para mejorar nuestro rendimiento futuro.

Esto explica por qué Satya Nadella dio prioridad a la adopción de la mentalidad de crecimiento en toda la empresa cuando asumió la dirección de Microsoft. Atribuye gran parte de su éxito posterior a este cambio cultural. «El que lo aprende todo trabaja mejor que el que lo sabe todo», dijo, una afirmación con la que es difícil no estar de acuerdo.[68] Pero, ¿qué podemos hacer para cultivar y mantener una mentalidad de crecimiento? En primer lugar, debemos permitir que nos enseñen. Después, debemos hacer todo lo posible por mantener nuestro ego fuera del asiento del conductor.

Permite que te enseñen

Puedo atribuir muchos resultados exitosos en la vida a un ingenioso proceso de tres pasos. Primer paso: encontrar un experto. Segundo paso: preguntarle qué hacer. Tercer paso: hacerlo.

A primera vista, este enfoque parece muy sencillo, pero muchos son incapaces de seguirlo. Algunas personas preguntan a un idiota qué hacer, y luego lo hacen. O encuentran a un experto y le dicen lo que tiene que hacer. Algunos incluso consiguen encontrar a un experto, le preguntan qué hacer y luego hacen lo contrario. Estos comportamientos, aunque comunes, son contraproducentes. Ciertamente, nunca debemos dudar en cuestionar el dogma, pensar críticamente sobre los consejos que nos dan o triangular las opiniones. Pero aprender de expertos de confianza

68. https://www.linkedin.com/pulse/satya-nadella-growth-mindsets-learn-it-all-does-better-jessi-hempel/

nos permite adquirir una base en las habilidades y conocimientos esenciales que necesitamos para tener éxito en muchos ámbitos, proporcionándonos unos cimientos esenciales sobre los que construir.

No soy el único que agradece el consejo de los expertos. Como veremos cuando exploremos el proceso emprendedor en el capítulo seis, la primera escala de Csaba cuando explora una nueva idea es recoger los comentarios de expertos en la materia que están bien situados para criticar la visión, lo que le permite o bien rechazar el concepto directamente con un coste mínimo, o bien aumentar las posibilidades de éxito. Tú puedes hacer lo mismo. Cuando aprendas una nueva habilidad, investigues un tema o te embarques en una nueva aventura, busca expertos de confianza que puedan guiarte, en lugar de aprender por las malas.

¿Cómo puedes saber si alguien es un auténtico experto? Yo utilizo tres sencillos filtros. En primer lugar, ¿tiene un historial demostrable de experiencia que puedas validar? En segundo lugar, ¿pueden explicar el qué y el por qué de su oficio en un lenguaje sencillo y accesible? Y en tercer lugar, ¿están dispuestos a responder a tus preguntas de forma satisfactoria? Si no tienen ejemplos tangibles de sus éxitos, se esconden detrás de un muro de jerga técnica o son incapaces de responder a tus preguntas, esto debería hacer saltar las alarmas. Pero cuando encontramos a alguien que merece la pena escuchar y del que aprender, a menudo nos enfrentamos a un reto más que puede impedirnos seguir sus consejos: la insidiosa influencia del ego.

Doma tu ego

No siempre hace falta mucho. Un desconocido se mete delante de ti en la cola del supermercado. Un colega critica tu trabajo delante del jefe. Ese amigo al que pediste opinión no solo ha encontrado un agujero en tu idea de negocio, sino que lo ha perforado.

Hay una llamarada caliente y visceral cuando nuestro ego toma las riendas: nos atacan y debemos defendernos. No estamos equivocados; simplemente no lo entienden. ¿Quiénes se creen que son? Nuestro tono se endurece y empezamos a justificarnos o a atacar. Todos hemos pasado por eso. Pero la cruda realidad es que nada destruye más valor en los negocios que dejar que nuestro ego lleve la voz cantante. En su lugar, debemos cultivar activamente una rara y poderosa habilidad: la capacidad de prosperar alimentándonos de las críticas constructivas.

La clave es reconocer que tú no eres tu trabajo y desvincular ambos en tu mente. ¿Dijeron que no les gustaba el caso de negocio que escribiste, o que creen que eres un perdedor? ¿Rechazaron tu manuscrito o difamaron tu carácter? A menudo respondemos como si fueran la misma cosa, pero no lo son. Hay una gran diferencia entre que alguien critique nuestro trabajo y que nos critique a nosotros. Una vez que lo reconozcamos, nos resultará mucho más fácil soportar las críticas.

Así que, en lugar de someterte a tu primer impulso —que suele ser rechazar los comentarios negativos, por muy triviales que sean— debes respirar hondo y preguntarte: ¿podría esto ayudarme a mejorar o a hacer mejor este trabajo? La mayoría de las veces la respuesta es afirmativa. Trata de recordar que si alguien se ha tomado el tiempo de hacer un comentario considerado, probablemente esté tratando de ayudarte a mejorar. ¿Es posible que tengan razón? ¿Es posible que otros piensen lo mismo? Céntrate en lo que mejorará tu trabajo y tendrás mucho más de lo que estar orgulloso a largo plazo, por mucho que la experiencia te duela en el momento.

Si todo lo demás falla, recuerda esto: es mejor aceptar una crítica en privado de amigos, colegas y mentores bienintencionados mientras puedes hacer cambios fácilmente, que seguir adelante y arriesgarte a recibir el mismo comentario en público cuando ya es demasiado tarde. Con la práctica, el pellejo se hace más grueso y, cuando te des cuenta de lo mucho que te ayudan a mejorar los comentarios de los demás, empezarás a buscar a los críticos más salvajes. Y lo que es mejor, cuando la gente descubra lo inusualmente receptivo que eres a sus comentarios, se mostrarán aún más comunicativos. Todo el mundo gana.

Sin embargo, sigue habiendo un reto. Aceptar los comentarios y reunir la energía necesaria para ponerlos en práctica no siempre es fácil. La perspectiva de volver a empezar, de cambiar de rumbo o de rehacer los esfuerzos anteriores puede quebrar nuestro espíritu, pero si queremos desarrollar nuestro potencial no tenemos otra opción: debemos perseverar.

Principio 3: Persevera

Llámalo como quieras, tenacidad, determinación, agallas, gran parte del éxito consiste en seguir intentando hasta lograrlo. Esto puede sonar trillado. Pero lo cierto es que muchos se rinden con demasiada facilidad o no entienden la relación entre la incertidumbre y la perseverancia.

Todo se reduce al juego de los números. Si las probabilidades de éxito son intrínsecamente escasas porque estamos persiguiendo ideas con el potencial de obtener grandes beneficios, o nos encontramos en escenarios altamente competitivos donde el azar puede jugar un papel decisivo, entonces el fracaso, la mala suerte o al menos algunos reveses imprevistos son inevitables. Y cuanto más atrevidas sean nuestras ideas, más se inclinará la gente a rechazarlas, al menos al principio.

Cuando se producen estos acontecimientos, debemos aprender lo que podamos, ajustar nuestras actividades en consecuencia y seguir adelante. No podemos permitir que los contratiempos, los fracasos, la información nueva, las creencias infundadas, los errores, los acontecimientos imprevistos o incluso los estancamientos temporales en nuestro desarrollo nos hagan desistir. Son características inevitables del paisaje. Y el éxito puede estar a la vuelta de la esquina. La única manera de averiguarlo es seguir avanzando, tomando en serio las palabras de Churchill: «Nunca te rindas, nunca te rindas, nunca, nunca, nunca —en nada, grande o pequeño, importante o insignificante—, nunca te rindas, excepto por convicciones de honor y sentido común».[69]

Siempre es tentador atribuir las victorias en la vida de las otras personas a algún talento excepcional o circunstancia privilegiada de la que estamos privados. Incluso existe un término para ello: el sesgo de la naturalidad.[70] Pero aunque estas explicaciones puedan calmar nuestro ego, violan la realidad, denigran los logros de los demás y, como todas las manifestaciones de la mentalidad fija, limitan nuestro potencial. La cruda realidad es que la vida es un deporte de resistencia y, con independencia del ámbito en el que se practique, los que triunfan suelen ser los que tienen la resistencia necesaria para seguir adelante.

Los ejemplos son innumerables. Los libros de Harry Potter de J.K. Rowling fueron rechazados por doce editoriales.[71] Los fundadores de Sony pasaron tres años buscando una idea de negocio que funcionara, incluso consideraron la posibilidad de vender sopa de miso y construir un campo de minigolf, antes de decidirse por fabricar una olla eléctrica para cocinar arroz, que tampoco

69. Contribución y edición de Langworth, R.M.(2008), *Churchill by Himself: The Definitive Collection of Quotations,* Ebury Press, Londres.

70. Duckworth, A. (2016), *Grit: The Power of Passion and Perseverance,* Scribner, Nueva York.

71. https://www.theguardian.com/books/2015/mar/24/jk-rowling-tells-fans-twitter-loads-rejections-before-harry-potter-success

prosperó. Su primer producto de éxito fue un voltímetro, financiado con la reparación de radios.[72]

James Dyson necesitó 5.127 prototipos antes de que su aspiradora sin bolsa funcionara, e incluso entonces todos los distribuidores y fabricantes del Reino Unido rechazaron su idea, por lo que no le quedó más remedio que fundar su propia empresa. Pasaron quince años desde que se embarcó en el proyecto hasta que lanzó la empresa que lleva su nombre.[73] Hoy es uno de los individuos más ricos del mundo.

La tenacidad, por tanto, es un factor determinante del éxito. Pero, ¿no es la fuerza de voluntad algo que se tiene o no se tiene? ¿Es posible ser más tenaz? La respuesta, según Angela Duckworth, la autora más importante del mundo sobre el tema, es que sí: la tenacidad puede crecer.

Según la investigación de Duckworth, los ejemplos de la perseverancia tienen cuatro activos psicológicos a su favor: un profundo interés o pasión por lo que están haciendo; la capacidad de una práctica estructurada que mejora sistemáticamente sus habilidades; un sentido del propósito que alimenta el esfuerzo; y, por último, la esperanza: la creencia de que el futuro puede ser mejor que el presente o el pasado. Todo esto puede desarrollarse con el tiempo. «Puedes aprender a descubrir, desarrollar y profundizar tus intereses. Puedes adquirir el hábito de la disciplina. Puedes cultivar un sentido de propósito y significado. Y puedes enseñarte a tener esperanza», escribe Duckworth.[74]

Desarrollar nuestra perseverancia es un proceso doble. En primer lugar, debemos descubrir las actividades que nos motivan intrínsecamente, abrazando nuestros intereses únicos y desarrollando

---

72. Nathan, J. (1990), *Sony*, Houghton Mifflin Company, Nueva York.

73. Dyson, J. (1997), *Against the Odds: An Autobiography*, Orion Business, Londres.

74. Duckworth, A. (2016), *Grit: The Power of Passion and Perseverance*, Scribner, Nueva York.

una autoestima sólida. En segundo lugar, hay que tomar medidas prácticas para tomar impulso estableciendo expectativas realistas sobre lo que se puede conseguir y creando rutinas y rituales que nos ayuden a evitar las distracciones y a seguir avanzando.

Abraza tu singularidad

La naturaleza humana está plagada de comportamientos contradictorios y paradójicos. En el ámbito social, por ejemplo, todos deseamos encajar y a la vez destacar. No podemos tener éxito en la vida sin cooperar con los demás, pero también debemos competir. Queremos ser fieles a nosotros mismos, pero nos preocupa mucho lo que los demás piensen de nosotros.

El sociólogo del siglo XX David Reisman exploró este tema en su obra de referencia, *La muchedumbre solitaria*, estableciendo una distinción entre nuestra orientación innata hacia el interior y hacia los demás. Los individuos más orientados hacia el interior, explicó, tienen una profunda apreciación de su propio carácter, un giroscopio interno que proporciona una base estable para la acción. Por el contrario, el equipo de control de los individuos dirigidos al exterior es más parecido a un radar.[75] Están muy atentos a las acciones e intereses de los demás, y se integran a las modas del momento como camaleones.

Reisman creía que el aumento del consumismo provocaría un cambio social hacia la orientación hacia los demás. Escribió que la gente prestaría más atención a lo que compraban y hacían los actores famosos, los artistas y otras figuras del mundo del entretenimiento. Sospecho que se sorprendería de lo acertada que era su teoría. Por cierto, Glubb Pasha, que estudió el auge y la caída de los imperios, observó que «los héroes de las naciones en declive

---

75. Reisman, D., Glazer, N. y Denney, R. (2001), *The Lonely Crowd,* Yale University Press, Londres.

son siempre los mismos: el atleta, el cantante o el actor».[76] ¿Debería preocuparnos que las únicas personas con más de doscientos millones de seguidores en Instagram en el momento de escribir este artículo sean literalmente un atleta, un cantante y un actor?[77] Quizás esté un poco fuera de nuestro alcance, pero Reisman tenía sus propias preocupaciones sobre los peligros de la orientación hacia los demás. Aquellos que estuvieran demasiado preocupados por las opiniones y la aprobación de los demás sufrirían una incapacidad para saber lo que quieren, mientras se preocuparían por lo que les gusta.[78] Y aquí está el problema.

La incertidumbre crea un vacío incómodo que se llena fácilmente con las ideas de otras personas: sobre cómo deberíamos vivir o cuánto deberíamos ganar; sobre quiénes deberíamos ser y qué es el éxito. Y, como consecuencia, podemos encontrarnos sin saberlo viviendo según los criterios de éxito de otras personas, en lugar de definir los nuestros.

El problema es que si estamos demasiado orientados a los demás, intentando constantemente alinearnos con lo que está de moda o buscando desesperadamente la aprobación externa, es poco probable que descubramos cuáles son nuestros verdaderos intereses. Y como la tenacidad se basa en una motivación profunda e intrínseca, nos costará mucho esfuerzo seguir adelante. La orientación hacia los demás también tiene repercusiones en nuestra actitud hacia el fracaso: si nuestra principal preocupación es quedar bien con los demás, estaremos tan desesperados por evitar el fracaso que nunca floreceremos de verdad. Y como la orientación

---

76. Glubb, J. (1976), *The Fate of Empires and Search for Survival,* William Blackwood & Sons, Edimburgo.

77. El futbolista Cristiano Ronaldo, la cantante Ariana Grande y el actor Dwayne Johnson.

78. Reisman, D., Glazer, N. y Denney, R. (2001), *The Lonely Crowd,* Yale University Press, Londres.

a los demás busca el consenso en lugar de los logros, excluye nuestro potencial para hacer o crear algo extraordinario, para superar a los rivales y desarrollar nuestro potencial.

En lugar de seguir ciegamente a la manada o preocuparnos por lo que piensen los demás, debemos reconocer nuestros intereses, personalidad y disposición únicos por lo que son: motivadores inagotables, activos inimitables y contribuyentes vitales a la diversidad que las sociedades necesitan para prosperar. Dirigirse más hacia el interior es una gran ventaja, pero para ello es necesario saber quiénes queremos ser.

Decide quién ser y qué hacer llegará más fácil

Algunas personas creen que el proceso de cambio, crecimiento o mejora individual empieza por hacer las cosas de forma diferente. Si nos fijamos los objetivos adecuados y adoptamos conscientemente nuevos comportamientos y hábitos, nos convertiremos lenta pero seguramente en la persona que queremos ser. En realidad, sin embargo, el enfoque opuesto es mucho más poderoso. Primero decidimos quién queremos ser, y luego vienen los comportamientos. Nuestro sentido de la identidad influye mucho más en nuestras acciones que a la inversa, y nos comportamos de forma natural de acuerdo con nuestras creencias sobre quiénes somos.

Los vegetarianos no comen carne. Los no fumadores no fuman. Los judíos descansan durante el Sabbat. Hacer lo contrario crearía una incómoda disonancia cognitiva, una especie de confusión interior causada por la falta de coherencia entre lo que creemos y lo que hacemos. Nuestro sentido de la identidad nos da la razón para hacer cosas, y cuando un comportamiento es una extensión de nuestra persona se convierte en algo automático.[79]

---

79. Appiah, K.A. (2018), *The Lies That Bind: Rethinking Identity*, Liveright Publishing, Nueva York.

Nuestro sentido de la identidad también proporciona un respaldo para la toma de decisiones en momentos de gran incertidumbre. Cuando los datos son escasos o debemos elegir entre dos direcciones no óptimas, solo podemos iluminar el camino desde dentro, apoyándonos en nuestros valores, creencias y actitudes. Nuestro sentido de la identidad desempeña un papel crucial en nuestra toma de decisiones, y si queremos cambiar nuestro comportamiento, primero debemos contarnos a nosotros mismos y a los demás la historia correcta que acompañe la transformación. Asumamos la identidad y el comportamiento vendrá por añadidura.

James Clear, experto en la formación de hábitos, es explícito en este punto. «El verdadero cambio de comportamiento es un cambio de identidad. Puede que empieces un hábito por motivación, pero la única razón por la que lo mantendrás es porque se convierte en parte de tu identidad... Lo que haces es una indicación del tipo de persona que crees que eres», escribe. «Cuando te has repetido una historia durante años, es fácil deslizarte en estos surcos mentales y aceptarlos como un hecho. Con el tiempo, empiezas a resistirte a ciertas acciones porque "yo no soy así"». Y continúa: «Convertirte en la mejor versión de ti mismo requiere que edites continuamente tus creencias y que actualices y amplíes tu identidad».[80]

Empieza a llamarte atleta, empresario o inversor y poco a poco empezarás a pensar y actuar como tal. Haz de la mentalidad de crecimiento una parte consciente de tu identidad, y la presión interior forzará tu comportamiento en esa dirección. Recuerda: tu sentido de la identidad no es más que un conjunto de creencias sobre quién eres, y las creencias pueden cambiar. Cualquier parte de tu narrativa o identidad que te frene puede ser sustituida por

---

80. Clear, J. (2018), *Atomic Habits,* Avery, Nueva York.

una nueva historia. Por encima de todo, debes aspirar a vivir una vida verdadera, una vida en la que tus inclinaciones e intereses naturales son los protagonistas, aunque tu verdad sea una ficción para los demás.

Hijo de dos inmigrantes de Europa del Este, Ralphie Lifshitz era un niño pobre del Bronx que soñaba con el mundo elegante que veía en la pantalla del cine. Hoy lo conocemos como Ralph Lauren, una nueva identidad descrita por su biógrafo como «un producto de su propia imaginación», que permitió a Ralph desprenderse de su equipaje y reinventarse como la encarnación viva del estilo de vida aspiracional que promovía su marca de moda, Polo.[81]

Sin embargo, por muy fuerte que sea nuestro sentido de la identidad y por muy orientados al interior que estemos, se presentarán retos que habrá que superar. Y que podamos superarlos o no depende en gran medida de que estemos preparados para esas eventualidades.

Ajusta tus expectativas

Nuestras expectativas determinan nuestra percepción de cualquier acontecimiento. A menudo he temido ciertas cosas —contactar con mi proveedor de Internet o hacer una reclamación al seguro, por ejemplo— para luego sorprenderme gratamente de lo indoloras que fueron. Sin embargo, cuando se trata de nuestro trabajo, el péndulo puede oscilar en sentido contrario: esperamos conseguir mucho más, en mucho menos tiempo y con muchos menos obstáculos de lo razonable, y sufrimos innecesariamente por ello.

Por ejemplo, la escritura. A lo largo de los años, muchas personas me han pedido consejo o me han llamado en busca de consuelo:

---

81. Gross, M. (2003), *Genuine Authentic: The Real Life of Ralph Lauren,* Harper Collins, Nueva York.

su guión ha sido rechazado por un agente o un editor, han descubierto que un capítulo no funciona y deben reescribirlo, o la estructura de su libro es un desastre y tienen que empezar de nuevo. Se siente como si el cielo se estuviera cayendo. Pero aunque estas experiencias nunca son divertidas, una vez que se ha recorrido el camino unas cuantas veces, se sabe que hay que esperar estas cosas: son partes inevitables del proceso para todos los escritores que conozco.

Las expectativas poco realistas también causan mucho dolor innecesario al iniciar y hacer crecer un negocio. Por ejemplo, esperamos que la gente acoja con entusiasmo nuestras innovaciones e incluso nos preocupa que nos roben las ideas. Pero en realidad, la mayoría de la gente se encoge de hombros con apatía, explica por qué nunca funcionará o se conforma con las soluciones existentes. Como dijo el físico Howard Aiken, «si tus ideas son buenas, tendrás que hacérselas tragar a la gente por la fuerza».[82]

Y aunque hay gente que se hace multimillonaria a los veintitantos años, o vende lucrativamente su emprendimiento un par de años después de empezar, estas historias acaparan los titulares por su rareza. La realidad es que la mayoría de las empresas serias tardan entre cinco y diez años en dar sus frutos, y durante ese tiempo habrá subidas y bajadas.

La gente ridiculizará tus ideas. Los acontecimientos fortuitos se burlarán de tus planes. Tendrás que superar obstáculos y contratiempos imprevistos. Tus suposiciones resultarán ser incorrectas. Pero esto no significa que no vayas a tener éxito. Esperar esta adversidad —incluso esperar lo inesperado— hace que sea más fácil tomar estos acontecimientos con calma. Prepárate para lo peor, pero espera lo mejor, y estarás en el camino de la victoria, especialmente si puedes desarrollar una rutina que te mantenga en el camino correcto.

---

82. Ibídem.

Crea rutinas y rituales

Atletas, astronautas y artistas tienen una sorprendente característica en común: suelen adoptar rutinas rígidas. Muchos jugadores de baloncesto, por ejemplo, son famosos por sus rituales previos a los partidos, a su vez, el astronauta Tim Peake destaca la importancia de la estructura y la rutina a bordo de la Estación Espacial Internacional.

Algunos de los rituales diarios que dominan la vida de los científicos, escritores y compositores son famosos por su excentricidad. A las once de la mañana, Victor Hugo se lavaba en la azotea de su casa de Guernsey con agua helada que dejaba fuera toda la noche, restregándose con un guante de crin. El poeta alemán Friedrich Schiller no podía escribir si no olía manzanas podridas, que guardaba en un cajón de su estudio. Nikola Tesla calculaba mentalmente el volumen cúbico de cada comida antes de comerla, o no podía disfrutarla. Anthony Trollope escribía durante tres horas al día (si terminaba una novela durante ese tiempo, empezaba inmediatamente la siguiente). Y la célebre coreógrafa Twyla Tharp es explícita sobre el valor de la repetición, e incluso escribió un libro sobre el tema: *The Creative Habit*.[83]

¿Qué tienen en común los talentos destacados de disciplinas tan diferentes? En primer lugar, se enfrentan a una gran incertidumbre en su entorno; en segundo lugar, a menudo deben actuar bajo una intensa presión; y en tercer lugar, su trabajo requiere periodos de profunda concentración mental.

En tales circunstancias, las rutinas o rituales repetitivos proporcionan una fuerza estabilizadora que alivia el estrés de lo desconocido, proporcionando una sensación de estructura y de control que, de otro modo, está ausente en el entorno. Las investigaciones

---

83. Si estos ejemplos llaman tu atención, te recomiendo encarecidamente que leas: Currey, M. (2013), *Daily Rituals*, Alfred A. Knopf, Nueva York.

sugieren incluso que, a medida que nos volvemos más ansiosos, nuestras muestras de comportamiento ritualista aumentan de forma natural para proporcionar un contrapeso.[84]

Las rutinas y los rituales diarios también nos ayudan a malgastar menos ciclos cerebrales en decisiones que no importan —qué desayunar o cuándo empezar a trabajar, por ejemplo— y nos permiten acceder con mayor facilidad al estado mental de máxima eficiencia. «Sé regular y ordenado en tu vida», escribió el novelista Gustave Flaubert, «para que puedas ser violento y original en tu trabajo».[85]

Csaba y yo somos criaturas de costumbres a nuestra manera. Cuando escribo, por ejemplo, empiezo lo más temprano posible en la mañana —a menudo a las 5:30 a.m.— y escribo hasta que he hecho mil palabras o hasta que el reloj marque el mediodía. La semana de Csaba se divide en un bloque creativo y un bloque de acción, y cada día lo completa con una rutina de ejercicios y estiramientos, y programa cada hora de oficina con antelación para poder centrarse sistemáticamente en lo que más importa.

A la hora de estructurar la rutina diaria, recomiendo seguir el consejo de Cal Newport de distinguir entre el trabajo profundo, los esfuerzos inmersivos que crean más valor, y el trabajo superficial, el tipo de tareas administrativas monótonas que son menos demandantes y que es improbable que hagan avanzar nuestro proyecto, nuestra vida o nuestra sociedad.[86]

Demasiadas personas alcanzan una fracción de su potencial porque permiten que su tiempo se divida tanto que se convierte en vapor. En lugar de ello, debemos dedicar grandes espacios de

---

84. https://www.sciencedaily.com/releases/2020/06/200630111504.htm

85. Bartlett, J. y O'Brien, G. (2012), *Bartlett's Familiar Quotations,* Little, Brown, and Company, Nueva York.

86. Newport. C. (2016), *Deep Work: Rules for Focused Success in a Distracted World,* Hachette, Nueva York.

tiempo ininterrumpidos, en los momentos de mayor rendimiento, al aprendizaje, a la práctica deliberada y a la experimentación que nos permiten dominar sistemáticamente nuestro oficio, reservando tiempo en otros momentos del día para la tediosa administración. Así conseguiremos hacer más, en menos tiempo y con mayor calidad.

Sin embargo, queda una pregunta vital. ¿Cómo nos aseguramos de que no estamos perseverando en las cosas equivocadas? Después de todo, perseguir una idea errónea con el corazón, el cuerpo y el alma no la convertirá en un éxito, y cuando estamos llenos de pasión y confianza en nosotros mismos, es fácil enamorarnos de nuestras ideas y dejar de lado la realidad. El antídoto es convertirnos en insaciables buscadores de la verdad.

Principio 4:
Busca la verdad

En los negocios, como en la vida, siempre habrá cosas que no sabemos, suposiciones que resultan ser falsas y nueva información que invalida nuestros planes. Para prosperar en la incertidumbre debemos evaluar activamente la exactitud de nuestra información, recalibrar constantemente nuestras creencias y buscar una pluralidad de perspectivas.[87]

Por lo tanto, los inversores expertos, los empresarios y otras personas que operan con éxito en el ámbito de la incertidumbre tienden a compartir virtudes similares: humildad intelectual, curiosidad por el mundo y un compromiso permanente con el aprendizaje. También incorporan diversas fuentes de información a la hora de tomar decisiones, tendencias que

87. Duke, A., *Thinking in Bets* (Nueva York: Portfolio/Penguin, 2018).

podemos fomentar activamente una vez que somos conscientes de ellas.[88]

Otro rasgo vital es activamente mantener la mente abierta. Como hemos visto en el capítulo dos, muchas innovaciones u oportunidades que cambian las reglas del juego se descubren por casualidad. Albert Hoffman, por ejemplo, descubrió el LSD en 1938 mientras intentaba sintetizar un medicamento para estimular la circulación sanguínea. Al probar una muestra, se dio cuenta de que ocurría algo inusual y enseguida volvió a casa en bicicleta, un viaje inolvidable.[89]

Steve Jobs —que también tomaba LSD, por cierto— se oponía a la idea de que los desarrolladores hicieran sus propias aplicaciones para el iPhone, pero le persuadieron para que cambiara de opinión.[90] Se calcula que el App Store soporta un comercio de quinientos diecinueve mil millones de dólares al año.[91]

Como demuestran estos ejemplos, si no podemos mantener nuestra mente abierta a ideas nuevas o alternativas, podríamos perder las mayores oportunidades de todas. Por tanto, debemos buscar a quienes puedan aportar valiosas críticas a nuestro trabajo, desafiar nuestra forma de pensar, exponernos a un conjunto diverso de nuevas ideas y perspectivas, y cuya mentalidad o valores nos inspiren.

Pasa tiempo con las personas adecuadas

El contagio social es algo increíble. Por el simple hecho de pasar tiempo con un determinado grupo de personas, o de sumergirnos

88. Tetlock, P.E. y Gardner, D. (2015), *Superforecasting,* Crown Publishing Group, Nueva York.

89. Pollan, M. (2018), *How to Change Your Mind,* Penguin Press, Nueva York.

90. Isaacson, W. (2011), *Steve Jobs,* Little, Brown, Londres.

91. https://www.apple.com/newsroom/2020/06/apples-app-store-ecosystem-facilitated-over-half-a-trillion-dollars-in-commerce-in-2019/

en una cultura o entorno concretos, asimilamos de forma natural sus normas y comportamientos, algo que experimenté de primera mano cuando emigré a Los Ángeles desde la campiña inglesa hace casi una década.

Puede ser que el clima soleado me haya dado una disposición más soleada. Tal vez la omnipresente influencia de las industrias creativas se me ha pegado. Tal vez porque tanta gente viene aquí a perseguir un sueño, yo también he empezado a soñar un poco más en grande. Pero, sea cual sea la causa, aquí tengo una mayor sensación de optimismo y posibilidad. La gente parece menos inhibida, más dispuesta a probar cosas, y hay un espíritu emprendedor libre por el que es fácil dejarse llevar. «Pon el mundo patas arriba», dijo Frank Lloyd Wright, «y todo lo que esté suelto aterrizará en Los Ángeles». Esa diversidad me parece estimulante.[92]

Pero no es solo una cuestión de lugar, sino de personas. Cuando me mudé aquí, no conocía a nadie excepto a mi pareja pero pronto hice amigos al iniciar un negocio y unirme a su círculo social, la mayoría de sus amigos trabajaban en la industria del entretenimiento. Me sentí naturalmente influenciado por los comportamientos, actitudes y energía de estas personas creativas y emprendedoras, y asimilé cambios sutiles pero impactantes en mi perspectiva que me ayudaron a prosperar en mi nuevo entorno.

Es más fácil adoptar las habilidades y mentalidades que deseas adquirir si pasas tiempo con personas que las encarnan, y es más fácil adoptar comportamientos de búsqueda de la verdad cuando quienes te rodean te dan sus opiniones sinceras. Y si quieres rendir más, unirte a un equipo mejor significa que te pondrás a su

92. Aunque ha habido discusiones al respecto, la cita se atribuye con más frecuencia a Frank Lloyd Wright. En cambio, *El libro de citas de Yale* hace referencia a Will Rogers, quien supuestamente dijo: «Inclina este país de lado y todo lo que esté suelto se deslizará hacia Los Ángeles», en la edición del 17 de mayo de 1964 del *Washington Post.* Véase Shapiro, F.R. (2006), *The Yale Book of Quotations,* Yale University Press, New Haven.

nivel.[93] Antes de que te des cuenta, estarás en camino hacia la maestría: la máxima expresión de tu potencial y personalidad únicos, y una búsqueda que trasciende las incertidumbres del mundo que nos rodea.

Principio 5: Persigue la maestría

Empecé a aprender a surfear al mismo tiempo que mi amiga Jen, pero pronto quedó claro que no estábamos en el mismo camino. A mí me gustaba el surf, a ella le consumía.

A diferencia de mí, Jen se metía en el agua todos los días, independientemente de las condiciones, aunque solo pudiera escabullirse veinte minutos en la pausa del almuerzo. Si no había olas, practicaba el remo. Si las olas eran más grandes que las que había surfeado antes, buscaba un lugar en el que pudiera superar con seguridad los límites de su zona de confort. Solo pensaba en surfear, y ahorraba dinero para ir a campamentos de surf en otros países, donde podía experimentar con diferentes olas y desarrollar sus habilidades.

Su constancia dio sus frutos y no tardó en estar en una liga diferente a la mía. Remaba más rápido, cogía olas más largas y grandes con más frecuencia, y se sentía mucho más cómoda en el océano que yo. También experimentaba un placer y una satisfacción más profundos de su tiempo en el agua: se le notaba en la cara. Jen estaba en el camino de la maestría y estaba cosechando los frutos. Fue estupendo ver cómo se desarrollaba el proceso.

---

93. Tanto Annie Duke como Angela Duckworth hacen observaciones similares en sus libros. Véase: Duke, A. (2018), *Thinking in Bets,* Portfolio/ Penguin, Nueva York; y Duckworth, A. (2016), *Grit: The Power of Passion and Perseverance,* Scribner, Nueva York.

La búsqueda de la maestría —un profundo deseo de seguir mejorando en algo— no solo nos lleva a superar a otros, sino que nos mantiene flexibles y más capaces de prosperar en condiciones inciertas, desde las corrientes y el oleaje del océano hasta los movimientos de los mercados. Sin embargo, no hay que confundir la maestría con el perfeccionismo. De hecho, la comparación entre ambos revela lo que hace que la maestría sea un objetivo tan expansivo y el perfeccionismo tan debilitante.

A diferencia del perfeccionismo, que se centra en un resultado, la maestría es un proceso dinámico. El perfeccionismo está impulsado por el miedo y la ansiedad: nos mantiene ajustando nuestro producto indefinidamente, pero sin lanzarlo nunca al mercado. La maestría, por el contrario, nos permite lanzarnos, aprender y mejorar. De hecho, la búsqueda de la maestría entrelaza todos los conceptos que hemos explorado hasta ahora.

Cuando nos centramos en el proceso, no en el resultado, vemos los fracasos como oportunidades de aprendizaje. Somos libres de cometer errores y aprender de ellos, de recabar opiniones antes y de experimentar. Cuando buscamos siempre mejorar, adoptamos de forma natural una mentalidad de crecimiento en lugar de una fija. También es mucho más fácil seguir adelante cuando vemos los acontecimientos de cada día como pequeñas partes de un plan mucho más amplio. Y el deseo de mejorar nos mantiene curiosos y aprendiendo por naturaleza: la maestría y la búsqueda de la verdad van de la mano. La maestría incluso nos ayuda a expresar nuestra singularidad y a dirigirnos más hacia el interior.

Como explica Robert Greene en su libro *Maestría*, el proceso de dominar una disciplina consta de tres fases. En primer lugar está el *aprendizaje*, en el que asimilamos los fundamentos de nuestro oficio a través de un periodo autodirigido de observación, práctica enfocada y experimentación. Luego, en la fase *creativa-activa*, empezamos a aplicar nuestras propias ideas, incorporando nuestra experiencia vital y nuestra personalidad a la mezcla. Por último, llegamos a la tercera y última fase, la de la *maestría*, en la que hemos intercalado tan profundamente las habilidades y los conocimientos de nuestro oficio que se vuelven instintivos.

Ya no nos basamos en reglas y fórmulas, sino que nuestra intuición se ha convertido en un instrumento poderoso y bien afinado. Podemos conectar puntos que otros ni siquiera pueden ver, sentir instintivamente lo que otros deben procesar tenaz y deliberadamente, y empezamos a remodelar la disciplina a nuestra propia imagen.[94]

A medida que avanzamos en cada etapa de dominio, nos volvemos progresivamente más orientados hacia el interior hasta que nuestros métodos y trabajo adquieren un carácter distintivo reconocible, no a través de un artificio autoconsciente, sino mediante la expresión veraz de nuestra persona única. La búsqueda de la maestría proporciona, por tanto, un catalizador global para transformar nuestra mentalidad a mejor. Sin embargo, también ofrece un recurso para aquellos que se ven acosados por una incertidumbre crónica de otro tipo: qué hacer con nuestro breve tiempo en este planeta.

Creo que la evolución nos ha moldeado para que el viaje hacia la maestría sea profundamente placentero y tenga sentido. Y cuando descubrimos lo que realmente nos interesa —el despertar a la tarea de la vida, como lo llama Greene— la propia actividad se convierte en la recompensa.[95] Nos centramos más, y con ese enfoque el camino que tenemos por delante se hace más claro. La realización y la ampliación de nuestro potencial, mientras superamos innumerables contratiempos en el proceso, se convierte en un proceso inmensamente gratificante de autodescubrimiento

---

94. Greene, R. (2013), *Mastery*, Penguin Books, Nueva York.

95. Ibídem.

que profundiza nuestra confianza y determinación, y a medida que aumentan nuestros conocimientos, también lo hace nuestro aprecio por el oficio. El resultado es un ciclo virtuoso de mejora continua. Si el sentido de la vida es hacer que nuestras vidas tengan sentido, la búsqueda de la maestría nos proporciona un propósito unificador.[96]

Pero, ¿por qué nuestra herencia evolutiva fomenta este comportamiento? Aparte del evidente impacto en nuestro atractivo y posición social que conlleva una habilidad excepcional, es porque toda la especie puede beneficiarse de nuestro trabajo. La sociedad depende de aquellos que están comprometidos con la búsqueda de la maestría para resolver sus problemas más acuciantes, generar oportunidades y elevar la cultura con sus obras creativas. La búsqueda de la maestría no es un empeño egoísta, sino que es nuestro regalo al mundo: una oportunidad para contribuir al bien común y una potente fuente de capital social, temas que ocupan un lugar central en el siguiente capítulo.

RESUMEN DEL CAPÍTULO

- Para prosperar en un mundo incierto, debemos cultivar activamente cinco actitudes: una relación sana con el fracaso, una mentalidad de crecimiento, la tenacidad para seguir intentándolo, un compromiso con la búsqueda de la verdad y la búsqueda de la maestría.
- Para desarrollar nuestro potencial no tenemos más remedio que asumir riesgos, y con esos riesgos viene la posibilidad de

96. Aunque no es una cita directa del libro seminal de Victor Frankl, *El hombre en busca de sentido,* se acerca lo suficiente en espíritu como para merecer la atribución. Véase Frankl, V.E. (2006), *Man's Search for Meaning,* Beacon Books, Boston y https://www.viktorfranklinstitute.org/about-logotherapy/

que las cosas salgan mal. Evitar el fracaso a toda costa limita el alcance de nuestros éxitos.

- Crecemos aprendiendo, pero aprendemos haciendo. Para tener éxito debemos pasar a la acción.
- Podemos superar la «fricción estática» —la barrera para empezar una nueva actividad— centrándonos en el siguiente paso que debemos dar en el viaje.
- A la hora de decidir si seguir un curso de acción, la pregunta más importante que debemos hacernos es: ¿cuál es la desventaja?
- Adoptar una mentalidad de crecimiento, la creencia de que nuestras cualidades o habilidades básicas pueden cambiar y crecer, es esencial.
- Debemos permitir que nos enseñen. Aprender de los expertos nos permite adquirir las habilidades y los conocimientos que necesitamos para tener éxito en menos tiempo.
- Reconocer la diferencia entre que alguien nos critique y que critique nuestro trabajo es la clave para domar el ego y prosperar con los comentarios de los demás.
- La perseverancia es la clave. Nos volvemos más tenaces cuando trabajamos en proyectos que se alinean con nuestras pasiones e intereses.
- Debemos esforzarnos por dirigirnos más hacia nuestro interior. Nuestros intereses, personalidad y disposición únicos son activos inimitables.
- Para cambiar nuestro comportamiento, primero debemos decidir quiénes queremos ser. Luego, los comportamientos correctos se producirán automáticamente.
- Si esperamos que las cosas no siempre salgan bien, es más fácil tomar los acontecimientos adversos con calma.
- Seguir una rutina diaria nos ayuda a mantenernos en el buen camino, al tiempo que nos proporciona un contrapeso a las incertidumbres del mundo.

- Perseguir ideas erróneas con gran empeño no las convertirá en un éxito. Debemos convertirnos en insaciables buscadores de la verdad, evaluando la exactitud de nuestra información, recalibrando nuestras creencias y buscando una pluralidad de perspectivas, para luego ajustar nuestros planes en consecuencia.
- Es más fácil asimilar habilidades y perspectivas si pasamos tiempo con personas que las encarnan. Nos ponemos a la altura de las personas que nos rodean.
- La búsqueda de la maestría proporciona un catalizador global para transformar nuestra mentalidad a mejor, a la vez que proporciona un sentido de propósito que beneficia al individuo y a la sociedad.

4
Capital social
La base de las oportunidades en un mundo incierto

Toda historia de éxito tiene dos partes. La historia A es un relato de los altibajos en el camino hacia la victoria. Luego está la historia B: cómo se reunieron las personas implicadas en primer lugar, sin lo cual no hay historia A.

Una de esas historias B es la de Max Levchin, un estudiante aburrido que vivía de prestado en el apartamento de un amigo en Palo Alto y que, en un caluroso día de verano, decidió asistir a una conferencia de «un tipo llamado Peter» en Stanford. Solo seis personas desafiaron el calor para asistir, así que Max y el conferenciante se pusieron a charlar después y decidieron volver a reunirse para desayunar. Así fue como Max conoció a Peter Thiel. Juntos fundaron PayPal.[97]

Piensa en cualquier acontecimiento importante —cómo conociste a tu pareja, cómo ganaste a tu mayor cliente, cómo acabaste trabajando con tu cofundador o cómo conseguiste tu puesto actual— y es casi seguro que la serendipia ha jugado un papel importante. Las implicaciones son sencillas de entender: cuanto más interactúes, y con cuantas más personas, más posibilidades hay de que surjan estas oportunidades.

Por eso el campus de Pixar se diseñó deliberadamente con un gran atrio central que anima a los empleados a reunirse, mezclarse

---

97. Livingston, J. (2007), *Founders at Work,* Apress, Berkeley.

y tener interacciones inesperadas que podrían inspirar nuevas ideas o posibilidades de colaboración.[98] En lugar de ignorar o negar el papel de los encuentros fortuitos, el estudio de cine los facilita. Debemos seguir su ejemplo si queremos maximizar nuestras probabilidades de éxito.

Incluso los pequeños intentos de conectar con más personas pueden tener resultados sorprendentes porque rara vez estamos a más de unos pocos pasos de cualquier otra persona del planeta. Aunque suene contraintuitivo, las relaciones humanas entran en una categoría de modelo matemático conocido como «redes de mundo pequeño», en la que cualquier nodo puede acceder a cualquier otro en pocos pasos, independientemente de la distancia a la que se encuentren. De ahí la idea de los seis grados de separación: que no estamos a más de seis conexiones sociales de ninguna otra persona.[99]

Sin embargo, el número de personas con las que nos reunimos es irrelevante si no nos comportamos adecuadamente durante esos encuentros o no gestionamos nuestras relaciones y nuestra reputación de forma eficaz. «El comercio», escribió el filósofo inglés J.S. Mill, «es un acto social».[100] Nuestros asuntos empresariales se rigen por los mismos imperativos evolutivos que hacen o deshacen las relaciones en cualquier otra esfera de la vida. Comprender estos instintos sociales es, por tanto, un primer paso fundamental.

98. Isaacson, W. (2011), *Steve Jobs,* Little, Brown, Londres.

99. Buchanan, M. (2002), *Nexus: Small Worlds and the Groundbreaking Science of Networks,* W.W. Norton & Company, Nueva York y Watts, D.J. (2018), *Small Worlds: The Dynamics of Networks Between Order and Randomness,* Princeton University Press, Princeton.

100. Mill, J.S. (2002), *On Liberty,* Dover Publications, Inc., Nueva York.

Nuestros instintos sociales

Durante la mayor parte de nuestra historia, nuestra especie vivió en pequeñas bandas de cazadores-recolectores. La única forma de sobrevivir era cooperar con otros, con los que nos cruzábamos regularmente.

Estos dos factores, la necesidad de trabajar en equipo y la gran posibilidad de futuros encuentros, son las fuerzas que guiaron la formación de nuestros instintos sociales.[101] No solo nos convertimos en una especie hipersocial, sino que gestionamos intuitivamente las relaciones a largo plazo. Y cuando consideramos estos instintos juntos —nuestra inclinación innata a trabajar juntos y nuestra perspectiva a largo plazo— muchos comportamientos que parecen ilógicos o incluso innecesarios empiezan a tener mucho sentido.

Por ejemplo, el altruismo. ¿Por qué íbamos a actuar de forma que beneficiara a los demás sin ninguna recompensa evidente para nosotros? Según el biólogo evolutivo Robert Trivers, el altruismo es en realidad una forma de cooperación que se desarrolla a largo plazo.[102] Para los primeros seres humanos tenía sentido ayudar a personas que no conocían, porque si volvían a encontrarlas en el futuro y necesitaban ayuda, podrían recibirla. Este impulso altruista perdura. Si un desconocido nos pide una dirección en la calle, nos detenemos para ayudarle si podemos, aunque no haya nada que nos beneficie.

Con el tiempo, hemos desarrollado recompensas y castigos emocionales que han hecho que estos comportamientos sociales sean instintivos. Interactuar con los demás es nuestra mayor

---

101. Véase Axelrod, R. (1984), *The Evolution of Cooperation,* Basic Books, Cambridge para una explicación de la relación entre lo que Axelrod llama «la sombra del futuro» y la naturaleza de la cooperación.

102. Trivers, R.L. (1971), «*The Evolution of Reciprocal Altruism*», *Quarterly Review of Biology,* Vol. 46.

fuente de placer, y nos sentimos bien al ayudar a nuestros semejantes, una recompensa intrínseca que incentiva el comportamiento cooperativo.[103] Del mismo modo, la mayoría de nosotros sentimos emociones desagradables cuando nos comportamos de forma antisocial o percibimos un comportamiento antisocial en los demás. Sentimos culpa, remordimiento o vergüenza si engañamos a otras personas, y nos indignamos cuando nos tratan injustamente.[104] ¿Pero qué es lo que hace que estas cualidades justas sean tan ventajosas en primer lugar? Que permiten la confianza.

La cooperación en cualquiera de sus formas— desde la caza de un bisonte como parte de una tribu hasta la gestión de una empresa global— solo es posible cuando existe confianza mutua, no solo entre las partes que se conocen y respetan, sino también en sistemas como el dinero, e instituciones como las corporaciones o los bancos. La confianza no solo hace posible la cooperación, sino que dicta la eficiencia de nuestras colaboraciones: cuanto más confiemos unos en otros, menos contingencias habrá que poner en marcha. Pero aún quedan retos por delante. ¿Cómo podemos evaluar si las personas son dignas de confianza antes de empezar a trabajar con ellas, por ejemplo? Por su reputación, por supuesto, pero la naturaleza ha desarrollado otra solución inteligente: la señalización costosa.

Señalización costosa

Dedicamos una cantidad desmesurada de tiempo y esfuerzo a dar señales —a posibles parejas, clientes o desconocidos— sobre quiénes somos, el estrato social que ocupamos y nuestras intenciones.

---

103. Stewart-Williams, S. (2018), *The Ape That Understood the Universe,* Cambridge University Press, Cambridge.

104. Sun, L. (2013), *The Fairness Instinct: The Robin Hood Mentality and our Biological Nature,* Prometheus Books, Nueva York.

El problema es que las señales pueden ser engañosas, desde ligeras exageraciones hasta mentiras descaradas. Para superar este reto, muchas especies han evolucionado para confiar más en las señales cuando estas imponen costes al emisor. Un ciervo, por ejemplo, demuestra su fuerza y su forma física llevando una cornamenta pesada e incómoda. El pavo real luce una gran cola de plumas para conseguir el mismo fin.

Este tipo de señalización (también conocida como «principio del handicap») es la base de una amplia gama de comportamientos humanos, muchos de los cuales son automáticos.[105] Cuando sonreímos para que nos hagan una foto, por ejemplo, a menudo inclinamos ligeramente la cabeza, exponiendo así nuestro cuello. Al mostrar una parte vulnerable del cuerpo, estamos dando una costosa señal de que no queremos hacer daño. Del mismo modo, cuando estamos a gusto con los demás, nuestras pupilas se dilatan. Esto limita nuestro campo de visión y nos hace potencialmente más vulnerables, otra señal que tiene su coste.

El mismo principio se aplica a nuestras relaciones. ¿Cómo ponemos a prueba la fuerza de nuestros vínculos con los demás? Imponemos costes sobre ellos y vemos cómo responden.[106] Cuando abrazamos a alguien, por ejemplo, nos inmiscuimos en su espacio personal y limitamos su capacidad de movimiento. A menudo también insultamos o ridiculizamos a nuestros amigos más cercanos, algo que un extraño nunca toleraría. Un amigo me da tantas bofetadas en la espalda cuando nos encontramos que me sorprende que no me haya destrozado la columna vertebral, y sin embargo lo soporto. En cada caso, al imponer y aceptar estos costes, señalamos la fuerza de nuestra relación.

105. Zahavi, A. & Zahavi, A. (1997), *The Handicap Principle - A Missing Piece of Darwin's Puzzle,* Oxford University Press, Oxford.

106. Ibídem.

La señalización costosa también va más allá de las interacciones directas. En las zonas del mundo donde los alimentos son escasos, por ejemplo, la obesidad es una señal costosa que demuestra riqueza. En los países en los que la comida es abundante, esta señal es ineficaz. En cambio, estar en forma y delgado es la señal costosa, que sugiere autodisciplina y medios para cuidar nuestro bienestar.

La señalización costosa también se aplica en el mundo empresarial. La publicidad funciona en gran parte porque es cara: si una empresa está dispuesta a gastar tanto dinero para promocionar un producto o un servicio, envía una señal a los posibles clientes de que lo que se ofrece debe ser bueno.[107]

Como clientes, nos gusta que el servicio sea fácil y directo, pero lo valoramos aún más si su prestación ha sido costosa o ha supuesto un esfuerzo, de ahí nuestro amor por la atención al detalle y la reflexión. Y cuando se trata de la comunicación, cuanto más cara y esforzada es, más valor le damos. Podemos dar las gracias a un colega con una nota escrita a mano o por correo electrónico. Ambas cosas llevan el mismo mensaje. Sin embargo, la nota escrita a mano transmite un mensaje más fuerte.

Pero aunque estos comportamientos tienen un sentido intuitivo —hacemos la mayoría de ellos en piloto automático cuando nos dejamos llevar por nuestros propios instintos— chocan violentamente con las presiones del lugar de trabajo para operar con la mayor eficiencia posible y lograr resultados predecibles y medibles a corto plazo. Y al intentar satisfacer estos criterios en la esfera social —donde reinan la ineficacia, la serendipia y el compromiso a largo plazo— adoptamos comportamientos que

107. Sutherland, R. (2019), *Alchemy - The Surprising Power of Ideas That Don't Make Sense,* WH Allen, Londres.

infravaloran nuestra capacidad de construir y gestionar relaciones, obstruyendo involuntariamente el manantial de oportunidades en su origen.

Construyendo el capital social

Afortunadamente, no hace falta mucho para volver a entrar en sintonía con nuestros instintos y adoptar un enfoque más natural a la hora de establecer y gestionar las relaciones, un enfoque que honra nuestra herencia evolutiva, hace que la magia de la serendipia trabaje a nuestro favor y conduce a mayores oportunidades. Unas cuantas pautas prácticas te llevarán rápidamente por el camino correcto.

En la vida, sé un anfitrión, no un invitado

Cuando se trata de hacer crecer tu red, mejorar la calidad de tus relaciones y aumentar el número de oportunidades que se presentan, el principio más importante es este: en la vida, sé un anfitrión, no un invitado.

Imagina que eres una mosca en la pared en una fabulosa fiesta y observas al perfecto anfitrión en acción. Observas cómo navega cuidadosamente por la sala, asegurándose de que todos se sientan bienvenidos y de que se atiendan sus necesidades. Le sirve a Beth un whisky y le prepara a Bill un Martini, tal y como le gusta. También te das cuenta de que ha invitado deliberadamente a personas que podrían beneficiarse de conocerse, y se esfuerza por presentarlas. Bob es nuevo en la ciudad, así que nuestro anfitrión le presenta a Brenda, que vive en el mismo barrio.

También notas que el anfitrión es generoso con su tiempo y su atención, parece realmente fascinado cuando Brian le describe los diferentes tipos de aislamiento para buhardillas que está considerando comprar. Y después de insistir en que nadie trajera nada, se siente genuinamente agradecido cuando le ofreces un modesto regalo de agradecimiento. «¡No era necesario!», exclama, como si le hubieras regalado un huevo de Fabergé y no una caja de bombones.

Esta escena revela los rasgos más básicos de la mentalidad del anfitrión: un deseo genuino de ser útil sin esperar recompensa, la atención a las necesidades individuales, hacer que los demás se sientan bienvenidos y valorados, la generosidad y la conexión entre personas que pueden ser útiles para los demás. Aplica estos mismos preceptos a tus relaciones comerciales, ya sea con clientes, proveedores, colegas o cualquier otra persona, y no te equivocarás.

El valor de tu red se incrementará con el tiempo a medida que conozcas y presentes a más personas. Y aunque la recompensa por ayudar nunca estará clara de antemano —los anfitriones no buscan un *quid pro quo*— es propio de la naturaleza humana responder de la misma manera a la generosidad de los demás, corresponder a la buena voluntad y potenciar a quienes crean valor para nosotros.[108] De hecho, el simple hecho de ser un buen anfitrión puede marcar la diferencia en el éxito de tu negocio.

Tomemos, por ejemplo, las recompensas por un acto menor de hospitalidad que implicó a la empresa biofarmacéutica Amgen y a un bioquímico de Chicago llamado Eugene Goldwasser. Amgen se encontraba entonces en graves problemas. Sus primeras ideas de productos habían fracasado y se enfrentaban a una intensa competencia en un proyecto para crear un medicamento que estimulara el crecimiento de los glóbulos rojos. Su única esperanza era Goldwasser, que había trabajado en el problema durante dos décadas y tenía la clave del éxito: un pequeño frasco de proteína, extraído de dos mil quinientos litros de orina humana, que contenía el código para fabricar el medicamento. Sin embargo, Eugene también estaba siendo cortejado por el principal rival de Amgen, Biogen.

---

108. Keltner, D. (2014), *The Power Paradox,* Nueva York: Penguin Press, Londres.

Cuando el director general de Biogen no pagó la cuenta de la cena, Eugene tomó su decisión. El fármaco resultante —la eritropoyetina, o EPO, como se la conoce a menudo— hizo que Amgen ganara diez mil millones de dólares al año en su punto álgido, un nivel de éxito que nadie implicado, y mucho menos Goldwasser, podía predecir.[109] En un mundo en el que nunca podemos saber a dónde nos llevarán las relaciones, vale la pena ser un buen anfitrión. Sin embargo, a menudo también somos invitados. Otros harán presentaciones en nuestro nombre, o nosotros tendremos que presentarnos por primera vez. Y cuando lo hacemos, la forma en que nos presentamos es igual de importante.

Preséntate bien

¿Por qué las empresas intentan dar a conocer sus productos? Es sencillo: no podemos comprar cosas si no sabemos que existen o lo que hacen. Y cuanto más se conozca nuestro producto o servicio, más clientes potenciales alcanzaremos. Lo mismo ocurre cuando se trata de crear oportunidades a través de nuestra red inmediata. La gente solo puede prever posibles colaboraciones o hacer presentaciones beneficiosas si conoce nuestros objetivos, intereses o áreas de experiencia. Y a medida que aumenta el número de personas que conocen nuestros objetivos y experiencia, también lo hace el potencial de resultados serendípicos.

El empresario y desarrollador de software Jason Roberts captó muy bien esta idea con su concepto de área de la suerte: «La cantidad de serendipia que se producirá en tu vida, tu área de la suerte, es directamente proporcional al grado en que haces algo que te apasiona combinado con el número total de personas a las que se

---

109. Bahcall, S. (2019), *Loonshots*, St. Martin's Press, Nueva York.

lo comunicas efectivamente. Cuanto más hagas y más gente lo sepa», escribe, «mayor será tu área de la suerte».[110]

Obsérvese que Roberts menciona la comunicación de nuestras pasiones, no de nuestra profesión: un punto fácil de pasar por alto, pero crucial. Cuanto más conozcamos a los demás, más probable será que descubramos puntos en común. Y cuanto más entusiasmados estemos con un tema, más cautivaremos a los demás con nuestra emoción. En realidad, muchas relaciones se forman por un interés personal compartido y se convierten en oportunidades profesionales más adelante.

Teniendo esto en cuenta, una forma fácil de aumentar la exposición a resultados serendípicos no es solo exponerte un poco más, sino mencionar tus pasiones, intereses o aficiones, además de tu trabajo, especialmente al presentarte.[111] Un ejemplo sencillo ilustra por qué esto es beneficioso. Supongamos que alguien me pregunta: «¿A qué te dedicas?» Una respuesta estándar podría ser: «Dirijo una consultoría de diseño» o «Soy socio de un fondo de capital riesgo». Pero a menos que la gente esté interesada en el diseño o en el capital riesgo, no hay mucho de lo que podamos hablar.

Sin embargo, si soy un poco más amplio, puedo aumentar las posibilidades de descubrir intereses comunes de forma espectacular. Al presentarme, podría decir: «Dirijo una agencia de diseño con mi mejor amigo y trabajo como socio de un fondo de capital riesgo en Los Ángeles. También estoy escribiendo mi tercer libro, mientras intento dejar tiempo para mis aficiones. Este año he empezado a construir una moto, lo que, hasta ahora, ha sido un reto muy divertido». Ahora tengo muchas más vías de conversación.

---

110. https://www.codusoperandi.com/posts/increasing-your-luck-surface-area

111. Busch, C. (2020), *The Serendipity Mindset*, Riverhead Books, Nueva York.

Es poco probable que sepa exactamente lo que va a despertar el interés de la otra persona. Puede que les intrigue saber cómo es llevar un negocio con un amigo. Puede que les interesen mis libros anteriores o que estén pensando en escribir un libro ellos mismos. Puede que les gusten las motos o, si no les gustan, que sientan curiosidad por saber por qué quiero construir una. Puede que oigan mi comentario sobre mis aficiones y encuentren puntos en común con mi coleccionismo de whisky, o mi amor por la música clásica y la fotografía, o mi interés por correr y hacer surf. Al ampliar la red, tengo más posibilidades de entablar conversaciones interesantes. También es más probable que me recuerden.

Sé memorable

Si queremos que la gente se acuerde de nosotros cuando se presente una oportunidad de trabajo o de otro tipo, o que nos sigan después de una reunión inicial, debemos dejar una impresión memorable. Pero no podemos hacerlo si no se han fijado en nosotros en primer lugar. Por lo tanto, hay que encontrar formas de ser distintivos y memorables, tanto en lo que se refiere a nuestro aspecto como a nuestra imagen.

Al igual que las marcas intentan cultivar activos distintivos —colores, formas, logotipos o incluso sonidos que sean inmediatamente reconocibles— nosotros podemos ajustar nuestra propia apariencia para destacar entre la multitud. Eso no significa que tengamos que vestirnos como Elton John: una joya llamativa, unas gafas ligeramente inusuales o incluso unos cordones de colores pueden ser notables y memorables sin resultar desagradables. El uniforme de Steve Jobs, por ejemplo, era distintivo pero no escandaloso: gafas redondas, vaqueros, cuello de tortuga y zapatillas New Balance. Aun así, si realmente queremos enganchar a la gente, nuestra personalidad es nuestro mayor activo.

Hace unos años asistí a una conferencia del guionista David Freeman, quien expuso la fascinante teoría de que los personajes de las películas, las marcas y los productos más interesantes poseen una tensión dinámica que él denomina «inclinaciones opuestas», es decir, combinaciones de rasgos que no asociamos naturalmente entre sí, que funcionan para atraernos. Walter White, el profesor de química que se convierte en un traficante de drogas en la exitosa serie de televisión *Breaking Bad*, es un gran ejemplo. Parte de lo que hace que este personaje sea tan convincente es que nos cuesta conciliar la personalidad de un profesor de instituto y un afable hombre de familia con la de un capo de la droga cada vez más brutal.

Del mismo modo, en su época de esplendor, la marca danesa de equipos de audio y televisión Bang & Olufsen combinaba la estética fría y la teutónica —vidrio, metal y líneas rígidas— con un diseño de la interacción lúdico, otras inclinaciones opuestas que compelen. Del mismo modo, hay algo incongruente, al menos para mí, en la aparente tontería de Google y el poder que ejerce sobre nuestra vida cotidiana, o en la colosal riqueza de Warren Buffett y su actitud amigable y modesta.

A menudo he reflexionado sobre esta teoría, porque todas las personas que conozco tienen inclinaciones opuestas en algún grado. Por ejemplo, tengo un amigo al que se le ve a menudo sentado en la puerta de la cafetería local con la nariz metida en alguna obra literaria de alto nivel. No hay nada particularmente inusual en ello, excepto que lee mientras está sentado en su supermoto de carreras, una combinación sorprendente. Otra amiga es una comprometida activista de los derechos de los animales y vegana que dedica la mayor parte de su tiempo libre a apoyar a la comunidad budista local. También fuma puros y trabaja para el comité asesor de un partido de derecha.

Estos rasgos incongruentes y aparentemente disonantes son parte natural del ser humano. Sin embargo, muchos de nosotros no los reconocemos o los sofocamos en un intento de parecer más «normales» o de ajustarnos a los estereotipos. Esto es comprensible, tienes que tener valor para ser tú mismo, pero suprimir tu singularidad casi seguro te hará menos interesante para los demás. Un poco de personalidad puede llegar muy lejos.

Aun así, cuando descubrimos un terreno común, congeniamos con alguien o se nos presenta una oportunidad, no podemos confiar en otras personas para poner en marcha el proceso. Tenemos que tomar la iniciativa.

Ve primero

Ya sea hablando de un tema difícil, sugiriendo reunirse para tomar un café, lanzando una nueva empresa, o cualquier otra cosa que conlleve un elemento de incertidumbre, la gente suele sentirse más cómoda respondiendo que iniciando. Quieren involucrarse, pero esperan a que alguien vaya primero. Cuando pienso en cómo han surgido mis mejores amistades y relaciones de negocios, a menudo ha sido porque yo he tomado la iniciativa, sugiriendo que nos reuniéramos y luego llevándolo a cabo, en lugar de no hacer nada o intercambiar los datos de contacto y esperar que la otra persona dé el primer paso. De hecho, me estremece pensar en las increíbles relaciones que no tendría ahora si me hubiera sentado a esperar que las cosas sucedieran.

Vivimos en un mundo ruidoso, lleno de distracciones y demandas que compiten por nuestro tiempo, por lo que es fácil olvidarse de la gente y ser olvidado a su vez. Lo que no se ve es lo que no se piensa, así que no podemos dar por sentado que los demás se acordarán de nosotros. Por el contrario, debemos tomar la iniciativa nosotros mismos. Un encuentro inicial puede no llegar a ninguna parte, pero puede que acaben escribiendo un libro juntos, convirtiéndose en socios comerciales, amigos íntimos o las tres cosas: solo hay una forma de averiguarlo. Y tomar la iniciativa es solo una manifestación de un axioma social más amplio. Cuando se trata de construir relaciones, recibimos lo que damos.

Paga por adelantado

Si he observado un rasgo consistente no solo en las personas de éxito, sino en las personas de éxito felices, es su disposición a ayudar a los demás. A diferencia de los invitados de la vida, que siempre se preguntan «¿Qué gano yo?» o quieren obtener una recompensa inmediata por sus acciones, estas personas demuestran un auténtico deseo de ayudar, tanto si hay una recompensa obvia como si no.

Pienso, por ejemplo, en un amigo que siempre hace cosas para otras personas. Recientemente asistí a una fiesta para celebrar los cuarenta años de su consulta dental y me quedé asombrado por la cantidad de personas que se presentaron. Apenas cabían las botellas de vino, la parafernalia de golf y otros regalos en su salón, y eso que él es dentista, que no es precisamente el profesional que más nos gusta visitar. También pienso en mi socio Ben y su esposa Megan, que son muy parecidos. Lo que va, viene; es la naturaleza humana.

Al igual que ocurre con otros comportamientos morales y virtuosos que han demostrado ser ventajosos, la reciprocidad es instintiva —impulsada por emociones como la gratitud por la ayuda y el resentimiento hacia los que se aprovechan de ella— porque estabiliza y fortalece al grupo.[112] Cuando estamos dispuestos a corresponder, todos los miembros de la tribu se benefician de la buena suerte y los puntos fuertes de cada individuo, al tiempo que compensan sus debilidades o su mala suerte.

112. Stewart-Williams, S. (2018), *The Ape That Understood the Universe,* Cambridge University Press, Cambridge.

Si nuestra tribu tiene dos grupos de caza, por ejemplo, y cada vez solo uno tiene éxito, tiene sentido compartir el botín, en lugar de que la mitad de la tribu pase hambre, o que los que no cazaron se mueran de hambre. Y es este instinto subyacente de reciprocidad el que permite la división del trabajo, la especialización y el comercio mutuamente beneficioso que ha permitido el florecimiento de la sociedad.

Hacer algo por alguien no solo prepara el terreno para la reciprocidad. Es otro ejemplo de señalización costosa que demuestra nuestra aptitud, profundidad de recursos, experiencia o compromiso hacia una causa determinada, todo lo cual mejora nuestra reputación y nos hace socios más atractivos (en todos los sentidos de la palabra).

En mi propia empresa, por ejemplo, trabajamos a menudo con autónomos y contratistas independientes que nos ayudan a realizar trabajos o nos proporcionan conocimientos especializados. Nuestra política —a diferencia de la de muchas otras agencias o consultorías— es pagar a estos socios el día que llega la factura. Desde el punto de vista de la tesorería, esto tiene menos sentido que esperar a que pasen los treinta días habituales, o intimidar a la gente para que acepte plazos de sesenta días, pero desde el punto de vista del capital social, las ventajas son enormes. Lo vemos reflejado en la calidad del trabajo que realizan, en el compromiso que muestran nuestros socios para ayudar a nuestros clientes un poco más, en su afán por hablar de nuestra marca a su red de contactos y en su disposición a aceptar trabajos para nosotros cuando otros podrían estar buscando sus talentos. En cambio, no hay nada que siembre la semilla del resentimiento como hacer el mejor trabajo posible y que luego te den gato por liebre con el dinero. Pero no se trata de hacer grandes y extravagantes gestos: a menudo basta con pequeños actos y un poco de esfuerzo extra.

Muestra esfuerzo discrecional

El año pasado, mientras visitaba a mi familia en Copenhague, reservé una cita con un barbero local para un corte rápido. Como me estoy quedando calvo, lo único que necesito es un rápido corte para mantener el orden, así que se podría pensar que no hay mucho margen para que un barbero me impresione. Pero mi peluquero danés hizo algo ingenioso que aún no he experimentado en ningún otro sitio.

Normalmente, el barbero empieza por quitarme las gafas, me corta lo que queda de pelo y me devuelve las gafas para que pueda admirar su trabajo. Esta vez, sin embargo, después de cortarme el pelo, el barbero sacó un pequeño paño y una botella de spray y me limpió las gafas a fondo. «Quiero que todo esté perfecto», me dijo, mientras me las devolvía con una amplia sonrisa.

Las pequeñas muestras de esfuerzo discrecional de este tipo son extraordinariamente poderosas por una serie de razones. En primer lugar, aumentan nuestra percepción de valor, mejorando nuestra opinión sobre cualquier producto, servicio, marca o persona con la que tratemos. En segundo lugar, como estamos predispuestos a prestar atención a los acontecimientos no previstos, hacen que una experiencia sea más memorable y distintiva. En tercer lugar, señalan nuestro compromiso con la relación, lo que aumenta la confianza. Y, por último, desde el punto de vista comercial, pueden lograr resultados desproporcionados: su coste suele ser trivial, por lo que la recompensa puede ser considerable.

Una vez que se adquiere el hábito, se descubre que las oportunidades son abundantes. Cuando presentamos propuestas a los clientes, por ejemplo, incluimos en la portada el tiempo estimado de lectura, un pequeño detalle que transmite consideración y a menudo provoca comentarios. Si leo un libro que creo que puede gustar a un cliente o amigo, se lo envío. Si estoy agradecido por el trabajo que alguien ha hecho en un proyecto, le escribo una nota de agradecimiento. Nada de esto es inteligente o extravagante. De hecho, mis padres llamarían a la mayoría de estas conductas «buenos modales», el siguiente tema que merece la pena explorar.

Sé amable

Nuestras interacciones más dolorosas con las empresas nos recuerdan que, independientemente de la actividad a la que nos dediquemos, lo básico es lo más fácil de pasar por alto. Pienso en mi banco, que sin duda está invirtiendo millones de dólares en el aprendizaje automático, la inteligencia artificial y otras cosas que suenan sexy, mientras que lo esencial del día a día —pagar a alguien por Internet o abrir una nueva cuenta— se sitúa en algún lugar de la escala de dificultad entre doblar una sábana bajera y aterrizar un helicóptero en un barco en movimiento.

Lo mismo ocurre cuando se trata de establecer relaciones. La gente se dedica a hacer contactos o a acumular seguidores en las redes sociales, pero se olvida de la importancia de las cortesías básicas, como decir «por favor» y «gracias», algo de lo que me he aprovechado durante años como conferenciante.

No es un gran secreto que los conferenciantes decentes son recompensados con creces por su tiempo. Incluso en el extremo inferior —digamos dos mil dólares por un breve turno en el podio— se ganan el salario mensual de muchos en una hora, por hablar de la obra de su vida en un entorno en el que la gente no tiene más remedio que escucharles. Evidentemente, se trata de una posición muy privilegiada, por lo que cabría esperar que los oradores estuvieran llenos de gratitud y asombro por la oportunidad. Pero no es así.

De hecho, cuanto más se les paga, menos agradecidos pueden ser y, ironía de las ironías, suelo ser el único ponente de la lista que envía al director del evento una tarjeta de agradecimiento o un regalo, incluso en las conferencias sobre experiencia del cliente. Esto me parece tan absurdo que he empezado a realizar un pequeño truco para transmitir el mensaje.

Todos esperamos en el camarín a que nos llegue nuestro turno para presentar, hasta que llega el momento en el que alguien del equipo técnico del organizador del evento viene a colocarnos los micrófonos y nos acompaña a la zona de bastidores. Cuando llega mi turno, saco una caja de *brownies* y se la entrego diciendo: «Muchas gracias por organizar este increíble evento. ¿Puedes compartirlos con el resto del equipo?» Los gurús de la sala se ponen nerviosos al ver que un orador practica lo que predica.

Te animo a que busques oportunidades para hacer algo similar. Al igual que la mayoría de los ejemplos de esfuerzo discrecional, el coste de estas cortesías o expresiones de gratitud es trivial y la rentabilidad a menudo es ridícula: miles de euros si se repite la contratación de un orador, por ejemplo, o incluso más si se trata de compromisos de consultoría que pueden continuar indefinidamente. Lo que nos lleva a otro punto crucial: siempre debemos tratar las relaciones como una inversión a largo plazo.

Trata cada relación como una inversión a largo plazo

Hace ya muchos años, compartí un taxi desde el aeropuerto hasta un evento con otro ponente. Nos pusimos a charlar sobre nuestras presentaciones y pronto nos dimos cuenta de que eran espantosamente similares. Cuando llegamos al hotel, sugerí que nos reuniéramos un poco más tarde para comparar nuestras sesiones en detalle. Podríamos asegurarnos de que reforzaban los mismos mensajes, sin que hubiera demasiadas repeticiones. Menos mal que lo hicimos. Eran incluso más parecidas de lo que pensábamos en un principio, y me ofrecí a hacer extensas revisiones a mi presentación para que ambos saliéramos beneficiados.

Cuatro años más tarde, recibí una llamada inesperada de un posible cliente de Irlanda, que nos ofrecía un importante proyecto de diseño para una nueva empresa que iban a lanzar. El otro ponente del evento formaba parte de su consejo asesor y nos había propuesto para el puesto. Todavía me recordaba de nuestro breve encuentro años antes. No se trata de un incidente aislado. No es raro que colegas o antiguos clientes salgan de la nada después de años de silencio cuando se presenta una oportunidad de colaborar.

Volviendo al tema principal del libro, el futuro es intrínsecamente desconocido. No podemos predecir dónde acabará la gente ni cuándo se presentarán las oportunidades como consecuencia de ello. Podría ser dentro de una década, o incluso más. Podría ser mañana. Por lo tanto, el único enfoque lógico es tratar las relaciones como inversiones a largo plazo. De hecho, lo peor que podemos hacer a la hora de gestionar las relaciones es evaluar a las personas en función de los beneficios que podamos obtener a corto plazo y tratarlas como el siguiente peldaño de nuestra escalera. La gente puede oler esa estrategia a la legua, y aparte del hecho de que a nadie le gusta que le traten como un escalón, te hace parecer desesperado.

Al principio de mi carrera trabajé en una consultoría de gestión con un individuo memorable que era notoriamente egocéntrico. Trataba terriblemente a los jóvenes, acaparaba horas de trabajo para llenarse los bolsillos a costa de los demás, y tomaba la ayuda y la cooperación de sus colegas para llevarse todo el mérito. Sin embargo, años más tarde, ese individuo solicitó un puesto de prestigio en una consultora mucho más grande, y llegó a la entrevista final, solo para encontrar a uno de sus antiguos colegas al otro lado de la mesa.

No hace falta aclarar que no consiguió el trabajo. Si hubiera tenido una visión de sus relaciones a largo plazo —y ni hablar si hubiese actuado como anfitrión en lugar de como invitado— las cosas habrían sido diferentes. Pero incluso cuando la situación es la inversa —cuando la gente se equivoca, nos irrita o nos hace perder el tiempo— deberíamos evitar la tentación de corregir a la gente, arremeter en su contra o quemar los puentes. ¿Por qué? Porque las relaciones no son nuestra única inversión a largo plazo: nuestra reputación también lo es.

Protege tu reputación

Con muy pocas excepciones, el crecimiento es lento y el declive es rápido. Una fortuna que tarda décadas en construirse puede desaparecer de la noche a la mañana. Los adultos tardamos años en alcanzar la madurez, pero nuestra desaparición puede ser instantánea. Y una reputación que se desarrolló cuidadosamente durante años puede destruirse con un error de juicio.

Tu reputación es como una cuenta bancaria de capital social. Sin embargo, a diferencia de un banco, donde el dinero está protegido con acero y piedra, la reputación puede romperse como un cristal y no puede reconstruirse. Un arrebato inoportuno e impulsivo es todo lo que se necesita para acabar con una carrera que, de otro modo, sería ilustre, especialmente en la era de las redes sociales, donde las noticias viajan más rápido y más lejos que nunca. Por lo tanto, hay que manipular la reputación como el mencionado huevo de Fabergé: un activo frágil y precioso, en otras palabras.

¿Cómo haces eso en la práctica? La primera regla es sencilla: si crees que vas a necesitar ocultar algo como un gran secreto para proteger tu reputación, es mucho más prudente que no lo hagas en primer lugar.

Consideremos, por ejemplo, el talento desperdiciado de Jonah Lehrer. Becario de Rhodes que estudió neurociencia en la Universidad de Columbia, Lehrer escribió un maravilloso libro de psicología —*Cómo decidimos*— junto con otros dos *best-sellers*. También colaboró con *The New Yorker* y fue un exitoso conferenciante. Con apenas treinta años, tenía el mundo a sus pies. Sin embargo, al escribir su tercer libro, *Imagine: How Creativity Works*, se inventó varias citas de Bob Dylan, plagió la obra de otro autor y mintió repetidamente sobre sus transgresiones para encubrirlas.[113]

Cuando sus engaños salieron a la luz, su carrera se acabó. Dos de sus libros fueron retirados de la venta. *The New Yorker* y Wired.com cortaron sus lazos con él, y su siguiente publicación, *Un libro sobre el amor*, fue atacada por los críticos, que se negaron a perdonar no solo su deshonestidad, sino su pereza.[114] Fue un trágico desperdicio de una mente brillante, pero un ejemplo instructivo de cómo incluso las personas más inteligentes y con más éxito pueden perder su reputación de la noche a la mañana. Para protegerte de tal calamidad, simplemente pregúntate: ¿Querría que la gente se enterara de esto? Si la respuesta es «no», detente ahí.

Otro principio que hay que tener en cuenta, y que procede directamente de mi participación y mis escritos en la profesión de la experiencia del cliente, es el de establecer con precisión las expectativas y luego satisfacerlas.[115] Resulta increíblemente obvio que las expectativas de las personas determinan su percepción de la calidad de un producto, un servicio o una interacción, pero rara vez gestionamos estas expectativas con el cuidado que deberíamos, y pueden surgir fácilmente problemas que empañen nuestra reputación.

En una organización de gran escala, por ejemplo, es fácil que los problemas de expectativas causen insatisfacción. La pu-

---

113. http://www.jonahlehrer.com/2013/02/my-apology

114. https://newrepublic.com/article/112416/jonah-lehrers-20000-apology-wasnt-enough

115. Watkinson, M. (2013), *The Ten Principles Behind Great Customer Experiences,* FT Press, Harlow.

blicidad puede hacer promesas irrazonables. Las características del producto o las instrucciones pueden ser confusas o diferir de las que teníamos en mente. Las diferencias entre la promesa y la realidad de la marca pueden enfurecer a los clientes. Sin embargo, por lo general, no es tarea de una sola persona asegurarse de que las expectativas se establezcan y se cumplan con exactitud durante las interacciones con los clientes. Los incentivos varían según el departamento, y todos sufrimos las consecuencias.

Lo mismo ocurre con las pequeñas empresas y las relaciones individuales. Mientras escribo, estoy esperando que me entreguen un sofá. El propietario de la empresa me dijo que me daría una hora exacta y no lo ha hecho: una expectativa fijada y no cumplida. Ya no está en el apreciado cubo de la fiabilidad y la confianza en mi mente: su reputación se ha visto afectada.

Los problemas de expectativas están tan extendidos —ya sea porque no se han establecido expectativas claras en primer lugar, o porque se han establecido pero no se han cumplido— que se puede estar por encima de los rivales simplemente haciendo lo que se dice que se hará, cuando se dice que se hará, y restableciendo las expectativas lo antes posible si los planes tienen que cambiar. Nada es más esencial en los negocios que una reputación de fiabilidad y confianza, y a menudo todo lo que se necesita es un poco de previsión. Pregúntate: ¿Estoy estableciendo expectativas claras? ¿Estoy haciendo lo que dije que haría? ¿Estoy informando bien a la gente? ¿Necesito reajustar alguna expectativa?

En mi empresa, por ejemplo, lo primero que preguntamos a los posibles clientes es «¿Qué esperas de nosotros?» La respuesta suele ser que no lo saben, o si lo saben, rara vez es lo que esperamos oír. Solo esta pregunta puede marcar la diferencia entre embarcarnos en un compromiso valioso y satisfactorio, o recorrer el camino de la decepción.

Gestionar las expectativas de esta manera es poco más que sentido común, pero tu propia experiencia vital probablemente confirma que no es una práctica habitual. Nuestra última década ayudando a las empresas a mejorar la experiencia de sus clientes ha demostrado sistemáticamente que una mejor gestión de las expectativas es la forma más rápida, fácil y económica de hacer que todo el mundo esté más contento. Que hablar sea barato no siempre es malo.

Mantente abierto

Es fácil ir por la vida con la cabeza gacha y las anteojeras puestas, esperando nuestro turno para hablar en lugar de escuchar lo que los demás tienen que decir; limitando nuestra atención a las personas que tienen algo que ofrecernos aquí y ahora. Y aunque debemos ser estrictos e intencionados a la hora de entablar relaciones —nuestro tiempo y energía son preciosos, al igual que los de los demás— el simple hecho de estar abiertos a las oportunidades puede aumentar drásticamente la probabilidad de que se produzcan acontecimientos fortuitos.

Es imposible escribir sobre este tema y no reflexionar sobre cómo han surgido las relaciones más significativas y productivas de mi vida. Pienso en lo diferentes que podrían ser las cosas si una sola llamada no se hubiera devuelto o una pregunta no se hubiera formulado; si no hubiera conocido a una persona o no hubiésemos compartido un interés. Al mirar hacia atrás por el sinuoso camino de la vida, veo con claridad no solo el papel de la casualidad, sino que los encuentros fortuitos se han convertido en oportunidades solo cuando he estado abierto a ellas y he actuado. Nunca sabemos quién va a entrar en nuestra órbita o a dónde puede llevarnos una relación. Solo hay una forma de saberlo: estar abierto a la oportunidad.

Hace ya una década, estaba visitando a un viejo amigo del colegio que había regresado a su casa familiar después de un período de servicio en Afganistán, cuando terminé en un acalorado debate con su hermano menor sobre una oscura teoría psicológica. Le expliqué que estaba planeando escribir un libro sobre los pilares de las grandes experiencias de los clientes, y que estaría basado en mi investigación.

Aunque yo no lo sabía, él estaba trabajando como becario para uno de los mejores agentes literarios de Londres, y me preguntó si tenía una propuesta para mi idea de libro. Si la tenía, la pondría directamente sobre el escritorio de su jefe, dándome la oportunidad de que la leyera. Le confesé que no la tenía, pero me ofrecí a preparar una. Me sugirió que me diera prisa —solo estaría trabajando allí una semana más— así que eso es exactamente lo que hice. Empecé a trabajar en la propuesta esa misma tarde, y apenas me detuve a respirar hasta que estuvo terminada.

No es de extrañar que, dada la premura con la que se preparó, la propuesta fuera terrible. La estructura era un desastre, las ideas eran confusas y la prosa era torpe, pero no importaba. Lo terminé y me reuní con el agente. Me dio algunos consejos para mejorarla y me sugirió que siguiéramos en contacto. Así nació mi primer libro. A lo largo de los diez años siguientes, ese agente consiguió acuerdos de publicación tanto para *The Grid* como para el libro que estás leyendo ahora.

Literalmente, por mucho que me aterrorice, si no hubiera soltado mis ambiciones literarias durante aquella merienda con el hermano de mi amigo, mi vida sería muy diferente. La propuesta podría no haberse escrito nunca. Tal vez nunca hubiera conseguido la representación de un agente —desde luego no de uno de su calibre— ni hubiera podido conseguir un contrato de publicación. El libro podría haber fracasado sin los consejos que recibí sobre cómo mejorarlo. Probablemente no habría adquirido todos los conocimientos que me han cambiado la vida gracias a la lectura de cientos de libros como investigación de fondo para mis esfuerzos de escritura.

Pero aunque esta historia ilustra muchos de los conceptos de este capítulo en acción —las oportunidades que pueden cambiar la vida si se comparten ampliamente los objetivos, se está abierto a las oportunidades, se aprovecha la iniciativa y se cultivan las relaciones a largo plazo— el papel de la propuesta y del agente literario en esta narrativa no deben ser pasados por alto. Una cosa son las oportunidades y otra los resultados. Y el mágico proceso de convertir una cosa en la otra requiere otra habilidad que debemos dominar para prosperar en nuestro mundo incierto: la venta, tema de nuestro próximo capítulo.

RESUMEN DEL CAPÍTULO

- La serendipia desempeña un papel crucial en los acontecimientos más significativos de la vida.
- Cuantas más interacciones tengas y con más gente las tengas, más posibilidades hay de que surjan oportunidades.
- Las relaciones empresariales se rigen por los mismos imperativos evolutivos que hacen o deshacen las relaciones en cualquier otro ámbito de la vida.
- Las fuerzas que dan forma a nuestros instintos sociales son dos: nuestra necesidad de trabajar en grupo y la gran posibilidad de futuros encuentros.
- Hemos desarrollado reacciones emocionales instintivas que nos orientan hacia comportamientos morales o virtuosos que permiten la confianza.
- Nosotros y otras especies hemos evolucionado para confiar más en las señales cuando estas imponen costes al emisor, un fenómeno conocido como «señalización costosa».
- Cuando se trata de establecer relaciones, profundizar en la confianza y mejorar nuestras comunicaciones, cuanto más eficientes intentamos ser, menos eficaces somos.

- El principio más importante que puede ayudarte a acumular más capital social es ser un anfitrión en la vida, no un invitado.
- Los rasgos más básicos de la mentalidad de anfitrión son el deseo genuino de ser útil sin esperar recompensa, la atención a las necesidades individuales, el hacer que los demás se sientan bien y valorados, la generosidad y el poner en contacto a personas que puedan ser útiles para los demás.
- Una forma fácil de aumentar tu exposición a resultados serendípicos es mencionar tus pasiones, intereses o aficiones, tanto como tu trabajo, al presentarte. Aumenta la probabilidad de descubrir puntos en común que pueden dar lugar a conversaciones interesantes.
- Ser distintivo y memorable puede ayudarte a construir tu capital social.
- Todos tenemos rasgos incongruentes y aparentemente disonantes, conocidos como «tendencias opuestas», que nos hacen interesantes. Deberíamos aceptarlos.
- No podemos dar por sentado que otras personas volverán a contactarnos tras una reunión inicial interesante. Tenemos que tomar la iniciativa nosotros mismos.
- Paga por adelantado: los «dadores» salen ganando en la vida, no los «tomadores».
- Las pequeñas muestras de esfuerzo discrecional son extraordinariamente poderosas. Aumentan nuestra percepción de valor, nos hacen más memorables y distintivos, y profundizan la confianza.
- Las cortesías básicas o las expresiones de gratitud son de vital importancia.
- Trata cada relación como una inversión a largo plazo.
- Tu reputación es un bien frágil y precioso que hay que proteger. Si no quieres que la gente se entere de algo, no lo hagas.

- Para crear una reputación de fiabilidad y confianza, hay que gestionar cuidadosamente las expectativas.
- Enfréntate a tus encuentros con los demás con un espíritu de apertura: ¡no tiene desventajas!

5
Vender
Reducir la brecha entre las oportunidades y los resultados

Siempre me ha desconcertado el poco énfasis que el sistema educativo pone en las habilidades y conocimientos prácticos. En la escuela, por ejemplo, aprendí cómo se forman los lagos en forma de codo y que el rey John dio su consentimiento a la Carta Magna en 1215, pero no las habilidades básicas de gestión del dinero o los componentes de una dieta equilibrada.

Más tarde, en la escuela de negocios, aprendí a hacer un análisis DAFO y a calcular el rendimiento de los bonos. Pero cuando monté mi propia empresa después de graduarme, me sorprendió lo inútil que habían sido mis estudios. No sabía nada de administración básica ni de impuestos. Las órdenes de compra y las facturas eran un completo misterio. Peor aún, no había aprendido nada sobre cómo vender.

En el sentido más amplio, vender es el proceso de identificar los problemas o las necesidades de una persona, determinar y presentar las soluciones más valiosas para ellos y asegurar el compromiso con un curso de acción. Es el medio por el que identificamos y avanzamos en las oportunidades y, por tanto, es una habilidad esencial que hay que desarrollar en todos los ámbitos de la vida.

Cuando solicitas un trabajo, te vendes a ti mismo al empleador y luego negocias tu salario. En un puesto creativo, vendes tus innovaciones e ideas a tus clientes y colegas. Tanto si eres el creador de una nueva empresa como si eres director general de una empresa de éxito, debes vender tu visión a los inversores, a los miembros del equipo y a los clientes.

Cada uno de estos escenarios — y cualquier otra situación de venta — tiene tres cosas en común. En primer lugar, son inherentemente probables. Independientemente de tus habilidades, visión o destreza, vender es siempre un juego de números. No te ofrecerán todos los puestos de trabajo que solicites, ni podrás acordar condiciones mutuamente beneficiosas. No todos los inversores estarán encantados con tu visión; puede que no se ajuste a su cartera o a su experiencia, y cuanto más atrevidas sean tus ideas, mayor será el escepticismo al que te enfrentarás. No todos los clientes potenciales se convertirán en clientes reales, por muy convincente que sea tu oferta, por razones que escapan a tu control: política de compras, costes de cambio inevitables, limitaciones presupuestarias, política o, simplemente, que no es el momento adecuado; la lista es interminable. Independientemente de lo que vendas, ya sea una habilidad, una idea o un producto, estás llenando un embudo del que solo unas pocas oportunidades de la parte superior emergerán como resultados exitosos en la parte inferior.

En segundo lugar, siempre hay factores desconocidos o incluso incógnitos que determinan el resultado final. Por ejemplo, a menudo suponemos que entendemos las necesidades de la gente cuando no es así (o no del todo). Y siempre existirá lo que el veterano consultor empresarial Mick Cope denomina cuestiones superficiales —temas que la gente comparte y discute abiertamente— y cuestiones ocultas —motivaciones, pensamientos o sentimientos que la gente prefiere mantener en secreto.[116] Como

116. Cope, M. (2003), *The Seven Cs of Consulting*, FT Prentice Hall, Harlow.

señalé en el capítulo uno, siempre habrá información imperfecta que inyecta incertidumbre en los procedimientos.

En tercer lugar, sin embargo —como con todo lo que implica un elemento de azar— hay maneras de aumentar tus probabilidades de éxito una vez que se reconocen las incertidumbres inherentes y se actúa de forma adecuada. Y la buena noticia es que la venta es una habilidad que cualquiera puede cultivar. No hace falta ser un encantador con labia ni tener don de gentes para mejorarla.

Para ayudarte en tu camino, este capítulo está organizado en cinco secciones. En primer lugar, exploro el qué y el porqué del proceso de ventas de principio a fin, introduciendo un modelo conocido como venta de brecha. A continuación, profundizo un poco más en cuatro ámbitos de competencia que te servirán para cualquier cosa que te depare el futuro: la prospección, la investigación, la presentación y la negociación.

Cuidado con la brecha

Según el gurú de las ventas Jim Keenan, el proceso de venta consiste en identificar la brecha entre la situación actual de nuestro cliente potencial, su estado actual, y la situación que desea tener, su estado futuro, y el tamaño de esta brecha determina el valor que podemos crear para él. Hay tres implicaciones importantes que hay que tener en cuenta.

En primer lugar, si no entiendes el estado actual de tu cliente —sea un posible empleador, un colega, un inversor o cualquier otra persona— y su estado futuro deseado no puedes venderle con eficacia. Aquí es donde la mayoría de la gente cae en saco roto. Se centran en sí mismos o en su producto, no en el cliente, hablan demasiado y escuchan demasiado poco. ¿El resultado? No tienen ni idea de lo que esa persona quiere o necesita realmente y la probabilidad de venta se reduce a cero.

En segundo lugar, el tamaño de la brecha es una cuestión de percepción. Una brecha que parece pequeña puede ser en realidad bastante grande, o viceversa. Para vender con eficacia, hay que ayudar a los clientes potenciales a apreciar el tamaño real de la brecha, o incluso a encontrar las mejores brechas para llenar. Aquí es donde tu capacidad de aportar ideas útiles y de hacer las preguntas adecuadas se convierte en algo primordial, y por qué el corazón de cada venta es la *construcción de la percepción del valor que aportas tú.*

En tercer lugar, dado su deseo de pasar de su estado actual a un estado futuro atractivo, la única constante que interviene en toda venta es el cambio. Si la gente no quiere cambiar, no puede cambiar o no se siente cómoda cambiando, la venta es muy difícil. Esto hace que la confianza, la credibilidad, la experiencia y la gestión de las relaciones sean extremadamente importantes en el proceso de venta. No solo tienes que presentar una visión convincente de un futuro mejor, sino que el posible cliente debe querer que le acompañes en el viaje.[117]

Teniendo esto en cuenta, volvamos al proceso de venta genérico, que tiene el siguiente aspecto:

1. **Prospección.** Comienzas identificando a los posibles clientes con problemas o necesidades que puedes atender, y luego contactas con ellos. Se trata de un primer paso fundamental para construir tu canal de ventas. Si no estás preparado para la prospección, para colocar las oportunidades en la parte superior del embudo, tendrás dificultades en el futuro.
2. **Investigación.** Una vez identificado un posible cliente, la siguiente etapa consiste en eliminar la mayor incertidum-

117. Keenan, J. (2018), *Gap Selling,* Jim Keenan.

bre posible descubriendo dónde se encuentra actualmente el cliente y dónde desea estar en el futuro, el tamaño de esa brecha y los problemas que debe superar para cruzarla.

3. **Presentación.** A partir de los conocimientos adquiridos en la fase de investigación, concibes y presentas la solución. Esto puede adoptar la forma de una conversación, una propuesta escrita, una presentación, una demostración del producto o las cuatro cosas.
4. **Negociación.** Si tu discurso de venta básico y la solución que ofreces son aceptados, ahora tiene que negociar los términos y condiciones del acuerdo que deben aceptar ambas partes. Si todo va según lo previsto, esta fase concluye con un compromiso. Consigues el trabajo, aseguras el pedido, llegas a un acuerdo y cierras el grifo.

Consideremos ahora estas etapas con más detalle.

Prospección

El consejo más importante cuando se trata de la prospección es hacerlo constantemente. Una vez más, se trata de un juego de números. El número de operaciones que puedes cerrar es una función del número de clientes potenciales que tienes, multiplicado por tu capacidad para convertirlos. Si conviertes uno de cada diez prospectos en un cliente, debes tener cien prospectos decentes para hacer diez ventas.

Si no sigues colocando más prospectos en la parte superior de tu embudo, tu canal de distribución se agotará y el crecimiento se estancará. Y como un cliente potencial tarda en convertirse en cliente, si no sigues haciendo prospección, puedes encontrarte de repente en una situación en la que no tienes nuevos clientes a los que atender y te enfrentas a un retraso considerable entre la identificación de un cliente potencial y la posibilidad de obtener ingresos.

También debes tener en cuenta que el momento más difícil para vender es cuando estás desesperado: los clientes potenciales pueden detectar tu pánico por tus gestos y tu actitud. Es mucho mejor vender cuando estás en una posición cómoda. Por eso la prospección continua es tan importante para cualquier empresa que quiera crecer.[118]

Entonces, ¿por qué no lo hacemos más? Porque es difícil.

La idea de contactar con alguien que no conocemos para medir su interés por nuestras ideas, productos o servicios es suficiente para hacer sudar a la mayoría de la gente. No nos sentimos cómodos interrumpiendo a la gente y no nos gusta que nos rechacen. Pero conviene tener en cuenta que lo peor que puede pasar es simplemente que alguien diga que no, y no puede decir que sí si no nos ponemos en contacto con él. Recuerda las lecciones de mentalidad del capítulo tres: cuando se trata de la prospección, tus consecuencias negativas son limitadas pero tus potenciales consecuencias positivas son incalculables, y no puedes tener éxito si no lo intentas.

Aprendí estas lecciones de primera mano cuando era adolescente y acepté un trabajo vendiendo vales de restaurante de puerta en puerta. A la mayoría de la gente le parece un infierno, y ciertamente tuvo sus momentos. Pero, en retrospectiva, la experiencia fue muy valiosa, sobre todo porque aprendí que el dolor del no es temporal. Sí, puede resultar desagradable durante un breve momento, pero no causa un daño duradero. Solo hay que pasar a la siguiente oportunidad.

En la prospección, las siguientes técnicas pueden resultar muy valiosas.

---

118. Blount, J. (2015), *Fanatical Prospecting*, John Wiley & Sons, Inc., Hoboken.

Prepárate bien

No tiene sentido ponerte en contacto con la gente de repente, sin más. En lugar de ello, tienes que estar bien preparado, un proceso que comienza con la elaboración de un perfil de cliente objetivo.

Por supuesto, no es posible saber con exactitud los retos o problemas a los que puede enfrentarse un cliente determinado. Pero sí sabes, o deberías saber, en qué pueden ayudar tus productos, servicios o conocimientos. Por lo tanto, un buen punto de partida es evaluar exactamente los problemas en los que puedes ayudar, cuáles son las causas fundamentales de esos problemas y qué impacto tienen o tendrán en el futuro. Una vez hecho esto, puedes empezar a identificar quién podría beneficiarse de tus conocimientos, servicios o productos; a qué sectores, departamentos o personas puedes ayudar.[119] Si ya tienes una base de datos de clientes satisfechos, puedes intentar discernir patrones en ella. Si no la tienes, utiliza tu mejor estimación.

Ahora que has aislado los problemas que puedes resolver y has establecido quiénes podrían estar experimentando esos problemas, tienes que girar los prismáticos y hacerte la temida pregunta: ¿por qué debería alguien comprarte a ti? A la mayoría de la gente le resulta muy difícil responder a esta pregunta, hasta el punto de que muchos prefieren ignorarla y sufrir las consecuencias antes que pararse a pensar en ella durante un rato. No sucumbas a la tentación. Ponte en el lugar de tu comprador.

En el mundo de las empresas, si te diriges a un cliente potencial de alto valor, lo más probable es que esté asediado por personas que intentan venderle cosas o conseguir tiempo en su agenda; ya tiene una lista de proveedores preferidos, se enfrenta a riesgos

119. Keenan sugiere capturar esto en un *Problem Identification Chart* (Cuadro de Identificación de Problemas). Véase Keenan, J. (2018), *Gap Selling,* Jim Keenan.

considerables al cambiar y debe atravesar un atolladero burocrático para establecer un nuevo proveedor.

Cuando se trata de bienes de consumo, hay tanta oferta que tendemos a elegir por defecto cualquier marca de la que hayamos oído hablar, que sea popular entre nuestros amigos o que haya funcionado bien la última vez. ¿Cómo esperas asegurar el interés de un cliente potencial si no hay ninguna razón para elegirte? Evidentemente, no puedes, así que debes tener una razón convincente para que te elijan. Mejor aún, demuestra el valor que puedes aportar compartiendo algunas ideas nuevas.

Ofrece nuevas ideas

Matt Dixon y sus colegas de CEB (ahora parte de Gartner) hicieron un descubrimiento fascinante al investigar a los mejores vendedores: no son los que construyen relaciones, los que trabajan duro o los que toman pedidos los que mejor funcionan, especialmente con las ventas complejas. Son los retadores: personas que aportan nuevas ideas a sus clientes, les hacen pensar y cuestionan sus supuestos.

Estos retadores superan a sus rivales porque enseñan, adaptan y toman el control, utilizando su experiencia superior y su comprensión del negocio o el sector de su cliente para añadir más valor. No tienen miedo de empujar a sus clientes en una nueva dirección, llamar su atención sobre problemas que pueden no haber reconocido, y sugerir proactivamente formas de mejorar el rendimiento de su negocio.[120]

Tú puedes hacer lo mismo. Sumérgete en los sectores y mercados a los que prestas servicio, realiza tu propia investigación y construye tus propios puntos de vista, perspectivas e ideas que pue-

120. Dixon, M. y Adamson, B. (2011), *The Challenger Sale: Taking Control of the Customer Conversation,* Portfolio/Penguin, Nueva York.

das llevar a los clientes. Y lo que es mejor, comparte lo que aprendas por el camino en las redes sociales para empezar a generar familiaridad.

Utilizar las redes sociales para crear familiaridad

La prospección es mucho más fácil si la gente ha oído hablar de ti o de tu marca. La familiaridad disminuye tu resistencia inicial, lo que da a las marcas conocidas una ventaja de ventas. Lo ames o lo odies, las redes sociales lo han hecho más fácil que nunca: comparte tu experiencia y empieza a crear conciencia entre los clientes potenciales.

Aunque nunca hayan oído hablar de ti cuando te pongas en contacto con ellos, es probable que tus clientes potenciales te busquen y encuentren una red de buena calidad y conocimientos de alto calibre tranquilizadores. Y lo que es mejor, tu presencia en línea es exactamente eso: tuya. Si cambias de trabajo o de empresa, no tienes que volver a empezar: te llevas tu red contigo.

Te sugiero que te pongas a publicar regularmente contenidos valiosos, a responder a los comentarios y a participar en las publicaciones de otras personas en las plataformas en las que te sientas más cómodo. Enciende tu faro y mira quién se siente atraído por él, mantén una presencia regular para mantenerte en primera línea mental y empieza a establecer relaciones. Con el tiempo, el valor de tu red aumentará, tu capital social crecerá y solo es cuestión de tiempo que las oportunidades se presenten.

Ensaya y perfecciona

Sea cual sea el canal que utilices para llegar a los clientes potenciales —llamar a las puertas, llamar por teléfono, enviar un correo electrónico o utilizar las redes sociales— tiene sentido saber qué vas a decir y cómo es probable que respondan. Esto significa ensayar y perfeccionar tu enfoque sobre la marcha, manteniendo lo que funciona y eliminando lo que no funciona hasta que te sientas seguro para entrar en la batalla.

Cuando te pongas en contacto, no pierdas el tiempo en charlas vacías. Ve al grano, explicando quién eres y por qué te pones en contacto, idealmente de forma que genere cierta sensación de intriga. Puede ser que tengas una idea distintiva que compartir, una pregunta interesante que plantear o una forma de presentación que atraiga el interés de la otra parte.

El objetivo es sencillo: el cliente potencial debe reconocer que merece la pena hablar contigo y darte permiso para pasar a la fase de investigación. Para conseguirlo, debes ser claro en tu petición.[121] Las probabilidades de éxito aumentan considerablemente cuando se es directo, seguro y entusiasta.

No digas «no» por tus clientes

En cualquier escenario de venta, es probable que escuchemos muchas veces un «no», lo que no es especialmente divertido. Así que no empeores las cosas diciendo «no» en nombre de un cliente potencial, una lección que me gustaría haber aprendido antes en la vida. Si alguien no responde, no contesta al teléfono o se calla de repente, solemos tomarlo como un rechazo rotundo. Sin embargo, en realidad se necesitan muchas más interacciones o «toques» para generar una venta de lo que muchos de nosotros pensamos, a menudo diez o más.[122]

Así que, aunque no queremos acosar a la gente e irritarla, tampoco queremos decirles que no. He comprobado que a veces se necesitan hasta dos años de visitas y charlas periódicas para conseguir un cliente. Dada la incertidumbre del entorno, nunca se sabe cuándo pueden cambiar las necesidades, abrirse una ventana de

---

121. Blount, J. (2015), *Fanatical Prospecting,* John Wiley & Sons, Inc., Hoboken.

122. Keenan, J. (2018), *Gap Selling,* Jim Keenan.

compra o ser el momento oportuno; hay que tener una visión a largo plazo.

Pide referencias

Por último, una forma sencilla de mejorar la prospección es pedir referencias. Si tienes una lista de clientes satisfechos, no hay nada malo en pedirles que te presenten a otras personas que conozcan con necesidades similares. Lo más probable es que estén encantados de hacerlo.

Investigación

El objetivo de la prospección es conseguir que alguien llegue al punto en el que podamos descubrir cómo podemos ayudarle: la crucial etapa de la investigación. A menos que conozcamos a fondo sus problemas y aspiraciones, no podremos proponer una solución convincente y nos enfrentaremos a un aluvión de objeciones y obstáculos. No es de extrañar, por tanto, que los estudios demuestren que la fase de investigación es la parte más importante del proceso de venta y el enfoque predominante de los vendedores de alto rendimiento.[123]

Afortunadamente, solo se necesitan dos habilidades: hacer las preguntas correctas y escuchar las respuestas. Empecemos por la escucha.

Escucha activa

Cuando otras personas hablan, a menudo no escuchamos. Puede que oigamos lo que dicen, pero en realidad estamos a un millón de kilómetros de distancia, ya sea porque nuestro propio monólogo interior los está ahogando, o porque estamos pensando en lo

---

123. Rackham, N. (2017), *Spin Selling,* McGraw Hill Education, Nueva York.

que queremos decir a continuación. Piensa en la frecuencia con la que interrumpimos a otras personas y ellas nos interrumpen a nosotros, o en todas las veces que terminamos las frases de los demás en lugar de dejarles hablar. Pocos de nosotros somos tan buenos escuchando como nos gustaría pensar; yo sé que podría mejorar. Sin embargo, la capacidad de escuchar de verdad es muy valiosa porque, aunque suene contradictorio, la forma en que escuchamos afecta a la calidad del pensamiento de los demás. ¿Por qué?

Como explica mi amiga Nancy Kline en su libro *Time to Think*, cuando escuchamos con paciencia, damos a la gente el tiempo necesario para acceder a sus propios pensamientos e ideas y desarrollarlos. Por el contrario, cuando interrumpimos a la gente, en lugar de tener el espacio mental necesario para dejar que sus pensamientos se gesten, proporcionar respuestas detalladas y permitir que sus ideas tomen forma, se apresuran a hablar sin pensar. Si nos convertimos en mejores oyentes, aumentamos las probabilidades de que nuestros clientes compartan ideas y puntos de vista valiosos.[124]

Tres sencillos consejos pueden convertirte en un mejor oyente: mantén el contacto visual para mostrar tu atención, abstente de interrumpir y evita precipitarte para llenar el silencio. Si la otra persona guarda silencio durante un momento, es probable que esté pensando. Darle espacio para ordenar sus pensamientos solo puede beneficiarte, sobre todo si está respondiendo a tus preguntas, el tema que trataremos ahora.

Haz las preguntas correctas

Hace unos años, hice un viaje por carretera desde Nueva York hasta los Berkshires, una hermosa zona rural de Massachusetts. Hice una parada en el camino en un encantador pueblecito llamado Lenox, donde me encontré paseando por la librería local.

---

124. Kline, N. (1999), *Time to Think,* Octopus Publishing Group, Londres.

Cuando entré en la tienda, el dueño salió de detrás del mostrador e inició una conversación conmigo. Me preguntó qué me había traído a la ciudad y si buscaba algo en particular. A medida que nuestro diálogo iba fluyendo, me hizo más preguntas sobre mis hábitos de lectura: qué tipo de libros me gustaban, qué había leído recientemente y si tenía algún autor favorito.

Mientras le contestaba, correteaba por la tienda, sacando de las estanterías los libros que creía que me iban a gustar, y antes de que me diera cuenta estaba en la caja con cinco libros que me hacía verdadera ilusión leer. Uno de esos libros era *Notas al pie de las mejores librerías del mundo*. Esta pequeña librería de Lenox, que lleva funcionando desde 1964, es la primera que aparece en el libro. Dada mi experiencia como cliente, no me sorprende.

Esta historia ilustra un punto fundamental en el que coinciden los expertos en ventas: existe una fuerte conexión entre hacer preguntas y el éxito en la venta. Cuantas más preguntas se hagan, y cuanto mejores sean, más probabilidades habrá de cerrar una venta. Algunas investigaciones han demostrado incluso que el simple hecho de preguntar a un cliente si ha visitado la tienda antes, en lugar de si necesita ayuda, puede aumentar las ventas al por menor de forma significativa.[125] La razón por la que las preguntas son importantes es sencilla: te permiten descubrir las verdaderas necesidades de tu cliente, en lugar de las que tú (o ellos) crees que tienen, y así aumentar la probabilidad de una venta. Las preguntas te ayudan a comprender las causas fundamentales de los problemas del cliente, el impacto que esos problemas tienen en su vida y sus motivaciones.

Y lo que es mejor, pueden ayudarte a entender cómo se sienten tus clientes con respecto a su estado actual y futuro. Las preguntas,

---

125. Gerber, M. (2009), *The E Myth Revisited,* HarperCollins eBooks, Nueva York.

en otras palabras, te ayudan a identificar y confirmar el tamaño de la brecha que representa tu oportunidad de ventas.

Sin embargo, ¿cómo se aborda esta etapa de investigación en la práctica? El experto en ventas Neil Rackham ha identificado cuatro tipos de preguntas que se pueden hacer y que se pueden recordar con una simple regla nemotécnica: SPIN. Situación, problema, implicaciones y necesidad-recompensa.[126]

Empezamos con las preguntas de situación para recabar información general que pueda ser útil: un poco sobre la persona con la que hablamos, su función y la empresa. No queremos dedicar demasiado tiempo a estas preguntas, ya que el comprador tiene relativamente poco valor a la hora de explicarnos estas cosas. En lugar de ello, queremos descubrir sus necesidades sondeándolas con preguntas sobre problemas.

Hay cuatro cosas que tratamos de entender con las preguntas sobre los problemas: el estado futuro ideal de nuestros clientes, los obstáculos que deben superar para llegar a ese estado futuro, las causas fundamentales de esos retos y cómo se sienten al respecto.

Volviendo a un punto del principio del capítulo, hacer una compra siempre implica un cambio, y el cambio tiende a provocar una respuesta emocional. Por lo tanto, es importante tener claro qué o quién impulsa la necesidad de resolver estos problemas, y cómo se siente el cliente al respecto. Descubrir estos aspectos emocionales y motivacionales del espacio del problema puede ayudarnos a empatizar con el cliente.

No hay una fórmula mágica para hacer estas preguntas. La clave es ser curioso, escuchar con atención y, siempre que demos con un posible reto, pedirles más detalles si no es bastante claro qué forma adopta ese reto. También podemos utilizar nuestros co-

---

126. Rackham, N. (2017), *Spin Selling*, McGraw Hill Education, Nueva York.

nocimientos únicos y los problemas que sabemos que podemos resolver para los clientes para estimular el debate.

Por poner algunos ejemplos, una pregunta que ayuda a aclarar el estado futuro deseado es simplemente preguntar: «Si resolvieras estos problemas, ¿cómo cambiarían las cosas?». Otro par de preguntas que suelo hacer a medida que avanzan las conversaciones son: «¿Qué es lo que más te importa de este proyecto?» y «¿Qué es lo que más te importa de las personas con las que estás asociado en este proyecto?». Las respuestas rara vez son las que espero. Y lo que es mejor, los clientes potenciales suelen señalar que soy la única persona que se los ha preguntado. La magia, sin embargo, no consiste simplemente en descubrir los problemas de nuestros clientes. Es ayudarles a ver las implicaciones.

La gente no gasta dinero ni se esfuerza por resolver problemas triviales. Por eso, si la diferencia parece pequeña, o los beneficios no compensan obviamente los costes, la molestia de cambiar no parecerá merecer la pena. La genialidad de hacer buenas preguntas de «implicación» es que revelan al cliente el verdadero impacto de cualquier problema que pueda estar experimentando. Por ejemplo, en una reciente llamada de investigación descubrí que un posible cliente quería rediseñar su producto, pero no tenía tiempo ni capacidad para consolidar sus ideas y objetivos estratégicos en un informe claro para sus socios.

¿Cuáles son las implicaciones de este problema concreto? En el mejor de los casos, si el *briefing* no es claro, los socios implicados perderían un tiempo valioso haciendo preguntas para las que ya deberían tener respuesta, lo que retrasaría el proyecto. En el peor de los casos, si el *briefing* es ambiguo y el equipo no está alineado, podría comprometer el diseño de la solución, exigiendo una costosa reelaboración, o poner en peligro el éxito del producto por completo. Visto así, el *briefing* no es solo un documento que el jefe está demasiado ocupado para escribir: el futuro de la empresa depende de él.

Señalar estas implicaciones puede transformar la percepción del cliente sobre el valor que tú podrías aportar, crear una mayor sensación de urgencia y aumentar la probabilidad de una venta. Sin embargo, puede ser una experiencia incómoda para el comprador, por lo que, para terminar con buen pie, hay que pasar de las preguntas sobre las implicaciones tristes a las preguntas sobre las necesidades felices, que animan al cliente a imaginar la solución a sus problemas y cómo se beneficiará, lo que aumenta su entusiasmo por la compra.

Las preguntas de necesidad-recompensa del ejemplo anterior podrían ser: «¿Cuánto de tu tiempo se liberará si alguien te ayuda a redactar el informe?»; «Si podemos producir un informe mejor en menos tiempo, ¿cuánto mejoraría esto tu tiempo de comercialización?»; «¿Cuánto tiempo crees que un informe claro ahorraría a tus socios, y cuáles son los beneficios financieros asociados?». Al responder a estas preguntas sobre la relación necesidad-recompensa, el valor que tú puedes aportar queda muy claro y el cliente se mostrará mucho más receptivo a tu propuesta de solución, siempre que la presentes bien.

Presentación

La presentación de la solución suele implicar una propuesta escrita, una presentación, una demostración o las tres cosas. La buena noticia es que, en este punto, ya deberías tener un conocimiento profundo de los problemas del cliente, este debería estar de acuerdo en que esos problemas existen y debería querer resolverlos.

Pero si no eres capaz de explicar tu solución de forma eficaz —y de proporcionar a tu cliente potencial los materiales que necesita para vender la idea internamente— es improbable que consigas un compromiso. La forma de comunicar tus ideas es vital. Las siguientes pautas sencillas pueden tener un impacto transformador en tus habilidades escritas y de presentación.

Comienza con la estructura

Cuando aprendemos una nueva habilidad, descubrimos que a menudo hay «trucos de entrada», técnicas sencillas que transforman instantáneamente nuestra capacidad.[127] En fotografía, por ejemplo, existe la regla de los tercios. Colocar el elemento visual más importante de la imagen a un tercio del encuadre —como los ojos en un retrato o la línea del horizonte en un paisaje— hace que la composición sea inmediatamente más atractiva.

Cuando se trata de elaborar documentos y presentaciones, existen trucos similares que abordan el mayor punto débil de la mayoría de los documentos y presentaciones: la mala estructura.

No puedo decir cuántas propuestas, documentos y libros he leído, y presentaciones he oído, en las que me ha costado absorber el contenido porque la información estaba presentada de forma desordenada. Incluso las ideas brillantes son imposibles de digerir y retener cuando están revueltas. Hay dos trucos estructurales especialmente útiles para evitarlo: la introducción SCPR y el principio de la pirámide.

Introducción SCPR

La introducción de tu documento o presentación desempeña un papel crucial a la hora de preparar el terreno para el lector. Una introducción bien escrita los obliga a seguir leyendo. Una introducción mal redactada los desconecta de inmediato. Aquí es donde entra en juego el SCPR: situación, complicaciones, preguntas, respuestas.[128]

La situación es lo primero. El objetivo es conseguir que tus lectores se sitúen en el mismo punto y miren en la misma direc-

127. Descubrí el término «truco de entrada» en el libro *Micromastery* de Robert Twigger. Véase Twigger, R. (2017), *Micromastery: Learn small, learn fast and unlock your potential to achieve anything,* Tarcher Perigee, Londres.

128. Minto, B. (2009), *The Pyramid Principle,* Pearson Education Limited, Harlow.

ción, estableciendo algunas verdades básicas o comentarios agradables sobre el presente. Si estás escribiendo una propuesta de negocio, por ejemplo, puedes describir simplemente las ambiciones del cliente en una frase o dos. Si estás escribiendo una presentación, tu situación puede ser simplemente una declaración de anclaje que ponga a la audiencia en el estado de ánimo correcto. Si el lector asiente con la cabeza, la situación es perfecta.

Una vez que hayas afianzado a tu público en los hechos del presente, pasa a las complicaciones: los obstáculos, problemas o fuentes de insatisfacción inherentes a esa situación. Estas complicaciones enganchan al lector. También deben estar ya claras: son los problemas, las causas de fondo y las implicaciones que has descubierto durante la investigación. Has atravesado maravillosamente las complicaciones si dejan de asentir con la cabeza y empiezan a fruncir las cejas.

Lo bueno de haber esbozado la situación y las complicaciones es que, naturalmente, hacen surgir preguntas en la mente del lector. Así que ahora hay que anotar cuáles son esas preguntas. Hay dos razones para ello. En primer lugar, es posible que quieras explicarlas explícitamente en tu introducción. Esto tiene el efecto de asegurar al lector que has entendido exactamente hacia dónde va, e incluso puede hacer que se sienta un poco inteligente por haber anticipado lo que viene a continuación. En segundo lugar, y más importante, debes identificar esas preguntas porque el resto del documento proporciona las respuestas.

Este es un ejemplo del mundo real que escribí recientemente y que demuestra este formato en acción:

> [Situación:] La experiencia del cliente se ha convertido en un tema candente en las empresas en los últimos años. Nos dicen que los clientes tienen el control. Tenemos que delei-

tarlos o nos destruirán. No es de extrañar, pues, que las empresas de todo el mundo se hayan obsesionado con la noción de centrarse en el cliente. Han creado equipos de experiencia del cliente y los han dotado de generosos presupuestos. Algunas incluso han nombrado directores de atención al cliente.

[Complicaciones:] Sin embargo, pocas de estas iniciativas se traducen en mejoras que los clientes perciban, y aún menos producen resultados empresariales tangibles. Demostrar una clara mejora del rendimiento sigue siendo un gran reto.

[Preguntas:] Esto plantea dos cuestiones cruciales para los profesionales de la experiencia del cliente y las organizaciones que financian sus iniciativas. En primer lugar, ¿cómo podemos hacer mejoras que acrecienten la percepción del valor por parte del cliente? Y en segundo lugar, ¿cómo podemos hacerlo de forma que se gane dinero?

[Respuestas:] En esta presentación, responderemos a estas dos preguntas en detalle. Empezando por el mayor reto: crear una rentabilidad demostrable para las iniciativas de experiencia del cliente.

Esta breve y sencilla introducción es fácil de seguir, y los beneficios para el lector son inmediatamente evidentes. Si quieren saber las respuestas a esas preguntas, probablemente seguirán leyendo o prestarán atención al resto de la presentación.

Ahora es el momento de presentar tus respuestas, que es donde entra en juego el principio de la pirámide.

El principio de la pirámide

Al cerebro le resulta más fácil procesar la información que está presentada en una jerarquía clara, de ahí el nombre: el principio de la pirámide.[129] Así que cuando se trata de presentar lo jugoso de tu informe, propuesta o presentación, simplemente hay que agrupar los contenidos por temas, presentar primero las agrupaciones de más alto nivel y luego bajar por la jerarquía para revelar más información.

Por ejemplo, yo podría escribir: Los animales domésticos más populares en el suburbio de Oslo son los gatos y los perros. Ejemplos de perros populares son los labradores, los pastores alemanes y los pomeranios. Entre los gatos más populares se encuentran el Maine Coon, el siamés y el bosque de Noruega.

Lo más probable es que al llegar al final de la segunda frase —ejemplos de perros— ya hayas anticipado que a continuación vendrán ejemplos de gatos. Ese es el poder del principio de la pirámide. Utiliza una estructura lógica, combinada con la revelación progresiva de detalles, para que el lector nunca se sienta perdido en la prosa.

El propio contenido de este capítulo ofrece otro ejemplo de la estructura piramidal en funcionamiento. En la cúspide de la pirámide está la venta, que se presenta como un proceso de venta de principio a fin: prospección, investigación, presentación y negociación, el segundo nivel de la pirámide. A continuación, he abordado cada uno de ellos por separado, revelando una serie de subpuntos prácticos para cada tema clave: el tercer nivel. Pero, en primer lugar, ¿cómo sabemos cómo debe ser nuestra pirámide? La clave está en darse cuenta de que la estructuración y la redacción de un documento o una presentación son tareas distintas.

A la izquierda de mi escritorio hay una gran pared en blanco en la que cada libro, capítulo, informe, propuesta o presentación comienza su vida. Empiezo garabateando temas en notas post-it individuales y luego busco patrones entre ellos. Con el tiempo, se

129. Ibídem.

presentan agrupaciones lógicas y entonces, con el esquema completo, estoy listo para empezar a escribir.

Esto puede parecer un trabajo extra, pero en realidad es un ahorro de tiempo, y cuanto más grande sea el documento o la presentación, más tiempo se ahorra. Con demasiada frecuencia, la gente se lanza directamente a escribir, solo para llegar a la mitad de su trabajo y darse cuenta de que todo se ha convertido en un lío laberíntico y debe empezar de nuevo. Por eso los editores suelen insistir en que se haga una propuesta y un esquema de los capítulos antes de comprometerse con la idea de un libro. Estructura primero y escribe después. Cuando empieces a escribir, ten en cuenta las siguientes directrices.

Utiliza un lenguaje concreto y vívido

Una detestable escuela de escritura formal favorece los sustantivos abstractos, los verbos hechos con jerga aserrada y el uso excesivo de la voz pasiva, trucos destinados a impartir un aire de autoridad, alfabetización y objetividad. Pero cuando el lector busca una clara llamada a la acción, solo encuentra una prosa aburrida, opaca y paliativa. Es imposible actuar siguiendo sus pasos porque no dice casi nada. Compara estas dos frases:

A. Reduce el déficit de malnutrición en caninos domésticos.
B. Alimenta al perro hambriento.

La versión A es exactamente el tipo de cháchara que escriben muchos empresarios, pero no es nada convincente. La versión B es clara, concisa y práctica, e irradia confianza. Si utilizas un lenguaje concreto y vívido, tu prosa tendrá más fuerza. Mejórala aún más haciendo que tu lenguaje sea distintivo.

Es un hecho triste que, a pesar de que la lengua inglesa comprende más de ciento setenta mil palabras, la mayoría de las empresas utilizan el mismo puñado de palabras de moda para describirse a sí mismas: disruptiva, innovadora, única, orientada a las soluciones, de categoría mundial, líder en el mercado, centrada en la entrega, centrada en el cliente, bla, bla, bla. Tu público es bombardeado con estos tópicos perezosos a todas horas y desde todas partes. Oyen: «Esta gente es tan mediocre como todos los demás. Harías bien en evitarlos».[130] No tengas miedo de utilizar un lenguaje más distintivo y asegúrate de incluir también un elemento narrativo. Contar historias es un instinto humano muy arraigado: es la forma en que enseñamos y aprendemos. Endulza tu arco narrativo con pequeñas viñetas, anécdotas interesantes y ejemplos del mundo real para dar vida a tu documento o presentación, haciéndolo más fácil de seguir y más memorable, especialmente si también es conciso.

Prioriza sin piedad

La tentación es siempre decir demasiado, señalando cada ventaja, incluyendo cada dato de apoyo y compartiendo todos tus conocimientos. Pero no todo lo que tienes que decir es igual de importante. Cuanto más se dice, más se diluye el mensaje.

Es fácil abrumar a la gente con información. Como me dijo una vez un experto en *marketing:* «Si me tiras una naranja a la vez, puedo cogerlas». Pregúntate qué tres o cuatro cosas quieres que el público recuerde[131] de tu documento, y luego concéntrate en hacer hincapié en esos puntos. Siempre pueden pedir más información, pero no pueden pedir menos.

---

130. Matt Dixon hace una observación similar en *The Challenger Sale,* sugiriendo que estas palabras se eliminen por completo del material de presentación. Véase Dixon, M. y Adamson, B. (2011), *The Challenger Sale: Taking Control of the Customer Conversation,* Portfolio/Penguin, Nueva York.

131. Watkinson, M. (2017), *The Grid: The Master Model Behind Business Success,* Random House, Londres.

Cuando comuniques tus puntos clave, sé conciso. La brevedad muestra respeto por el tiempo del lector y permite que lo esencial destaque. Una propuesta de tres páginas tiene más posibilidades de ser leída que una de veinte, y es más probable que su contenido sea absorbido. No es fácil ajustar el lenguaje, pero se mejora con la práctica, algo que yo hago escribiendo enérgicos mensajes en LinkedIn con límites de caracteres fijos.

Ten en cuenta que, al igual que la estructuración y la redacción son actividades distintas, la redacción y la edición son también tareas diferentes. Una vez que tengas un borrador básico, pregúntate: «¿Necesito este párrafo?», luego «¿Necesito esta frase?», luego «¿Necesito este adjetivo, adverbio, cláusula o relleno?». Mejor aún, pídele a un amigo que no esté apegado al trabajo que lo reduzca. Google Docs es excelente para esto porque puedes ver fácilmente sus ediciones. Con la práctica, te sorprenderá lo mucho que se afina tu lenguaje.

Del mismo modo, si presentas diapositivas, mantén una densidad visual baja para que el contenido tenga espacio para respirar, y organiza los elementos en una jerarquía visual. Piensa en la portada de un periódico: lo importante es grande y está arriba; los detalles son pequeños y están más abajo. Pero más importante que hacer una bonita presentación es ensayar.

Ensaya, ensaya, ensaya

Una presentación o demostración de un producto es una actuación, y como en cualquier otra actuación, hay que practicar si se quiere hacer el mejor trabajo posible. Los músicos ensayan. Los actores aprenden sus líneas. Los deportistas entrenan. Sin embargo, por alguna razón, la gente suele hacer presentaciones de ventas o pronunciar discursos de apertura sin haberlos ensayado antes. Respeta a tu público y aumenta tus posibilidades de éxito: nunca darás tu mejor presentación si no ensayas. Es tan sencillo como eso.

Empieza repasando tu presentación a solas, recordando que estos primeros intentos son los más difíciles (y los peores). Perfecciona gradualmente tu presentación hasta que los tiempos sean coherentes y predecibles y hayas memorizado los puntos clave y su secuencia. No puedo dejar de insistir en el valor de la repetición. No pienses que puedes utilizar un guión como atajo: el contenido se transmite mejor de forma natural. Solo tienes que dedicarle tiempo y sorprenderás al público con tu fluidez.

Negociación

En este punto del proceso de ventas ya has descubierto a un cliente potencial, has identificado sus necesidades mediante la investigación y le has presentado una solución. Ahora estás en la fase final del embudo: negociar los términos del acuerdo.

Lo más importante en este tema es, al igual que en la prospección, que hay que hacerlo. La negociación no puede evitarse: se produce cada vez que alguien quiere algo de otra persona, y puede afectar de forma drástica a nuestros resultados. He aquí un par de ejemplos que ilustran este punto.

Imagina que has recibido una oferta de trabajo y pides diez mil dólares más al año y una semana extra de vacaciones pagadas. Si aceptan tu petición, en los próximos cinco años habrás ganado cincuenta mil dólares más, lo suficiente para comprarte un buen coche nuevo, pagar una parte de una hipoteca o suplementar tus ahorros, además de disfrutar de más de un mes de vacaciones.

Tal vez un ejemplo mejor sea considerar en qué medida el precio afecta a los beneficios. Para simplificar, imaginemos que tenemos un negocio de consultoría que cobra trescientos dólares por hora y tiene un margen de ganancia del 33,3%. Por cada hora que facturas, ganas cien dólares. Ahora imaginemos que un cliente te pide un descuento de cincuenta dólares lo que te llevaría a cobrar doscientos cincuenta dólares por hora. Tú estás deseoso de conseguir el negocio, así que aceptas inmediatamente sin negociar. ¿Qué impacto tendrá esto en tu beneficio? ¡Lo reduce a la mitad! Si están encantados con tu trabajo y mantienen a tres de sus empleados ocupados durante un año, habrás perdido casi un cuarto de millón de dólares de beneficios de un plumazo (más información sobre esto en el capítulo siete). ¿Cómo puedes entonces mejorar tus habilidades de negociación? Los siguientes consejos pueden ayudarte.

Determina tus puntos de quiebre

En cualquier negociación es importante identificar los puntos de quiebre, es decir, el límite de lo que se considera aceptable para cada aspecto del acuerdo. Una vez definidos estos puntos, es esencial alejarse si se cruza la línea. No hay nada que debilite más tu posición que dar un ultimátum, para luego contraatacar y proponer tu última, última, última oferta.

Recuerda esto: no llegar a un acuerdo es mejor que llegar a un mal acuerdo.[132] No permitas que un sentimiento de logro a corto plazo abra la posibilidad a un desastre a largo plazo. Recuerda también que no se puede vender a todo el mundo: siempre es un juego de números. No hay que tener miedo a decir que no, ni a escucharlo.

El «no» es bueno

Aunque suene contradictorio, a los negociadores expertos les encanta escuchar un «no» por tres razones.

---

132. Reynolds, N. (2016), *We Have a Deal: How to negotiate with intelligence, flexibility and power,* Icon Books, Londres.

En primer lugar, como ya hemos analizado en el capítulo uno, las personas tienen una necesidad innata de sentir que tienen el control. Por eso, cuando se da a la gente el derecho a decir que no desde el principio, se sienten inmediatamente más tranquilos y entran en un estado de ánimo más colaborativo.

En segundo lugar, establecer lo que la gente definitivamente *no* quiere elimina cierta incertidumbre y prepara el terreno para identificar lo que encontrarán aceptable. Muchos expertos consideran que el «no» es el principio de la negociación e intentan llegar a él en una fase temprana del diálogo, lo que me lleva al tercer punto: el «no» suele ser la puerta de entrada al «sí».

En lugar de considerar un «no» como un rechazo rotundo y el fin de la conversación, considéralo como una oportunidad para indagar más y descubrir mejor las necesidades de la otra parte. Un «no» puede significar muchas cosas: que no están preparados, que necesitan reflexionar, que les gustaría investigar o que has cruzado uno de sus puntos de quiebre. La única manera de saber lo que realmente significa es preguntar: ¿qué es lo que no te gusta de nuestra propuesta? ¿Qué haría que fuera aceptable para ti? Te sorprenderá ver cómo un no puede transformarse en un sí con una pregunta reflexiva.

Sé consciente del anclaje

El anclaje es un sesgo cognitivo por el que una información inicial distorsiona nuestra perspectiva o juicio. Los ejemplos inusuales abundan. En 1970, por ejemplo, los psicólogos Kahneman y Tversky realizaron un experimento en dos partes. En primer lugar, los participantes hicieron girar una rueda de la fortuna con números del uno al cien que estaba amañada para caer en el diez o en el sesenta. A continuación, se les pidió que adivinaran el porcentaje de países africanos que formaban parte de la ONU. Aquellos cuya rueda de la fortuna cayó en un diez dijeron que alrededor del veinticinco por ciento. Sin embargo, aquellos cuya rueda cayó en el sesenta, apostaron por un número mucho más alto: el cuarenta y cinco por ciento.[133]

Aunque suene ridículo, a nuestro cerebro le resulta difícil superar este efecto de anclaje. Inconscientemente utilizamos el primer valor que escuchamos, el ancla, como punto de partida que ajustamos para llegar a nuestra respuesta final, una tendencia que tiene serias implicaciones cuando se trata de negociar.

Si la otra parte va primero, puede establecer un ancla que desvirtúe nuestro juicio sobre las condiciones que debemos aceptar. De hecho, las propuestas iniciales suelen ser deliberadamente desorbitantes con la esperanza de que, cuando se resuelvan las negociaciones, el resultado final sea más aceptable. Entonces, ¿qué hay que hacer al respecto?

En lugar de dejarse llevar por sugerencias desmesuradas, simplemente hay que hacer lo posible por reconocer el efecto de anclaje que se está produciendo, y proponer con calma otra cosa. La alternativa es ir tú primero, en cuyo caso eres tú quien pone el ancla, lo que me lleva al siguiente consejo.[134]

Sé ambicioso (sin ser ridículo)

Dado el sesgo de anclaje, no es de extrañar que quienes piden más tienden a obtener más. Sin embargo, muchos de nosotros hacemos lo contrario. Quizá no queremos parecer codiciosos, nos preocupa lo que la gente piense de nosotros o no nos sentimos seguros. Pero el hecho es que, como explica la experta en negociaciones Natalie Reynolds, si tu contraparte acepta inmediatamente tu oferta, no has sido lo suficientemente ambicioso. «Siempre

133. Reynolds, N. (2016), *We Have a Deal: How to negotiate with intelligence, flexibility and power,* Icon Books, Londres.

134. Kahneman, D. (2011), *Thinking, Fast and Slow,* Allen Lane, Londres.

aconsejo a mis clientes que calculen su objetivo ambicioso y luego añadan otro diez por ciento, solo para contrarrestar la tendencia que tenemos la mayoría de nosotros a juzgar mal lo que realmente entendemos por ambicioso», escribe.[135]

Todo esto puede parecer un poco innecesario. ¿Por qué no podemos ofrecer algo justo y evitar todo este absurdo ir y venir? La respuesta corta es que la equidad es una cuestión de percepción, una lección que aprendí por las malas cuando empecé mi carrera como orador.

Cuando salió mi primer libro, no tardé en recibir peticiones para dar conferencias. Agradecí las oportunidades y fijé un precio que me pareció justo para un principiante: dos mil euros por un turno en el podio. Los clientes estaban encantados y yo tenía mucho trabajo.

Un día recibí una oferta para hablar en Alemania. El organizador también quería acordar un precio justo, así que me fijó uno. «No habrá negociación», dijo. «Los honorarios serán de quince mil euros». Me sorprendió.

Para comprobar si se trataba de un caso extremo, al día siguiente llamé a un cliente anterior y le pregunté cuánto había presupuestado para que yo hablara. «Sí, quedamos encantados con tu presupuesto. Habíamos reservado veinte mil euros, al igual que para todos los demás ponentes del evento. De hecho, probablemente deberías subir tus precios».

De repente, mi cifra no me pareció justa en absoluto. Mientras sumaba mentalmente cuánto dinero había dejado sobre la mesa en los últimos tres años, aprendí bien la lección: lo que es justo es una cuestión de opinión. Ser ambicioso no es algo negativo. Lo peor que pueden decir es que no, lo que aún podría llevar a un mejor sí.

---

135. Reynolds, N. (2016), *We Have a Deal: How to negotiate with intelligence, flexibility and power,* Icon Books, Londres.

Ten en cuenta el conjunto

La mayoría de las negociaciones son multidimensionales. En un contrato comercial típico, pueden incluir el precio y las condiciones de pago, la titularidad de la propiedad intelectual, si el acuerdo puede utilizarse en campañas de relaciones públicas, el alcance del trabajo y quién será responsable de qué.

Teniendo esto en cuenta, la clave de una negociación exitosa es apuntar al valor total y ver todos los componentes del acuerdo como interconectados. Puede que pidas mantener el precio, pero que aceptes unas condiciones de pago más largas, o que cumplas un plazo crucial, pero con una reducción del alcance del trabajo. En cualquier caso, la frase mágica que hay que utilizar en las negociaciones comerciales, según Reynolds, es: «Si tú… entonces yo…». El objetivo es construir compensaciones mutuamente beneficiosas que creen el máximo valor para todos.[136]

El gurú de la negociación Chris Voss desarrolla este concepto aún más, sugiriendo que se coopte a la contraparte haciéndole preguntas abiertas, sobre todo preguntas que empiecen con «cómo», que se ven como peticiones de ayuda. Por ejemplo, si la parte contraria te sugiere que aceptes condiciones de pago a noventa días, tú podrías decir: «¿Cómo podría hacerlo si nuestra inversión inicial es tan substancial y todos nuestros proveedores exigen el pago por adelantado?» De este modo, se realiza una especie de movimiento mental de aikido, que transforma una sugerencia desagradable por parte de la otra parte en un ejercicio de colaboración para la resolución de problemas, que es exactamente el modo en que se debe abordar cada negociación.[137]

---

136. Ibídem.

137. Voss, C. y Raz, T. (2016), *Never Split the Difference: Negotiating as if your life depended on it,* HarperCollins Publishers, Inc., Nueva York.

Intenta llegar a un acuerdo, más que ganar

Los expertos en negociación discrepan un poco sobre algunas tácticas. Algunos piensan que es mejor ir primero, otros que es mejor esperar a que la otra parte revele su mano. Algunos ponen más énfasis en la planificación previa, otros en lo dinámicas e inciertas que pueden ser las negociaciones. Sin embargo, un área de acuerdo casi unánime es que el objetivo de las negociaciones no es «ganar»: no hay que considerar a la otra parte como un enemigo o adversario al que hay que vencer.

Como explica Voss, «la persona que está al otro lado de la mesa nunca es el problema. El problema a resolver lo es. Así que céntrate en el problema. Esta es una de las tácticas más básicas para evitar las escaladas emocionales. . . El adversario es la situación… [y] la persona con la que pareces estar en conflicto es, en realidad, tu aliado».[138]

Ten en cuenta que, en los negocios, el final de una negociación suele ser el comienzo de una relación laboral, por lo que es mejor empezar con buen pie, habiendo demostrado la capacidad de trabajar eficazmente en equipo, uno de los temas que se abordan en la tercera parte, que explica la mejor manera de lanzar, hacer crecer, gestionar y dirigir una empresa en nuestro mundo incierto.

RESUMEN DEL CAPÍTULO

- La venta consiste en identificar la brecha entre el lugar donde se encuentra el cliente hoy, su estado actual, y el lugar donde quiere estar, su estado futuro.
- El proceso de venta consta de cuatro fases: prospección, investigación, presentación y negociación.

---

138. Ibídem.

- La prospección es una actividad esencial y un juego de números. Si no sigues poniendo más prospectos en la parte superior de tu embudo, la corriente se secará y el crecimiento se estancará.
- Prepárate para la prospección elaborando un perfil de cliente objetivo basado en los problemas que sabes que puedes ayudar a resolver.
- Ten clara una razón convincente por la que el cliente debería comprarte a ti.
- Los mejores vendedores no tienen miedo de desafiar a sus clientes con nuevas ideas que les hagan reflexionar, o de cuestionar las suposiciones y creencias de sus clientes.
- Utiliza las redes sociales para crear familiaridad, eso facilitará el proceso de prospección.
- La investigación, descubrir las verdaderas necesidades del cliente, implica dos habilidades: escuchar y hacer las preguntas adecuadas.
- Las preguntas que debes plantear durante la fase de investigación pueden recordarse con una sencilla nemotecnia, SPIN: situación, problema, implicaciones y necesidad-recompensa.
- El mayor punto débil de la mayoría de los documentos escritos y presentaciones es la mala estructura.
- Puedes mejorar la forma de introducir tus ideas utilizando el formato SCPR: situación, complicaciones, preguntas, respuestas.
- Utilizar el principio de la pirámide te ayudará a ordenar tus ideas de forma lógica.
- Ensayar es vital para cualquier presentación: ¡no te lo saltes!
- Recuerda que no llegar a un acuerdo es mejor que llegar a un mal acuerdo y define previamente los puntos de quiebre en los que te retirarás.

- No tengas miedo al «no» en una negociación. A menudo es la puerta de entrada al «sí».
- Sé consciente de cómo los efectos del anclaje pueden distorsionar tu juicio y no tengas miedo de presentar tu propuesta primero.
- Abre con ambición: cuanto más pidas, más probabilidades tendrás de conseguir.
- A la hora de negociar, hay que tener en cuenta todo el conjunto y adoptar un enfoque de colaboración en lugar de tratar de ganar.

PARTE 3

Lanzar, hacer crecer y gestionar organizaciones que prosperan en la incertidumbre

6
Empezar
Gestionar las peligrosas incertidumbres de la iniciativa empresarial

Ningún aspecto de la actividad empresarial está tan cargado de incertidumbre como el lanzamiento de una nueva empresa, producto o servicio al mercado. ¿Les gustará a los clientes nuestra idea? ¿Cómo responderán los rivales? ¿Cuánto está dispuesta a pagar la gente? Nunca podemos estar seguros de antemano.

Si a esto le añadimos una serie de factores que deben confluir en una armonía sinfónica —costes de producción, cumplimiento de la normativa, promoción, relaciones con los proveedores y flujo de caja— no es de extrañar que muchas nuevas empresas hagan agua y se hundan de inmediato, o deban cambiar de forma varias veces antes de levantar el vuelo.

¿Cómo navegan los empresarios de éxito por una incertidumbre tan extrema? La segunda parte ofrece muchas de las respuestas. Sin embargo, en términos prácticos hay más que explorar. Debido a los niveles de incertidumbre, los métodos que utilizan los emprendedores para llevar un nuevo concepto al mercado están muy lejos de los que suelen favorecer las empresas convencionales, especialmente las prácticas que prevalecen en las organizaciones más grandes y establecidas. ¿Por qué? Exploremos las diferencias más comunes.

La pérdida asequible vs. el rendimiento de la inversión

Los empresarios experimentados saben que no pueden controlar el futuro. Por eso, en lugar de fijar un rendimiento deseado de la inversión, trabajan sobre la base de una pérdida asequible, es decir, el máximo que están dispuestos a gastar para probar su idea, un concepto que ya hemos tratado en capítulos anteriores.[139] También intentan sobredimensionar el negocio para disponer de un colchón financiero en caso de que tengan que cambiar de dirección en respuesta a las reacciones del mercado. Sin esta contingencia, corren el riesgo de diluir el valor de la empresa en una ronda descendente, es decir, recaudar más fondos con una valoración más baja.

Por el contrario, las prácticas de gestión dominantes exigen que los proyectos cuenten con casos de negocio que se centren en los rendimientos previstos de la inversión, aunque en la mayoría de las situaciones dichos rendimientos no puedan preverse con exactitud. En consecuencia, las cifras pueden ser manipuladas para hacer que cualquier proyecto parezca atractivo, y los patrocinadores tiran más dinero tras el que ya han invertido cuando los resultados son insuficientes. Parte del problema es que las cifras y los cálculos proporcionan una potente ilusión de certeza. Nos cuesta darnos cuenta de que los números no son hechos, que podemos escribir ficción con la misma facilidad en Excel que en Word o PowerPoint, y nos vemos seducidos a tomar decisiones innecesariamente arriesgadas.

¿Cuál es la alternativa? En lugar de perder el tiempo con complejos cálculos de rendimiento de la inversión que desvían la atención hacia los posibles aspectos positivos, replantea tu toma de decisiones con el objetivo de controlar los aspectos negativos.

---

139. Sarasvathy, S.D. (2008), *Effectuation - Elements of Entrepreneurial Expertise,* Edward Elgar Publishing, Inc., Northampton.

La pregunta clave que hay que hacerse no es «¿Cuánto me costará diseñar, construir y lanzar A, B o C?» o «¿Qué tipo de rentabilidad obtendré si invierto X?». Es: «¿Cuánto puedo gastar para saber si esta idea puede funcionar?»

Cuando trabajamos a partir de esta base de pérdida asequible, el peor resultado posible es que gastemos una cantidad razonable de tiempo y dinero en aprender sobre algo, no que nos comprometamos con una posible catástrofe.

Orientación al mercado vs. orientación a la organización

Si trabajas en una gran organización, lo más probable es que hayas escuchado innumerables comentarios como el siguiente, sacado de mis recuerdos de proyectos pasados:

> «Los clientes se quejan de la complejidad del proceso. Quieren que sea más sencillo —como ocurre con nuestros competidores— pero nuestros sistemas no lo permiten, así que eso es todo».
>
> «La investigación de los usuarios ha servido para determinar la estructura de navegación ideal para el sitio, pero nuestros vicepresidentes creen que sus divisiones deberían tener un botón en la navegación principal, así que eso es lo que estamos diseñando».
>
> «El director general quiere esta función, así que la hemos colocado en el primer lugar de la lista de prioridades, por encima de las cosas que nuestros usuarios han solicitado con urgencia».

Estas revelaciones dilbertianas tienen un denominador común: las acciones se ajustan a lo que quiere la organización a corto plazo, en lugar de satisfacer lo que el mercado —clientes, competidores y dinámica del sector— les exige para prosperar en el futuro. El ajuste producto-mercado se ha ignorado en favor del ajuste del producto a la organización.

Hay muchas razones por las que se producen estos comportamientos contraproducentes. Las grandes organizaciones son estructuras sociales, por lo que la política es inevitable. Además, existe una regla de dorada: el que tiene el dinero manda, por lo que los responsables del presupuesto tienen la última palabra sobre lo que se hace. El éxito trae consigo laxitud, y también complacencia —un fenómeno conocido como «enfermedad de la victoria»— que fomenta la toma de decisiones orientada a la organización.

También está la cuestión de la participación en el juego. Si los empleados no se enfrentan a ninguna ventaja o desventaja significativa como resultado de sus éxitos o fracasos, tienen pocos incentivos para tomar decisiones orientadas al mercado. En cambio, los fundadores, los propietarios de pequeñas empresas y los empresarios experimentan estos riesgos y recompensas todos los días, lo que explica su fijación en el mercado.

Todavía no he conocido a ningún emprendedor o fundador de éxito que no muestre un interés casi obsesivo por lo que ocurre ahí fuera. Sienten una gran curiosidad por los problemas que pueden resolver y las necesidades que pueden satisfacer, y les encanta recibir comentarios; a menudo tratan a los primeros clientes como socios que pueden ayudar a dar forma al propio producto. También quieren entender y evaluar las alternativas que los clientes considerarían, y cómo pueden mejorarlas.

Esto no quiere decir que deleguen la responsabilidad de su visión o del diseño de su producto a sus clientes, que acepten inmediatamente todos sus caprichos o que estén obsesionados con sus rivales. Más bien, saben que sus suposiciones pueden ser erróneas, que otros pueden no compartir su visión o que puede haber oportunidades para crear más valor, aumentar el compromiso o vender más.

Como escribió una vez John Le Carré, un agente del servicio de inteligencia convertido en novelista: «Un escritorio es un lugar peligroso desde el que ver el mundo».[140] En su lugar, debemos crear una proximidad psicológica: sumergirnos en el mundo del cliente y verlo a través de sus ojos. Algo que cada uno de nosotros puede hacer con un poco de esfuerzo, independientemente de lo grande o pequeña que sea nuestra empresa.

En algunas grandes empresas, por ejemplo, los altos ejecutivos pasan una parte de su tiempo en la tienda o atendiendo el teléfono en la centralita. Otras van más allá y animan a sus empleados a tener la misma experiencia de primera mano que los clientes. Cuando al ingeniero Yuji Yokoya se le encargó la mejora del Toyota Sienna, por ejemplo, se subió a uno y condujo ochenta y cinco mil kilómetros a través de América. En el transcurso de su viaje, descubrió toda una serie de oportunidades para hacer que la camioneta familiar fuera más adecuada para los niños y los conductores.

También podemos interactuar directamente con los clientes y clientes potenciales, en lugar de confiar en los cuadros de mando o las métricas para guiar nuestra toma de decisiones, algo que muchos fundadores y emprendedores hacen instintivamente. Jim Jannard, el fundador de Oakley y Red Digital Cinema, pasaba horas charlando con los clientes en su foro de usuarios mientras la empresa crecía.[141] Todo esto nos lleva a otro punto crucial: los

140. Cornwell, D. (1977), *The Honourable Schoolboy: A George Smiley Novel*, Penguin Books, Londres.

141. https://reduser.net/forum/search.php?searchid=42949519

emprendedores están fundamentalmente preocupados por el mundo real.

Lo que funciona en la práctica vs. lo que teóricamente funciona

En el capítulo uno llegamos a una conclusión sencilla pero profunda: que el mundo es intrínsecamente imprevisible. La gente no siempre hace lo que dice o sabe lo que quiere. No podemos obtener información perfecta para tomar decisiones perfectas, e incluso si tenemos la teoría o la estrategia correcta, gran parte de nuestro éxito depende de la ejecución.

Lo único que importa, pues, es lo que funciona en la práctica, no lo que funciona sobre el papel. No es posible analizar nuestro camino hacia el éxito seguro; tenemos que probar las cosas y ver qué pasa. Y este enfoque en el mundo real —en lugar de lo hipotético, teórico y analítico— sustenta una serie de diferencias adicionales entre los métodos empresariales y las prácticas de gestión típicas de las empresas más grandes y establecidas. He aquí tres ejemplos.

Empieza a vender antes

Un rasgo sorprendente entre los empresarios expertos es lo pronto que empiezan a vender. De hecho, a menudo consideran que vender y estudiar el mercado es lo mismo.

Su enfoque consultivo de la venta—descubren las necesidades del cliente mediante los procesos que hemos descrito en el capítulo anterior— constituye una poderosa forma de investigación que les proporciona conocimientos que ayudan a dar forma al producto desde el primer día.

Muchos emprendedores empiezan a vender antes de que el producto exista, lanzando campañas de *crowdfunding* para ver si la gente respalda sus ideas, o utilizando maquetas para publicar anuncios en las redes sociales y ver si la gente hace clic o registra su interés.[142] Tesla —una empresa famosa por su espíritu emprendedor— hace algo parecido con sus nuevos coches, poniéndolos a la venta por adelantado antes de su fabricación. Su éxito desafía la idea de que estos métodos son poco prácticos en muchas categorías.

El enfoque que suelen adoptar los fundadores menos experimentados, o los directivos de empresas más grandes, no podría ser más diferente. Realizan análisis lógicos y desconectados del mercado, a menudo utilizando informes estándar disponibles para todo el mundo en el sector, en lugar de salir de la oficina e ir al campo. Cuando se lleva a cabo una investigación cualitativa, se suele reducir al mínimo —quizá un puñado de entrevistas con los clientes para decir que se ha hecho— y los intentos de venta no empiezan hasta que se lanza el producto.

No es difícil ver por qué este enfoque puede acabar en lágrimas. Si la visión inicial es errónea, y no hay medios reales para corregir el rumbo a medida que el proyecto avanza, el equipo de desarrollo de la empresa a menudo se queda intentando vender un producto que nadie quiere.

¿Qué otra cosa, además de intentar vender el producto antes, podemos hacer para evitar estos riesgos? Una solución es centrarse en construir un prototipo real y funcional lo antes posible.

Construye cosas reales

Es fácil que pasen meses mientras escribimos detallados planes de negocio y elaborados análisis de proyecto. Pero los emprendedores y los fundadores de empresas emergentes de éxito no se dedican a

142. Sarasvathy, S.D. (2008), *Effectuation - Elements of Entrepreneurial Expertise,* Edward Elgar Publishing, Inc., Northampton.

este tipo de cosas. Saben que el «muéstrame» vence al «dime», que no importa lo prometedora que pueda ser una innovación tecnológica si no conseguimos que funcione, y que cuanto antes pongan algo real en manos de la gente, más valiosa será su opinión.

Por eso Marc Benioff, el fundador de Salesforce, invitaba a toda la gente posible al apartamento donde fundó la empresa para probar los prototipos.[143] Del mismo modo, Michael Bloomberg llevaba tazas de café a un banco de inversión, ofreciéndolas a cualquiera que le diera su opinión sobre su idea de producto en los primeros días.[144]

Otra ventaja de crear un prototipo funcional es que a menudo no se sabe realmente lo que se está construyendo, o lo que lo hace bueno, hasta después de haberlo hecho. El propio proceso de creación de prototipos es un medio para responder a preguntas sin respuesta, limitar el alcance a medida que surgen costes y complejidades imprevistas, y comunicar nuestras suposiciones tanto a nuestro equipo como a los clientes potenciales.

Este enfoque puede funcionar tan bien en una gran empresa como en una empresa emergente, e incluso puede llevarse a cabo en total secreto, como ilustra el proceso de desarrollo del iPhone. Cuando se desarrollaba el producto y la interfaz de usuario, cada idea comenzaba como una demostración de trabajo, que luego progresaba a través de sucesivas rondas de retroalimentación.

Primero, el equipo inmediato revisaba la demostración y sugería mejoras, y luego el siguiente nivel de gestión también la revisaba. Finalmente, cuando las demostraciones se consideraban suficientemente buenas, llegaban hasta Steve Jobs, que daba la aprobación final.

---

143. Benioff, M.R. (2009), *Behind the Cloud*, Jossey-Bass, San Francisco.

144. Segal, G.Z. (2015), *Getting There: A Book of Mentors*, Abrams Image, Nueva York.

Al seguir este proceso —descrito como selectividad creativa por el ingeniero Ken Kocienda, que trabajaba allí en aquella época— una versión beta de cada característica fue evaluada por un amplio grupo de pensadores críticos que formaban una representación aceptable de la base de clientes real.[145] Es un enfoque que rara vez se intenta en otros lugares. Muchas organizaciones consideran las pruebas de usuarios como una comprobación superficial para marcar una casilla antes del lanzamiento, no como el motor de lo que debe ser el proyecto.

La lección es sencilla. No hay sustituto aceptable para la realidad. Hay que construir cosas reales para probar las ideas. Empieza con un prototipo rudimentario y, a continuación, utiliza los comentarios de tu red, de los expertos en la materia y de los primeros clientes para perfeccionarlo, hasta que una primera versión aceptable esté lista para el mercado.

Confirma por experiencia

Los empresarios inteligentes saben que no deben apostar por una nueva empresa hasta que el mercado les confirme que lo que ven como una oportunidad es también un negocio viable, y a menudo tomarán la difícil decisión de retirarse incluso en una fase muy avanzada del proceso.

James Dyson —el hombre más rico de Gran Bretaña al momento de escribir estas líneas— abandonó su intento de entrar en el mercado de los coches eléctricos tras gastar quinientos millones de libras de su propio dinero, cuando quedó claro que la empresa no era comercialmente viable.[146] Si hubiera persistido ante tal evidencia, las pérdidas podrían haber sido enormes.

145. Kocienda, K. (2018), *Creative Selection,* St. Martin's Press, Nueva York.

146. https://www.dyson.com/newsroom/overview/features/june-2020/dyson-battery-electric-vehicle.html

Como ha demostrado, la razón por la que ha generado tal riqueza espectacular a lo largo de los años se debe a su voluntad de decir que no cuando hay problemas de viabilidad.

¿De qué tipo de pruebas confirmatorias estamos hablando? Si hemos empezado a vender pronto, tendremos una idea de si los posibles clientes están interesados. Y si nos hemos centrado en construir algo real, también sabremos si el producto funciona con eficacia y tendremos una idea clara de si la producción puede ampliarse a un coste razonable. Incluso es posible que tengamos algunos clientes pioneros cuyos comentarios informen nuestro juicio.

Por el contrario, los ejecutivos de las grandes organizaciones suelen comprometerse de lleno con un proyecto basándose en poco más que algunas hipótesis no probadas y una presentación de PowerPoint. Se da luz verde a los proyectos y se les asigna un presupuesto para que sigan adelante, para que luego detonen al impactar contra el mercado. Y como sin un proyecto activo los empleados no tienen trabajo que hacer (y sus socios consultores no pueden cobrar por sus servicios), a menudo se ven incentivados involuntariamente a mantener vivos los proyectos, incluso si son una auténtica pérdida de tiempo.

Sin embargo, lo más derrochador que podemos hacer no es quedarnos de brazos cruzados, sino trabajar en el producto equivocado, ya que el resultado final es un proyecto fallido con pérdidas mucho mayores de las necesarias, sobre todo si insistimos en ceñirnos al plan.

Aprender y adaptarse vs. mantener el plan

Cuando mi socio Ben y yo decidimos poner en marcha lo que se convertiría en Methodical, la agencia de diseño que dirigimos juntos en la actualidad, empezamos por hacer un retiro de cuatro días en una zona rural de Bélgica donde pudimos construir nuestro plan maestro en paz. En retrospectiva, nuestras reflexiones y anotaciones fueron una pérdida de tiempo.

Un año después del lanzamiento de la empresa, los dos únicos aspectos de nuestro plan que seguían vigentes eran nuestro compromiso de trabajar juntos y una estructura de costes que favorecía unos costes fijos más bajos y unos costes variables más altos para mantener la adaptabilidad de nuestra naciente empresa.

Y nos adaptamos. Incluso cambiamos el nombre de la empresa y la forma de ganar dinero. La planificación puede haber sido valiosa, pero el plan ciertamente no lo era. Era solo nuestra mejor suposición de lo que pensábamos que podría funcionar.

Los empresarios de éxito son igual de conscientes de que sus suposiciones sobre cualquier aspecto de su empresa pueden ser fácilmente erróneas, por lo que ven la visión inicial como una hipótesis que hay que probar, moldear y refinar, no como un compromiso irreversible.[147] El plan de negocio original de Adobe, por ejemplo, consistía en fabricar ordenadores, impresoras láser y equipos de composición tipográfica junto con el software, idea que utilizaron para conseguir 2,5 millones de dólares de financiación. Pero los posibles clientes no estaban interesados. Ya tenían ordenadores y acuerdos con otras marcas para suministrar impresoras. Lo que realmente necesitaban era el software que permitiera a los ordenadores y a las impresoras trabajar juntos. Satisfacer esta necesidad exigía un cambio fundamental en el plan de negocio de Adobe, pero fue uno que posteriormente impulsó a la empresa a un gran éxito.[148]

Tales maniobras son relativamente raras en las grandes empresas. En cambio, el plan inicial tiende a ejecutarse tal cual, incluso ante la evidencia incontrovertible de que es defectuoso, una pauta

---

147. Ries, E. (2011), *The Lean Startup,* Portfolio Penguin, Londres.

148. Livingston, J. (2007), *Founders at Work,* Apress, Berkeley.

que se ha repetido tantas veces a lo largo de mi carrera que parece casi una ley. De hecho, mientras me devano los sesos, solo se me ocurren dos empresas con las que he trabajado en la última década que hayan abandonado o modificado significativamente un plan de producto en respuesta a la investigación realizada a medida que avanzaba el proyecto.

Recuerda: las oportunidades no son joyas ocultas enterradas en el mercado, a la espera de ser desenterradas; se fabrican a partir de lo que sabemos, de quiénes conocemos y de los materiales que tenemos a nuestra disposición colectiva. A medida que estos recursos se unen, los elementos de la visión, el producto, el servicio y el modelo de negocio van tomando forma.

A menudo, por ejemplo, el equipo de una empresa emergente se reúne antes de tener una visión del producto. E incluso cuando tienen una idea, esta puede cambiar radicalmente antes de que vea la luz. Los fundadores de Shazam querían trabajar juntos, pero no se decidían entre vender lentillas por Internet o lanzar una aplicación que reconociera la música que sonaba en la radio.[149]

Cuando los emprendedores tienen una visión para un producto, su primer puerto de escala suele ser el de otros expertos —inversores, especialistas en la materia, posibles clientes o socios— cuyos comentarios son el primer paso para validar la idea y cuyo compromiso, si están interesados, ayuda a dar forma a su dirección.

De este modo, el equipo de la empresa emergente se autoconvierte en un grupo de expertos comprometidos que tienen más posibilidades de trabajar como un equipo eficaz, moldeando la idea juntos como si fuera arcilla húmeda. Esto contrasta con las prácticas de trabajo de algunas grandes organizaciones, que a menudo comienzan con una visión cocinada en un taller y luego

149. Santos, P.G. (2012), *European Founders at Work,* Apress, Berkeley.

asignan a un grupo de individuos para que la lleven al mercado, independientemente de si están de acuerdo o no con la idea.

Esto plantea una cuestión crucial. Cuando tenemos una idea para un nuevo negocio, producto o servicio, ¿cómo sabemos si es probable que tenga éxito? Aquí, de nuevo, los empresarios experimentados tienen mucho que enseñarnos. Esencialmente, su enfoque para evaluar u orientar sus productos difiere del de los directivos de las organizaciones convencionales en tres aspectos fundamentales: se preocupan más por la oportunidad que por las características, se centran más en crear valor que en ser únicos, y buscan cambiar el juego en lugar de jugar con las reglas existentes.

El momento adecuado vs. las características adecuadas

Los empresarios expertos son conscientes de una sencilla verdad: si el momento no es el adecuado, todo irá mal. Por eso, antes de preocuparse por los detalles de su producto, determinan si es el momento adecuado para lanzarlo, si pueden aprovechar una ola de cambio, una macrotendencia, una tecnología que alcanza una masa crítica o cualquier otro punto de inflexión. Solo entonces considerarán cuál podría ser el producto y el modelo de negocio.

Esta preocupación por el momento oportuno se ve reflejada en los argumentos y las narrativas de ventas más convincentes de las empresas emergentes. Como explica el experto Andy Raskin, estos tienden a seguir una estructura coherente. Sus autores comienzan nombrando un cambio importante en el mundo que conlleva un gran interés y urgencia para el posible cliente o inversor. A continuación, muestran que este cambio creará ganadores y perdedores, que aprovecharlo creará una oportunidad, mientras que la resistencia será catastrófica.

En tercer lugar, «anuncian la tierra prometida» mostrando cómo es el éxito en este nuevo mundo (una idea similar a la del estado futuro que comenté en el capítulo anterior). Y, por último, con el público burbujeando de emoción, revelan cómo su producto o servicio es la llave del reino, apoyando su discurso con algunas pruebas del mundo real.[150] Toda la narrativa se construye en torno al cambio en el mundo y a por qué ahora es el momento.

Por el contrario, las marcas consolidadas casi nunca consideran el momento oportuno como el principal determinante del éxito. Por el contrario, tienden a creer que, una vez que han decidido entrar en un mercado, pueden gastar su camino hacia la victoria. Para ellas, el momento es la planificación del lanzamiento, los plazos del proyecto y la determinación de qué características se pueden conseguir. No son los únicos pecadores en este sentido. Muchos fundadores y emprendedores noveles están tan embelesados con su concepto que no se paran a pensar si el momento es el adecuado.

Por supuesto, no hay una fórmula mágica que revele exactamente cuándo hay que lanzarse. El momento es una de las incertidumbres de nuestro entorno que no puede analizarse por completo. Pero puedes intentar alinear tus ideas con macrotendencias discernibles: un umbral crítico de adopción de tecnología, por ejemplo, o un cambio socioeconómico importante; un cambio favorable en la normativa o un aumento masivo de la demanda dentro de tu categoría o de una adyacente.

Uno de nuestros clientes, por ejemplo, ha desarrollado un tratamiento no farmacológico muy eficaz para el trastorno de ansiedad generalizada. En mi opinión, el momento es perfecto. Está claro que, por diversas razones (las presiones económicas y la

150. https://medium.com/the-mission/the-greatest-sales-deck-ive-ever-seen-4f4ef3391ba0

pandemia de Covid, entre otras), la ansiedad ha aumentado en los últimos años. También parece que el estigma asociado a ella está disminuyendo y que, por lo tanto, es más probable que la gente se sienta cómoda buscando ayuda. Al mismo tiempo, la preocupación por los efectos secundarios de los medicamentos recetados para la ansiedad y la depresión —adicción, aumento de peso y disfunción sexual, entre otros— se ha abierto paso en el discurso público. Parece el momento adecuado para que un tratamiento no farmacológico para un problema de salud importante haga su aparición.

Otro ejemplo de la cartera de empresas emergentes de Csaba es Hum Capital, una plataforma diseñada para facilitar a las empresas la obtención de financiación poniéndolas en contacto con los prestamistas o inversores adecuados. ¿Por qué es el momento adecuado para el concepto de Hum? Porque un umbral crucial de empresas utiliza ahora sistemas de contabilidad y pagos basados en la nube, que pueden compartir datos con su plataforma.

Como estos dos ejemplos dejan claro, la pregunta vital que hay que hacerse cuando uno se embarca en una nueva aventura, entonces, no es «¿Por qué este producto?», sino «¿Por qué este producto ahora?».

Simplemente mejor vs. un diferencial exclusivo

Otro error que se suele cometer durante la fase de desarrollo del producto es centrarse en crear algo con un diferencial único. En cambio, deberíamos centrarnos en crear productos que satisfagan mejor las necesidades fundamentales de nuestros clientes.

Para cada categoría de producto o servicio hay fuentes básicas de valor que importan a la mayoría de los compradores la mayor parte del tiempo. Por ejemplo, todos los compradores de comercio electrónico quieren una entrega rápida y fiable, devoluciones sin problemas y un proceso de compra fácil. Las características únicas o los diferenciales —en virtud del hecho de que *no* son beneficios genéricos de la categoría— importan mucho menos, con mucha menos frecuencia y para un número menor de clientes. Son pocos los compradores que eligen un servicio en línea únicamente porque puede, por ejemplo, dividir los paquetes de un mismo pedido en varias direcciones de entrega.

En nuestro mundo incierto, en el que el éxito es en gran medida un juego de números, un producto que atrae a más personas en más circunstancias tiene más probabilidades de triunfar que uno que simplemente es diferente. De hecho, algunos llegan a decir que el mercado objetivo de cualquier producto deberían ser todos los compradores de una categoría determinada. Estas observaciones plantean dos cuestiones importantes.

En primer lugar, ¿no son estas fuentes básicas de valor solo apuestas de mesa? ¿No tiene que proporcionarlas todo el mundo? Sí. Pero el rendimiento de los elementos fundamentales de un producto o servicio suele ser tan variable entre las marcas, que domina entre los compradores sobre todas las demás consideraciones, por lo que debería ser el objetivo principal.[151]

En segundo lugar, ¿no necesitamos destacar entre la multitud u ofrecer una razón clara para que los clientes nos elijan en lugar de otras alternativas? De nuevo, sí. Pero la forma de hacerlo es centrarse en lo que aporta más valor al cliente, en lugar de centrarse en crear algo único. Lo mejor es casi siempre diferente, pero diferente no siempre es lo mejor, y siempre podemos hacer que

151. Barwise, P. y Meehan, S. (2004), *Simply Better,* Harvard Business School Publishing, Boston.

nuestro producto destaque más a través de una publicidad y una promoción creativas y distintivas.[152]

Por tanto, al planificar una nueva empresa, merece la pena dedicar tiempo a descubrir qué es lo que más importa a los compradores y si se puede superar notablemente a las alternativas en al menos una de esas áreas. Si no puedes, las características únicas e inteligentes no servirán para nada. Pregúntate: «¿Qué significa ser simplemente mejor para nuestros clientes?» Centra tu atención en las fuentes de valor fundamentales, ya sea un precio más bajo, una mejor calidad, un conjunto concreto de características y funciones, o las tres cosas.

Quienes juegan el juego vs. quienes lo cambian

Podemos pensar que las empresas se sitúan en uno de los dos campos. El primero juega según las reglas del juego tal y como se entienden hoy en día; el segundo cambia las reglas o inventa un nuevo juego.

Los primeros se ajustan al consenso, a la forma establecida de hacer las cosas. Los segundos desafían el consenso con algún tipo de giro en la empresa: un modelo operativo, de *marketing* o de ingresos diferente, el desarrollo de nuevas tecnologías o quizás la forma o la función del propio producto. Se puede saber si una idea empresarial desafía el consenso porque nunca se ha probado antes, porque polariza la opinión, porque se desvía de las prácticas existentes o por todo lo anterior.

Red Bull es un buen ejemplo. No solo tiene un sabor extraño, sino que viene en una pequeña lata y contiene taurina, un

---

152. Sharp, B. (2010), *How Brands Grow: What Marketers Don't Know,* Oxford University Press, South Melbourne.

aminoácido que se encuentra en la carne y el pescado. Parece un ganador improbable, pero Red Bull creó una marca mundial de bebidas energéticas y vende más de siete mil quinientos millones de latas al año.[153] Las Crocs son otro buen ejemplo. Algunos las adoran, otros las odian, pero estos zuecos de plástico diseñados para la comodidad tienen un éxito innegable, con más de seiscientos millones de pares vendidos hasta la fecha.[154]

Luego está Salesforce. Aunque hoy damos por sentado el uso de un software como un servicio, no era en absoluto un hecho que su plataforma empresarial fuera a tener éxito. Y aunque el iPod y el iPhone se convirtieron en grandes éxitos, cuando se lanzaron no faltó el escepticismo. ¿Qué hace una empresa de informática con un reproductor de música personal? ¿Quién pagaría cientos de dólares por un teléfono que no tiene teclado? A Steve Ballmer, director general de Microsoft, el iPhone le pareció tan extravagante que se rio de su precio y de su falta de funcionalidad empresarial.[155]

¿Por qué es importante? Porque aunque estos elementos controversiales que suponen un mayor riesgo para la empresa, también son los que crean el potencial para obtener recompensas desmesuradas. Si todo lo que hacemos es lógico, obvio y comprensible, no hay posibilidad de obtener recompensas desproporcionadas porque no puede haber ventajas —propiedad intelectual, aspectos inimitables o innovaciones— que aporten un valor superior a la media a los clientes o a los inversores.

Como explica el capitalista de riesgo Paul Graham:

> «Hay algunos tipos de trabajo que no se pueden hacer bien sin pensar de forma diferente a los demás. Para ser un

153. https://www.redbull.com/my-en/energydrink/company-profile

154. https://careers.crocs.com/about-us/default.aspx

155. https://www.youtube.com/watch?v=eywi0h_Y5_U

> científico de éxito, por ejemplo, no basta con ser correcto. Tus ideas tienen que ser correctas y novedosas. No se pueden publicar artículos que digan cosas que los demás ya saben. Hay que decir cosas que nadie ha descubierto todavía.
>
> También se ve este patrón con los fundadores de empresas emergentes. No quieres hacer algo que todo el mundo piense que es una buena idea, o ya habrá otras empresas haciéndolo. Tienes que hacer algo que a la mayoría de la gente le parezca una mala idea, pero que tú sepas que no lo es».[156]

Esto no quiere decir que no se pueda vivir bien dirigiendo un negocio «seguro»; de hecho, casi todos los negocios que empiezan desafiando el consenso se convierten en el nuevo modelo a imitar si consiguen un gran éxito. Y hay muchas floristerías de pueblo, tiendas de bicicletas, agencias de diseño y restaurantes que siguen con éxito modelos de negocio y propuestas probadas, solo que no pueden ofrecer rendimientos descomunales.

El problema de la mayoría de las grandes empresas de gestión tradicional es que quieren crear productos nuevos y atractivos, pero los abordan como negocios «seguros» establecidos, no como emprendedores. Tienden a creer que conformar con el statu quo es algo bueno porque su éxito actual es el statu quo, y sus procesos analíticos e hiperracionales filtran todo lo que es conflictivo.

Al querer saber que tendrán éxito antes de lanzarse —después de todo, han prometido un retorno de la inversión— no se atreven a probar nada arriesgado y, por lo tanto, corren el mayor riesgo de todos: crear productos similares a los existentes que solo sirven para invocar a la mente de sus clientes al líder del mercado.

---

156. http://www.paulgraham.com/think.html

De hecho, algunos actúan como si ya fueran el líder del mercado, y pierden el tiempo optimizando su producto antes de que se haya demostrado su valor, la última diferencia que abordaremos.

Conseguir tracción y luego optimizar vs. optimizar y luego conseguir tracción

Cuando un producto o servicio es tu bebé, o estás acostumbrado a trabajar en negocios maduros que se han beneficiado de años de mejoras de eficiencia, es natural querer optimizar todo antes de que salga al mercado. Ya sea un punto de orgullo personal o por costumbre, muchos de nosotros dudamos en lanzar nuestra oferta antes de que esta incluya todas las funciones que la gente pueda desear, de que todos los procesos estén optimizados y de que nuestra infraestructura pueda escalarse de forma eficiente. Pero en realidad, la optimización es una pérdida de tiempo y dinero si aún no tenemos tracción.

Esto no quiere decir que la primera versión de nuestro producto o servicio pueda ser deficiente, sino que debe proporcionar la fuente de valor fundamental que prometemos. Ya sea una apariencia atractiva, la facilidad de uso, el estilo, la fiabilidad, la seguridad o cualquier otra cosa, tiene que tenerlos. Como explica el inversor y empresario Scott Belsky en su magnífico libro *The Messy Middle*, no se puede espolvorear por encima lo que hace que el concepto sea especial, sino que debe estar incorporado desde el principio.[157] Y cuando lleguen nuestros primeros clientes, debemos hacer todo lo posible para satisfacerlos e impresionarlos.

Pero al mismo tiempo debemos evitar la tentación de optimizar aspectos poco importantes de nuestra oferta antes de que sea realmente necesario. ¿Necesitas realmente un logotipo y una página web atractivos para empezar? Probablemente no, y sin embargo es el

---

157. Belsky, S. (2018), *The Messy Middle,* Portfolio/Penguin, Nueva York.

objetivo principal de muchos en los primeros días. ¿Necesitas un complejo software de gestión de la relación con el cliente cuando no tienes clientes? Es poco probable, pero una empresa con la que trabajé se preocupó mucho por esta cuestión antes de descubrir que su producto no era deseable. ¿Hay que ampliar la infraestructura de fabricación o distribución cuando no se sabe cómo se venderá el producto? De nuevo, probablemente no. ¿Necesitas ciertas características llamativas que la mayoría de los clientes no utilizarán en la primera versión? No. Está bien que la primera versión de un nuevo producto no sea perfecta, porque los primeros clientes no esperan la perfección.

Como explica Belsky, nuestros clientes tienden a evolucionar junto a nuestra oferta en la siguiente secuencia: dispuestos, tolerantes, virales, valiosos y luego rentables.[158] Nuestros primeros clientes son simplemente aquellos que están dispuestos a probar nuestro producto o servicio. Solo queremos a unos pocos para poder tratar con ellos personalmente y recabar toda la información posible. Son más bien socios o catadores que nos ayudan a limar asperezas. Nuestro siguiente grupo es el de aquellos que no son los primeros en adoptar el producto, pero que son lo suficientemente entusiastas como para perdonar algunos de los defectos y debilidades de nuestra primera versión, y están deseando ver cómo evoluciona.

Ya aquí, suponiendo que todo marcha bien, deberíamos haber conseguido ese milagro empresarial: la adecuación producto-mercado. Ahora es el momento de correr la voz a lo largo y ancho, y asegurarnos de que nuestros clientes tienen una experiencia con el producto de la que vale la pena hablar. Estos clientes virales son una parte vital de nuestro motor de crecimiento, junto con el resto de nuestra actividad promocional. Por último, a medida que nuestro producto se acerca a la madurez, queremos atraer a los clientes más valiosos, aquellos con la mayor rentabilidad potencial y valor de vida posible.

158. Ibídem.

Por tanto, es evidente que en cada fase del desarrollo de los clientes (a diferencia del desarrollo de productos o servicios), el nivel y la naturaleza de nuestras actividades de optimización son diferentes. No tiene sentido desarrollar procesos ultraeficientes para maximizar la rentabilidad de los clientes si, por ejemplo, aún no hemos encontrado ningún cliente dispuesto. Y evitar la tentación de optimizar y ampliar antes de tiempo nos ahorrará tiempo y dinero.

Ningún debate sobre este tema estaría completo sin mencionar a Webvan, un famoso fracaso durante la burbuja de las puntocom a principios de siglo, cuya idea era entregar a domicilio los pedidos de comida en línea (un concepto que entonces obtuvo malos resultados pero que ahora es habitual). Los críticos citan numerosos motivos para su colosal fracaso, pero parece haber un acuerdo unánime en que la decisión de construir toda la infraestructura de la empresa desde cero —con su propio software y centros de distribución—cuando los fundamentos de la propuesta de valor y el modelo de negocio no estaban probados fue una mala idea.[159] Finalmente, la empresa perdió más de ochocientos millones de dólares antes de declararse en quiebra en 2001.

Contrasta esto con el enfoque que adoptó Nick Swinmurn cuando una experiencia frustrante al intentar encontrar zapatos del estilo, la talla y el color que le gustaban le inspiró para lanzar una tienda online llamada shoesite.com. Para Swinmurn no tenía sentido recaudar dinero y crear una infraestructura compleja hasta que estuviera claro que su idea tenía mérito. En su lugar, optó por ir a las zapaterías cercanas a su casa y preguntar si podía fotografiar los zapatos que tenían disponibles. Luego los publicaría en su sencillo sitio web y, si alguien los pedía, volvería a la tienda, compraría los zapatos y los enviaría. Una vez que quedó claro que la idea de negocio tenía potencial,

---

159. https://techcrunch.com/2013/09/27/why-webvan-failed-and-how-home-delivery-2-0-is-addressing-the-problems/

su siguiente paso fue llegar a acuerdos con algunos distribuidores importantes para que enviaran los zapatos a los clientes por él.[160] No fue hasta más tarde, cuando crecieron con su nuevo nombre, Zappos.com, que la empresa construyó sus propios centros de distribución.

El proceso de emprendimiento

A estas alturas debería estar claro que, al desarrollar nuevos productos, servicios o negocios, los empresarios expertos suelen actuar según un conjunto de principios fundamentalmente diferentes a los de la corriente principal de gestión.

Y al comparar estos enfoques podemos ver que, al prometer rendimientos, al aferrarse a sus visiones, al dar prioridad a la investigación documental en lugar de aprender de los posibles clientes, y al comprometerse demasiado pronto, los que intentan desarrollar nuevos productos basándose únicamente en un análisis lógico y desapegado y en ver una estrategia deliberada pueden fracasar fácilmente. Estos métodos simplemente no son compatibles con la incertidumbre inherente al entorno. Por tanto, en contra de la creencia popular, los emprendedores de éxito son en realidad bastante reacios al riesgo, y sus homólogos corporativos suelen ser absurdamente temerarios en comparación.

Hasta ahora he hablado del enfoque empresarial como una mentalidad más que como un proceso, pero hay ciertas actividades comunes que los empresarios de éxito realizan y que forman una secuencia. En esencia, son las siguientes:

1. Jugar con una oportunidad.
2. Recoger las opiniones de los expertos.
3. Prototipos e investigación primaria.

160. https://www.businessinsider.com/nick-swinmurn-zappos-rnkd-2011-11

4. Desarrollo iterativo de productos.
5. Vender, vender, vender.

1. Jugar con una oportunidad

Todo comienza con la chispa de la oportunidad. La inspiración puede surgir en la ducha. Nuestro emprendedor podría estar frustrado con un producto o servicio que utiliza como cliente. Puede observar un problema en el entorno y ver la oportunidad de resolverlo, o darse cuenta de alguna nueva ley, tecnología u otro cambio en el mundo que abre una vía que merece la pena explorar.

Puede que alguien de su red comparta una idea, o que tenga una conversación al azar con un desconocido que le lleve a algún sitio interesante. Puede que incluso le guste la idea de trabajar con uno o dos amigos en una nueva empresa. Venga de donde venga, cuando una idea le entusiasma, lo primero que hace instintivamente es empezar a juguetear con ella.

¿Cómo funcionaría? ¿Para quién es? ¿Alguien ha resuelto ya este problema? ¿Es el momento adecuado? ¿Qué tamaño tiene el mercado al que se puede dirigir? ¿Cuáles son las alternativas?

La culminación de esta reflexión —si está lo suficientemente seguro de su idea— suele ser una especie de declaración de visión o de presentación que le permite comunicar la idea a los demás. En Amazon, por ejemplo, los que tienen nuevas ideas escriben un comunicado de prensa ficticio que describe el producto o servicio como si se acabara de lanzar.[161]

2. Recoger las opiniones de los expertos

La segunda actividad, que puede solaparse con la primera fase y las subsiguientes, es un ejercicio de búsqueda de la verdad: recoger las

161. https://www.inc.com/justin-bariso/amazon-uses-a-secret-process-for-launching-new-ideas-and-it-can-transform-way-work.html

opiniones de aquellos cuya opinión se considere que merece la pena escuchar, como los expertos en la materia y los posibles clientes, inversores y miembros del equipo.

Puede que empiece, por ejemplo, con quienes conocen bien el mercado en cuestión o con expertos en la materia que puedan asesorar sobre la viabilidad del concepto. También puede que consulte a un colega emprendedor que juegue el rol de abogado del diablo, o a posibles clientes cuyos problemas cree que podría resolver. Sea cual sea la persona con la que hable, sus comentarios le darán una primera idea de los retos que debe superar y de si su idea merece la pena. Puede que algunos de esos expertos incluso quieran subir a bordo. De hecho, la validación más obvia que puede recibirse desde el principio —antes de que exista un producto o un cliente— es que los inversores estén dispuestos a financiar la idea en caso de que sea necesario, o que otros estén dispuestos a unirse al equipo y trabajar en el concepto.

Cuando Elon Musk se entusiasmó con los viajes espaciales, por ejemplo, se trasladó a Los Ángeles, donde estaría más cerca de los principales expertos mundiales en aeronáutica, y donde muchos de los principales agentes de la industria realizaban la mayor parte de su fabricación y su I+D. También se implicó en la Mars Society, un grupo sin ánimo de lucro interesado en explorar el planeta rojo, su primer paso para crear una red de expertos que le sirviera de caja de resonancia, y empezó a organizar salones en los que se debatieran las posibilidades.

Al ampliar su red de contactos, acabó conociendo a Tom Mueller, un veterano de la industria y experto ingeniero que estaba dispuesto a ayudar a Musk a perfeccionar su incipiente visión de un cohete de bajo coste. Juntos fundaron Space Exploration Technologies en 2002.[162] En la actualidad, SpaceX es famosa por el increíble

---

162. Vance, A. (2015), *Elon Musk: How the Billionaire CEO of SpaceX and Tesla is Shaping our Future,* Virgin Digital, Londres.

espectáculo de sus cohetes reutilizables al aterrizar, y se calcula que el negocio tiene un valor de setenta y cuatro mil millones de dólares.[163]

3. Prototipos e investigación primaria

Si nuestro emprendedor sigue entusiasmado con su idea en esta fase, es el momento de ponerse a probar el concepto con un prototipo (especialmente si requiere innovaciones técnicas), de realizar más investigación primaria con los clientes objetivos para descubrir sus problemas, deseos y necesidades, o de ambas cosas.

También puede que empiece a calibrar la adecuación del producto al mercado con esfuerzos de venta tentativos, por ejemplo, demostrando su prototipo y aceptando depósitos para pedidos anticipados, o evaluando el interés con un sitio web básico y algunos anuncios en las redes sociales para ver si la gente se pone en contacto para obtener más información.

4. Desarrollo iterativo de productos

Con los primeros indicios del mercado de que ha dado con algo, o con una prueba de concepto en la que creen, es el momento de hacer evolucionar el prototipo hasta la primera versión del producto. Se trata de un proceso muy iterativo de diseño, desarrollo y pruebas, durante el cual seguirá solicitando información del mundo real y resolviendo problemas sobre la marcha.

El resultado de esta fase será un hito importante: el producto que va a sacar al mercado, acompañado de planes sobre cómo pretende anunciarlo, venderlo y distribuirlo a los primeros clientes, esa es la siguiente fase.

---

163. https://www.barrons.com/articles/starlink-spacex-ipo-elon-musk-51624537161

5. Vender, vender, vender

Según el producto o servicio en cuestión, y la presencia de la marca si ya es una empresa establecida, el lanzamiento puede ser un asunto discreto —un lanzamiento silencioso a un grupo selecto de primeros usuarios que puedan ayudar a perfeccionar el producto— o algo más impresionante, acompañado de campañas publicitarias e iniciativas de relaciones públicas. El objetivo general, sin embargo, es vender el producto a clientes reales.

Cuando Morgan McLachlan, Mark Lynn y Csaba fundaron Amass —una marca de productos botánicos que empezó fabricando una ginebra artesanal— empezaron recurriendo a destilerías de terceros para crear un producto a su medida, experimentando con las recetas hasta conseguir el sabor, el aroma y el envase que les satisfacía. A continuación, contrataron a un solo vendedor —un veterano con experiencia en el sector de las bebidas— para que saliera a la calle y empezara a vender a un bar y a un restaurante cada vez. Solo más tarde, cuando la marca se había consolidado, se aseguraron la distribución a nivel nacional y empezaron a crecer rápidamente. No había nada más complicado que eso.

Como este ejemplo capta perfectamente, en realidad no hay una gran mística en el espíritu empresarial. Es un trabajo duro y no es para los de corazón débil. Pero eso se debe a que la creación de una nueva empresa, producto o servicio es intrínsecamente incierta y hay muchos mecanismos en movimiento con los que contender, no porque las acciones necesarias estén más allá de nosotros.

El mayor obstáculo para la mayoría de la gente es reconocer que el lanzamiento de un nuevo negocio es, ante todo, una empresa pragmática, no un concurso intelectual. Si puedes ser realista, puedes obtener resultados.

RESUMEN DEL CAPÍTULO

- Dado que los emprendedores aceptan la incertidumbre como un hecho de la vida, adoptan un enfoque radicalmente diferente para desarrollar nuevos productos, servicios o empresas.
- Los emprendedores expertos ponen a prueba sus ideas utilizando el principio de la pérdida asequible para limitar su desventaja, en lugar de establecer un rendimiento deseable de la inversión.
- Los emprendedores están orientados al mercado, centrándose en las necesidades del cliente y la dinámica del entorno, por encima de lo que conviene a su organización.
- Los emprendedores de éxito también se preocupan exclusivamente por lo que funciona en la práctica y no en el papel, construyendo productos reales para personas reales, de modo que puedan obtener una retroalimentación real.
- A medida que sus proyectos avanzan, los emprendedores expertos siguen adaptándose y se centran en el aprendizaje.
- Cuando se trata del producto en sí, los emprendedores de éxito suelen empezar por averiguar si es el momento adecuado para el producto, y no cuál debe ser el conjunto de características.
- También pretenden crear productos que sean sencillamente mejores que los alternativos —ofreciendo más valor a más compradores en más ocasiones— en lugar de partir de un diferencial que solo atraiga a un pequeño subgrupo del mercado.
- Los emprendedores de éxito tampoco tienen miedo de desafiar el consenso; de hecho, reconocen que esta es su mayor ventaja competitiva.

- También evitan perder tiempo y dinero en una optimización innecesaria antes del lanzamiento, ya que esperan a tener la tracción primero.
- En contra de la creencia popular, los emprendedores de éxito son en realidad bastante reacios al riesgo en comparación con los que forman parte de las estructuras de gestión de la mayoría de las grandes organizaciones. Sus procesos son también mucho más sencillos y pragmáticos.
- Los emprendedores suelen empezar el desarrollo de un producto probando la oportunidad y recabando la opinión de los expertos. A continuación, construyen una prueba de concepto o prototipo y llevan a cabo toda la investigación primaria posible. Si están convencidos de que la idea tiene mérito, entran en un periodo de desarrollo iterativo del producto, antes de lanzar la primera versión de su producto y ponerse a trabajar en las ventas y el marketing.

7
Crecer
Diez vías de crecimiento y cómo implementarlas

Una vez que un nuevo producto, servicio o empresa gana tracción, nuestra atención se desplaza naturalmente hacia el crecimiento. Y aquí, por fin, se puede suponer que la tempestuosa incertidumbre de los primeros días desaparece y podemos confiar en la teoría, el análisis y los datos de siempre para iluminar el camino hacia la riqueza.

Bueno, más o menos.

Aunque hay ciertos principios fiables que podemos emplear para ayudarnos a crecer, y un número finito de palancas que podemos accionar, los resultados finales de cualquier plan de crecimiento siguen siendo inciertos por una serie de razones.

Para empezar, hay que saber cuáles son esos principios fiables y luego aplicarlos. Sin embargo, el hecho es que muchos de los enfoques más eficaces no se comprenden ampliamente o van en contra del dogma de gestión establecido. También tenemos que identificar cuáles de nuestras posibles palancas de crecimiento ofrecen los mayores beneficios en un momento dado y centrar nuestra atención en ellas. Pero esto requiere exactamente el tipo de pensamiento sistémico con el que muchas organizaciones luchan.

Ayudaría, por supuesto, si tuviéramos datos fiables a mano. Pero a menudo no los tenemos, e incluso si los tenemos, podemos malinterpretar fácilmente lo que nos dicen. Nuestros retos no acaban ahí. La aplicación de un principio probado no garantiza los resultados porque depende mucho de la ejecución de la teoría. Por ejemplo, una cosa es afirmar que vamos a construir nuestra marca con una campaña creativa, pero otra muy distinta es estar seguros de que nuestros esfuerzos van a dar en el clavo con los consumidores; puede que haya que hacer varios intentos para conseguirlo.

Por último, toda estrategia de crecimiento, por muy bien ejecutada que esté, se desarrolla en un entorno que escapa a nuestro control. Por lo tanto, siempre estamos tratando con probabilidades relativas, no con certezas. Además, cualquier estrategia tendrá diferentes riesgos y beneficios asociados a ella. Por ejemplo, podemos creer que la estrategia de crecimiento más eficaz para nuestro negocio sería retener más clientes, por lo que damos prioridad a conservar los que tenemos en lugar de adquirir más. Sin embargo, si las razones por las que la gente deja de comprar están fuera de nuestro control, lo cual suele ser así, una estrategia de fidelización podría ser mucho más arriesgada de lo que pensamos.

En consecuencia, aunque podemos formular una estrategia de crecimiento basada en principios sólidos, debemos jugar a un juego de números en el que la experimentación y la iteración son clave, y en el que evaluamos nuestras opciones no solo en términos de sus ventajas y desventajas potenciales, sino de su potencial de crecimiento relativo. Teniendo en cuenta estas consideraciones, vamos a explorar estas oportunidades de crecimiento, empezando por las dos palancas más básicas que afectan a nuestros beneficios: los ingresos y los costes.

Ingresos y costes

En términos sencillos, podemos aumentar nuestros beneficios incrementando los ingresos, reduciendo los costes o ambas cosas. ¿Qué debemos hacer?

Obviamente, el despilfarro no tiene sentido para ninguna empresa, pero las empresas de éxito tienden a buscar el crecimiento aumentando los ingresos en lugar de reducir los costes. ¿Por qué es así?[164]

En primer lugar, las empresas suelen valorarse mediante un múltiplo de sus ingresos. Por lo tanto, los ingresos acaparan la atención de la gente, sobre todo porque se puede generar una enorme riqueza a través del aumento de las valoraciones, incluso si el negocio en cuestión es deficitario o los márgenes de beneficio son escasos. Uber, por ejemplo, ha perdido cantidades asombrosas de dinero, y sin embargo el exdirector general Travis Kalanick pudo vender sus acciones por un valor estimado de dos mil setecientos millones de dólares, a pesar de que la empresa nunca obtuvo beneficios.[165]

En segundo lugar, si los ingresos de primera línea crecen, es muy posible que se consigan reducciones de costes gracias a las economías de escala que ofrece una empresa más grande.

En tercer lugar, aunque el recorte de costes puede aumentar nuestros beneficios, la eficiencia a menudo se produce no solo a expensas de la adaptabilidad, que es crucial si queremos responder al cambio y explorar nuevas oportunidades, sino de la eficacia en general, y especialmente de nuestra capacidad para crear valor para los clientes. Es demasiado fácil recortar el servicio de atención al cliente, la calidad o la publicidad, por ejemplo, erosionando la prominencia y el atractivo de nuestra marca.

Por último, el crecimiento también requiere combustible, lo que normalmente significa gastar dinero, no ahorrarlo. Al igual

---

164. Para un análisis más exhaustivo de este tema, véase Raynor, M.E. y Ahmed, M. (2013), *The Three Rules: How Exceptional Companies Think*, Portfolio / Penguin, Nueva York.

165. https://www.wsj.com/articles/uber-co-founder-travis-kalanick-to-depart-companys-board-11577196747

que necesitamos más calorías para crear músculo que para mantener nuestro físico actual, debemos tener recursos para invertir si queremos crecer, especialmente a gran velocidad. Un error común entre las empresas emergentes, por ejemplo, es no recaudar suficiente dinero para poder crear un impulso dentro de su estrecha ventana de oportunidad.

Teniendo en cuenta un modelo probabilístico de negocio, podemos postular nuestra primera pauta de crecimiento basada en lo que ofrece la mayor probabilidad de éxito: teniendo una buena salud financiera, priorizar el crecimiento de los ingresos sobre la reducción de los costes.

Precios

Cuando se trata de aumentar nuestros ingresos, hay dos variables simples en juego: el precio y el volumen. No son mutuamente excluyentes, podemos optimizar nuestros precios *y* tratar de vender más, pero están relacionadas. Muchos productos se venden en mayor volumen cuando se baja el precio. Otros, conocidos como «bienes de Veblen», se perciben como exclusivos o de alta calidad, por lo que pueden venderse mejor si se aumenta el precio.

En cualquier caso, si el precio no es el óptimo, estamos dejando beneficios sobre la mesa al cobrar menos o sacrificando el volumen al cobrar más. E incluso pequeños cambios de precio pueden tener un impacto aparentemente desproporcionado en los beneficios, como demuestra el siguiente ejemplo.

Imagina que nuestro negocio vende ranas de cerámica como adornos de jardín. Cada una cuesta quince dólares y las vendemos a veinte dólares. Por tanto, cada rana vendida contribuye con cinco dólares a nuestros gastos generales y a nuestra rentabilidad. En aras de la simplicidad, vamos a suponer que los cinco dólares son únicamente beneficio. Si ahora reducimos el precio de nuestra rana en solo un dólar, de veinte a diecinueve dólares, simultáneamente hemos reducido nuestro margen de beneficios de cinco a cuatro dólares.

Las personas que nunca han pensado mucho en los precios se quedan asombradas cuando ven este sencillo conjunto de cálculos, y se quedan intentando calcular cuántos ingresos y beneficios pueden haber perdido por no haber considerado nunca los precios (y mucho menos haber experimentado con cambios), o por haber ofrecido descuentos sin calcular las implicaciones para el resultado final. Y, sin embargo, el enfoque informal de los precios es sorprendentemente frecuente. Por ejemplo, en la clínica de fisioterapia a la que acudo me ofrecieron un descuento de cincuenta dólares por cada sesión de una hora después de mi visita de prueba, antes de que tuviera la oportunidad de inscribirme a precio completo. ¿A cuántas sesiones he asistido? Aproximadamente unas cuarenta. Eso son dos mil dólares de beneficios perdidos. Digamos que tienen doscientos pacientes al año que son como yo. Ahora estamos en cuatrocientos mil dólares. En los próximos cinco años, esta pequeña empresa podría perder fácilmente dos millones de dólares de beneficios solo por su política de descuentos.

Afortunadamente, existen técnicas consolidadas para investigar y fijar los precios.[166] En situaciones en las que los requisitos son sencillos y hay un gran número de alternativas, por ejemplo, la mayoría de los clientes tienden a elegir en el centro de la gama de precios, una idea que puede ayudarnos a fijar nuestro punto de

---

166. Recomiendo *Confessions of the Pricing Man: How Price Affects Everything,* de Hermann Simon, y *The 1 % Windfall: How Successful Companies Use Price to Profit and Grow,* de Rafi Mohammed, como libros básicos sobre el tema de la fijación de precios. *The Strategy and Tactics of Pricing: A Guide to Growing More Profitably* de Thomas Nagle y John Hogan es una lectura más completa, aunque desafiante, para aquellos que quieran profundizar.

precio.[167] También existen técnicas más avanzadas, como el análisis conjunto, que pueden ayudar a establecer la relación entre la disposición a pagar y atributos específicos de un producto o servicio. Y aunque es inevitable que exista cierta incertidumbre, la mayoría de las personas están en condiciones de experimentar con cambios de precios, especialmente si venden en línea o mediante un proceso de venta consultivo tradicional en un entorno de empresa a empresa.

En resumen, dado que la optimización de los precios nos permite obtener un mayor margen de contribución por venta y también puede aumentar nuestros volúmenes de ventas, llegamos a nuestra segunda directriz: gestionar los precios de forma proactiva para no dejar ingresos sobre la mesa.

Recuerda: fijar los precios es como lavarte los dientes. No lo haces una sola vez y te olvidas de ello. A medida que el producto, la marca, el conocimiento y la categoría evolucionan, debemos revisar constantemente nuestros precios para asegurarnos de que no estamos sacrificando innecesariamente los ingresos.

Adquisición y fidelización

Ahora que hemos abordado el tema de los precios, nuestra atención se centra en el volumen. La pregunta es: ¿qué es lo que más favorece el aumento de las ventas? ¿Atraer a nuevos clientes o animar a los actuales a comprar más?

La evidencia es muy clara, aunque muchos la sigan ignorando: las marcas crecen principalmente a través de la adquisición de más clientes, no a través de la profundización de la lealtad. Merece la pena analizar este punto con cierto detalle.

---

167. Simon, H. (2015), *Confessions of the Pricing Man: How Price Affects Everything*, Springer, Suiza.

Empecemos con un ejemplo extremo e imaginemos que adoptamos una estrategia únicamente de fidelización. Tomando en serio el dicho popular de que cuesta más adquirir un cliente que mantenerlo, decidimos quedarnos con un solo cliente y dedicarle toda nuestra atención. ¿Qué podría salir mal?

En primer lugar, pasará a dominar en la mesa de negociación. Si quiere un descuento en el precio, mejores condiciones de pago o la luna en una cuchara, no tendremos más remedio que dárselo y ver cómo se evaporan nuestros beneficios. En segundo lugar, si por alguna razón deja de comprar nuestro producto, nuestro negocio se hundirá de la noche a la mañana. Está claro, pues, que tener un gran cliente es una mala idea, pero también es algo habitual. Muchas empresas, después de haber conseguido un cliente grande, hacen todo lo posible para mantenerlo contento, excluyendo la búsqueda de nuevos negocios. Un día, su gran cliente cambia de dirección, de política de compras o recorta sus gastos y ¡pum! quedan en una situación desesperada.

Pienso, por ejemplo, en los proveedores que dependían de Boeing para la mayoría de sus ingresos, y que se vieron sumidos en la crisis por los problemas de seguridad en torno al 737 Max. Cuando Boeing dejó de fabricar —un acontecimiento imprevisto— y con pocos clientes más en sus vuelos, sus negocios se enfrentaron a graves dificultades casi de inmediato.[168]

En cambio, tener muchos clientes no solo limita su poder de negociación individual, sino que protege nuestros beneficios. Si tenemos en cuenta las incertidumbres inherentes a nuestro entorno, ampliar nuestra base de clientes también reduce nuestra exposición al riesgo, porque si perdemos algunos clientes, seguimos teniendo otros. Y perderemos algunos, porque, siguiendo con el

168. https://www.nytimes.com/2019/12/18/business/boeing-737-max-suppliers.html

tema central de este libro, los clientes tienden a dejar de comprar por razones que escapan a nuestro control.

En contra de la creencia popular, los clientes rara vez se marchan como prueba de un servicio mediocre, aunque algunos sí lo hacen. Un estudio sobre las marcas de servicios financieros, por ejemplo, concluyó que solo el 4 % de las deserciones de clientes se debían a un mal servicio, mientras que la gran mayoría del 60 % de las deserciones de la marca estaban fuera del control de los vendedores.[169]

En cambio, lo que suele provocar que los clientes dejen de comprar es un cambio en sus propias circunstancias. Puede que ya no necesiten lo que les ofrecemos. Puede que hayan tomado la decisión de cambiar de trabajo o que operen en otro lugar. Puede que simplemente les apetezca cambiar un poco las cosas. Al fin y al cabo, poca gente come en el mismo restaurante cada vez que sale, aunque tenga un favorito. Sin embargo, muchos ejecutivos siguen creyendo que la deserción de clientes puede reducirse masivamente o incluso evitarse por completo mediante planes de fidelización, muchos de los cuales simplemente comprometen la rentabilidad de sus clientes que más gastan. Pero espera un momento. ¿Y si pudiéramos reducir sustancialmente el número de clientes que se van? Suponiendo que mantuviéramos la adquisición en los niveles actuales, ¿no sería eso una estrategia crecimiento sólida? ¿No es estúpido verter agua en un cubo que gotea?

Sí, si estamos perdiendo clientes porque nuestro producto ya no es competitivo, nos hemos visto envueltos en un escándalo o si un servicio deficiente los aleja, estos problemas merecen una atención urgente. En cualquier caso, mantener a los clientes satisfechos es esencial para cualquier empresa, sobre todo porque una mala satisfacción probablemente afectará a nuestra capacidad de

---

169. Bogomolova, S. y Romaniuk, J. (2009), «Brand defection in a business-to-business financial service», *Journal of Business Research*, Vol. 62.

captar nuevos clientes. Cientos de opiniones de una estrella en TripAdvisor, Yelp o TrustPilot no son precisamente un imán para los clientes potenciales y, por supuesto, debemos hacer todo lo posible para retener a nuestros clientes actuales y aumentar la cantidad que gastan con nosotros.

La pregunta más pertinente es si la retención ofrece un potencial de crecimiento mayor que la adquisición, relativamente hablando, y cuántos recursos debemos asignar a cada una. Con los datos adecuados, esto es algo que podemos resolver por nosotros mismos.

Supongamos que una cuarta parte de nuestros clientes se marchan cada año, y que los sustituimos por otros nuevos a través de las ventas y la actividad de *marketing*. El resultado, por ejemplo, es una cuota de mercado estable del 4 %.

Si de alguna manera pudiéramos retener al 100 % de nuestros clientes, dejando de lado por un minuto la imposibilidad de hacerlo, si nuestra tasa actual de adquisición de clientes se mantiene igual aumentaríamos nuestra cuota de mercado en un máximo del 1 %. Pero si una cuarta parte de los compradores del mercado cambian de marca, ¿cuánto podríamos aumentar teóricamente nuestra cuota de mercado si los adquiriéramos a todos?

No se trata del mísero uno por ciento que ofrece la estrategia de retención, sino del veinticinco por ciento, una oportunidad mucho mayor que, si se persigue, podría ser como llenar el metafórico cubo agujereado con una manguera. Sin embargo, los argumentos a favor de la adquisición no se detienen ahí. La fidelidad de los clientes aumenta, de hecho, cuantos más clientes tenemos, debido a un fenómeno conocido como la ley de la doble incriminación o doble riesgo.[170] Permíteme explicar por qué.

---

170. Para una explicación exhaustiva del doble riesgo y de los demás argumentos a favor de la adquisición de clientes, véase Sharp, B. (2010), *How Brands Grow: What Marketers Don't Know,* Oxford University Press, South Melbourne; y Sharp, B. & Romaniuk, J. (2016), *How Brands Grow Part 2,* Oxford University Press, South Melbourne.

La distribución de los ingresos de las marcas establecidas no sigue la famosa regla del 80/20 que nos suelen enseñar. En su lugar, más de la mitad de los ingresos suelen proceder del veinte por ciento de los clientes más importantes, y el resto de un gran número de compradores casuales. Estos compradores casuales realizan compras poco frecuentes, por lo que tienden a comprar cualquier marca que recuerden, que esté fácilmente disponible, o ambas cosas, algo que favorece a las marcas más grandes. Aunque no bebas mucho café, probablemente hayas oído hablar de Starbucks, y parece que hay uno en cada esquina, lo que hace que comprar allí sea fácil.

De ahí viene el nombre de la ley del doble riesgo. Las marcas más pequeñas tienen menos clientes (el primer peligro), que también son menos fieles por término medio (el segundo peligro) porque los compradores casuales tienden a gravitar hacia rivales más grandes que son más llamativos y más fáciles de comprar.

Por eso las marcas líderes del mercado tienen muchos clientes con una larga cola de compradores casuales, en lugar de unos pocos clientes que gastan mucho. Wells Fargo aparentaba ser una de las excepciones, cuyos clientes parecían tener un apetito insaciable por sus productos lo que contradecía el doble riesgo. Pero eso tenía una explicación sencilla: el fraude a escala épica.[171]

Aunque la ley del doble riesgo puede chocar violentamente con la creencia casi generalizada en un enfoque de crecimiento basado en el compromiso y la lealtad, hay siete décadas de pruebas de apoyo recogidas en todas las categorías y geografías imaginables que demuestran su sabiduría. No hay que descuidar a los compradores casuales. Hay muchos de ellos. Y hay mucho espacio para ganar más clientes. Por el contrario, los grandes compradores probablemente ya han alcanzado el límite de lo que están dispuestos a comprar.

---

171. https://www.nytimes.com/2020/02/21/business/wells-fargo-settlement.html

No es solo que atraer a más no clientes y compradores casuales a nuestra marca ofrezca oportunidades de crecimiento. También ayuda el boca en boca. En contra de la creencia popular, no son los fieles de toda la vida que transmiten su entusiasmo, sino los nuevos clientes. Piénsalo: es mucho más probable que hablemos de una compra reciente o de una experiencia novedosa que de algo rutinario o que ha formado parte del tejido de nuestras vidas durante décadas.[172] Y al consolidar estos hallazgos llegamos a otra pauta general: hay que adquirir más clientes constantemente.

Sin embargo, el hecho es que, según un estudio de Gartner de 2021, el 73 % de los directores de *marketing* tenían la intención de depender de los clientes existentes para impulsar el crecimiento durante el año siguiente.[173] Este trágico error de cálculo puede explicarse por la aversión a tomar riesgos. O tal vez por simple ignorancia. Sin embargo, otro factor probable es que la gente puede malinterpretar fácilmente sus propios datos. Si desconocemos los principios del doble riesgo, podríamos suponer que los bajos niveles de fidelidad son la razón de la baja cuota de mercado, cuando en realidad son el resultado de esta. Por lo tanto, es posible que nos empeñemos en la retención, una estrategia incorrecta.

En las raras ocasiones en las que vemos una marca con una fidelidad extrañamente alta dado el pequeño tamaño de su base de clientes, también podríamos pensar que hay algo excepcional o mágico en ellos, en lugar pensar que mantienen a un pequeño número de clientes similares contentos pero son terribles a la hora de adquirir otros nuevos, una explicación más probable.

Para complicar aún más el lago de datos, la cuota de mercado también sesga las puntuaciones de satisfacción por una sencilla

---

172. East, R., Singh, J., Wright, M. y Vanhuele, M., *Consumer Behaviour - Applications in Marketing,* Sage Publishing, Londres.

173. https://www.gartner.com/en/newsroom/press-releases/2021-01-19-gartner-survey-shows-73--of-cmos-will-fall-back-on-lo

razón que parece obvia cuando la conocemos: cuantos más clientes tenemos, más amplio es su espectro de necesidades y más difícil resulta mantener a todos contentos.

Por eso muchos de los libros más vendidos del mundo, por poner un ejemplo, tienen valoraciones más bajas de lo que cabría esperar. Una vez que se venden cientos de miles o millones de ejemplares, es inevitable que haya una proporción de lectores que no se conforman. «Hay demasiados magos en Harry Potter: una estrella».

Lo mismo ocurre con las empresas. Las marcas pequeñas con relativamente pocos clientes tienden a tener puntuaciones de satisfacción más altas, y las marcas masivas tienden a tener las más bajas. En 2018, por ejemplo, Volvo encabezó la tabla de satisfacción de los clientes en Estados Unidos según J.D. Power, mientras que Ford estaba cerca de la cola. Sin embargo, Ford vende más que Volvo: diecisiete coches a uno.[174]

Si tú fueses Ford, podrías ver estas puntuaciones y llegar a la conclusión de que debes revisar drásticamente la experiencia del cliente, entre otras cosas porque la óptica de una calificación baja no parece demasiado buena. Pero la atención al cliente de Ford probablemente no sea tan mala como sugieren las puntuaciones, solo que la empresa tiene muchos más clientes a los que mantener contentos. Hay que tener en cuenta que, en este contexto, los estudios sugieren que perseguir puntuaciones de satisfacción cada vez más altas y aumentar la cuota de mercado son objetivos incompatibles.[175]

---

174. https://www.usatoday.com/story/money/cars/2018/08/29/best-and-worst-car-brands-of-2018/37633581/

175. «La realidad es que la satisfacción no predice la cuota de mercado. Sin embargo, la cuota de mercado es un fuerte predictor negativo de la futura satisfacción del cliente. Por lo tanto, para las empresas con altos niveles de cuota de mercado (o con el objetivo de alcanzar niveles altos), centrarse en una alta satisfacción no es compatible». Véase Keiningham, T.L., Aksoy, L., Williams, L. & Buoye, A.J., *The Wallet Allocation Rule: Winning the Battle for Share,* John Wiley & Sons, Hoboken.

Me causa escalofríos pensar en cuántas decisiones estratégicas mal informadas se han tomado como consecuencia de una mala interpretación de este tipo de datos, y doy gracias a mi suerte por tener colegas que realmente entienden este asunto.

Disponibilidad mental y capacidad de compra

Si nos centramos más directamente en la captación de clientes, tenemos que considerar otras dos opciones. ¿Atraemos más clientes aumentando la disponibilidad mental —haciendo que nuestro producto venga a la mente más fácilmente en situaciones de compra— o mejorando la capacidad de compra, haciendo que los productos o servicios en sí mismos sean más fáciles de comprar y más atractivos?[176] La respuesta es ambas: queremos hacerlos crecer en paralelo y, si lo hacemos bien, ambas actividades deberían mejorar también la fidelización de los clientes existentes. Empecemos por la disponibilidad mental.

Queremos que nuestra marca venga a la mente del mayor número posible de potenciales clientes cuando surja una necesidad, y ser lo suficientemente distintivos de la competencia como para destacar, lo que aumenta la probabilidad de compra. Para alcanzar estos objetivos, hay que tener en cuenta que la disponibilidad mental tiene tres aspectos: alcance, relevancia y reconocimiento.[177]

Alcance, relevancia y reconocimiento

Si queremos construir la disponibilidad mental de nuestra marca, la primera consideración es hacia quién dirigir esas actividades.

176. Byron Sharp y sus colegas del Instituto Ehrenberg-Bass se refieren a la «disponibilidad mental» y a la «disponibilidad física», sin embargo yo prefiero el término capacidad de compra en lugar de disponibilidad física para incluir un espectro más amplio de barreras de compra.

177. 14. Agradezco a la consultora de *marketing* basado en la evidencia The Commercial Works (http://commercialworks.co.uk) por sus aportes en la preparación de esta sección, incluyendo el uso de su estructura: alcance, relevancia y reconocimiento.

Afortunadamente, la regla del doble riesgo nos da la respuesta. Sabiendo como sabemos que las marcas crecen principalmente a través de la adquisición de nuevos clientes, que los compradores casuales constituyen la gran mayoría de los clientes y que es difícil conseguir que los grandes compradores compren más, llegar a los no clientes y a los compradores casuales es un objetivo clave porque son una oportunidad de crecimiento más probable. Además, al llegar a los compradores casuales, los grandes compradores y otros clientes actuales se darán cuenta. Y como la adquisición suele depender de arrebatar clientes a los competidores que satisfacen necesidades similares, un enfoque lógico que ofrece la mayor probabilidad de éxito es dirigirse a toda la categoría.

Quorn, que fabrica un producto sustitutivo de la carne, demuestra este principio en acción. Si tú fueses Quorn, estarías tentado de comercializar tu producto entre los vegetarianos: los compradores objetivos obvios. Sin embargo, los vegetarianos siguen representando un porcentaje muy pequeño de la población total, por lo que esta estrategia solo promete un potencial de crecimiento limitado. Consciente de ello, Quorn se ha reposicionado como una marca de alimentación sana. Esto ha ampliado su atractivo a un abanico de compradores potenciales mucho más amplio, una estrategia basada en la penetración que ha llevado a un crecimiento del sesenta y dos por ciento a finales de 2011.[178]

Quorn también ilustra otro principio crucial cuando se trata de crear disponibilidad mental: la conveniencia de conectar nuestra marca, producto o servicio con los desencadenantes contextuales —conocidos como puntos de entrada de la categoría— que llevan a los compradores a pensar en marcas relevantes que podrían satisfacer sus necesidades. Por ejemplo, al igual que Quorn

178. Sharp, B. y Romaniuk, J. (2016), *How Brands Grow Part 2,* Oxford University Press, South Melbourne.

ahora provoca pensamientos de alimentación saludable, los puntos de entrada de la categoría para un producto como el café podrían ser despertarse, sentirse con poca energía, reunirse con un amigo o tomarse un descanso. Para el champán, podrían ser una celebración, sentirse lujoso, comprar un regalo especial para un amigo o cuando estamos de fiesta.[179]

Por lo tanto, un paso crucial en la construcción de la disponibilidad mental es establecer la relevancia de nuestra marca vinculándola a los puntos de entrada de la categoría que existen en la mente del comprador a través de nuestra publicidad y comunicaciones. Esto debería aumentar la probabilidad de que realicen una compra. Pero, ¿cómo lo hacemos en la práctica?

En primer lugar, hay que tener en cuenta que al establecer una nueva marca, el objetivo principal no debe ser educar a los posibles compradores sobre lo que la hace diferente o especial, sino simplemente vincular nuestra marca a una categoría en la mente del comprador, un objetivo básico que a menudo se pasa por alto.

Se nos dice, por ejemplo, que las empresas emergentes deben intentar crear una nueva categoría si quieren triunfar a lo grande. El problema viene cuando extendemos esta idea a nuestras actividades de comunicación y promoción, porque los consumidores piensan de una manera específica: necesidad, categoría, marca; más luz natural, ventana, Velux, por ejemplo.

Por consiguiente, si no vinculamos nuestra marca a una categoría que el comprador ya conoce y comprende, es menos probable que la compre. Incluso los productos más innovadores deben posicionarse en términos familiares para ser comprados. Tesla, por ejemplo, inicialmente comercializó sus productos no como vehículos eléctricos semiautónomos, sino como coches con cero

---

179. Romaniuk, J. (2018), *Building Distinctive Brand Assets,* Oxford University Press, South Melbourne.

emisiones. La empresa sabía que los coches y las emisiones eran conceptos ya conocidos en la mente de los compradores.

Lo segundo que debemos tener en cuenta es que no todos los puntos de entrada de la categoría son igual de importantes. Por tanto, debemos centrarnos en los más relevantes y comunes, los que tienen más posibilidades de conducir a una compra. Asociar Coca-Cola a puntos de entrada de la categoría como saciar la sed, día caluroso o reunión familiar tiene sentido. Asociarla a las manchas de sangre —que, según se dice, elimina muy bien— o al Calimocho, una bebida española en la que se mezcla cola y vino tinto a partes iguales (y que a mí me parece bastante horrenda), no es un paso acertado.

Por último, dado que nuestro objetivo es conseguir una venta, hacer que nuestra marca sea relevante en una gama más amplia de escenarios de compra, vinculándola a más puntos de entrada de la categoría, debería ser una parte clave de nuestra estrategia, en lugar de centrar toda nuestra atención en tratar de poseer uno o dos. He aquí, pues, otra pauta de crecimiento que puede aumentar nuestras probabilidades de éxito: comunicar tu relevancia a tantos compradores potenciales como sea posible.

Sin embargo, estas estrategias se verán comprometidas si nuestros productos no son también fáciles de reconocer. En mi supermercado local, por ejemplo, hay una estantería que va desde las cajas hasta el mostrador de la carne en la parte de atrás, unos dos metros, con marcas de granola. Estoy seguro de que todas son muy sabrosas, pero ¿cómo diablos voy a elegir una? Si es frustrante para mí, debe serlo también para los fabricantes. Consiguen distribuir su marca en una gran cadena de supermercados, pero se encuentran con que sus productos están escondidos entre todas las demás marcas.

Para evitar este problema común y aumentar la probabilidad de compra, debemos cultivar y utilizar consistentemente los activos de marca distintivos para hacer a nuestros productos más reconocibles y fáciles de encontrar.[180] La silueta de un Porsche 911 o la forma de la botella de Coca-Cola son excelentes ejemplos de activos de marca distintivos. También lo son el llamativo magenta de T-Mobile y los arcos dorados de McDonald's, ninguno de los cuales tiene nada que ver con los teléfonos móviles o la comida rápida, al igual que George Clooney no tiene ninguna asociación inherente con el café o el tequila. Los activos distintivos pueden carecer totalmente de significado por sí solos y, sin embargo, funcionar perfectamente bien.

También podemos ampliar este carácter distintivo más allá de lo visual. Al igual que podemos cultivar nuestro propio tono de voz que nos distinga o nuestra propia forma de hablar, no hay ninguna razón por la que no podamos crear una experiencia distintiva en la tienda o una firma experiencial más amplia. Cualquiera de ellas contribuirá a que nuestra marca sea más memorable.

Lo que definitivamente no queremos hacer es mezclarnos con nuestros rivales utilizando el mismo estilo, tono o paleta de colores, o peor aún, reemplazar los activos distintivos existentes en aras de la novedad, ya que esto perjudicará el reconocimiento y reducirá la probabilidad de una compra, como lo demuestran algunos ejemplos de alto perfil.

La decisión de Tropicana de cambiar su envase, establecido desde hace mucho tiempo y reconocible al instante, por algo genérico e insípido confundió a los consumidores y fue rápidamente revertida: una prueba de cincuenta millones de dólares que hizo que las ventas cayeran un veinte por ciento en dos meses.[181] Del mismo modo, en 2010 Gap Inc. sustituyó su icónico logotipo por algo que parecía

---

180. Ibídem.

181. https://www.thebrandingjournal.com/2015/05/what-to-learn-from-tropicanas-packaging-redesign-failure/

una maqueta de PowerPoint apresurada, para volver al antiguo siete días después: otro colosal despilfarro de dinero.[182] Aprendida la lección, ahora tenemos otra pauta de crecimiento: cultivar activos distintivos que hagan que tu marca sea más fácil de reconocer y recordar.

Sin embargo, no importa cuánta conciencia generemos si nuestros productos y servicios no se pueden comprar. Idealmente, queremos que lo que ofrecemos esté disponible donde y cuando le convenga al cliente, que sea fácil de elegir y comprar, y que se adapte a una amplia gama de situaciones o necesidades de compra, todo lo cual puede aumentar la probabilidad de una compra. Exploremos estas opciones con más detalle.

Selección de canales y territorios de venta

Si queremos que nuestros productos o servicios sean fáciles de comprar para el mayor número de personas posible, nuestro primer paso es vender a través de los canales que nuestros clientes encuentran más convenientes y utilizan habitualmente.[183]

Muchas marcas, por ejemplo, se pueden comprar a través de los principales comercios electrónicos y minoristas físicos, así como en sus propios sitios web y tiendas, por teléfono o en quioscos. Al hacer que sus ofertas estén disponibles a través de tantos canales populares como sea posible, las empresas que las respaldan aumentan la probabilidad de compra.

Sin embargo, no suelen empezar así. Muchos productos se venden inicialmente de puerta en puerta, desde el maletero de un coche o a los amigos. Cuando se corre la voz, la empresa puede abrir una pequeña tienda o una oferta de comercio electrónico y, a partir de ahí, ampliar su presencia.

182. https://www.bbc.com/news/business-11520930

183. 20. Sharp, B. y Romaniuk, J. (2016), *How Brands Grow Part 2,* Oxford University Press, South Melbourne.

Otra opción es cubrir no solo más canales, sino también más territorios. Un camino obvio para el crecimiento de muchas empresas es simplemente empezar a vender en un rango más amplio de geografías donde hay más clientes a los que atender, suponiendo que podamos crear conciencia en esos territorios. Esto nos da otra pauta: debes maximizar la disponibilidad de tus ofertas cubriendo más canales y territorios.

Pero lo importante no es solo que el producto esté disponible físicamente, sino que también queremos que nuestros productos sean tan fáciles de elegir y comprar como sea posible, independientemente del canal o el territorio. Esto lo conseguimos reduciendo las barreras de compra. Veamos ahora esas barreras.

Minimiza los obstáculos a la compra

Los obstáculos a la compra se dividen en tres categorías:

1. **Barreras operativas:** dolores de cabeza en la instalación, problemas de compatibilidad y distribución limitada, por ejemplo.
2. **Obstáculos a la experiencia:** la posibilidad de probar, la parálisis de la elección, las transacciones onerosas, la necesidad de formación y experiencia, o el choque con los comportamientos aprendidos existentes.
3. **Obstáculos financieros:** el precio de compra inicial o los costes de cambio para empezar con una nueva oferta.[184]

Cualquiera de estas barreras puede ser la diferencia entre el éxito o el fracaso, o puede transformar nuestra capacidad de adquirir nuevos clientes. Así que tiene sentido identificar todas y

184. Watkinson, M. (2018), *The Grid: The Master Model Behind Business Success*, Random House, Londres.

cada una de las barreras potenciales y ponerse a trabajar para reducirlas.

Podemos permitir que la gente reparta el coste de nuestro producto en varios pagos para que el precio sea más accesible. Si somos una empresa de software, podemos asegurarnos de que es fácil importar datos de los sistemas de la competencia al nuestro, lo que reduce los costes de cambio de los clientes potenciales. También podríamos encontrar formas de que los clientes prueben nuestro producto o servicio para que puedan experimentar los beneficios más rápidamente y sin riesgo financiero, o hacer que la elección y la compra del producto adecuado sean menos onerosas.

El club de vinos por suscripción Winc es un buen ejemplo. En lugar de suponer que los clientes son expertos en diferentes uvas, regiones o marcas, y pedirles que examinen miles de botellas para elegir las que les gustan, los clientes de Winc hacen un cuestionario de perfil, respondiendo a preguntas sobre cómo toman el café, si ponen mucha sal en su comida, etc., y luego la web recomienda las botellas que el cliente tiene más probabilidades de disfrutar. El negocio ha prosperado desde su lanzamiento en 2012.

Independientemente de nuestro sector de actividad, nuestros clientes se enfrentarán a retos similares a los del posible comprador de vino. Por tanto, llegamos a otra pauta de crecimiento que puede aumentar nuestras probabilidades de éxito: desmantelar sistemáticamente las barreras de compra y adopción para maximizar la conversión.

Ampliación de la gama

Otra forma de mejorar el potencial de compra de nuestros productos o servicios es cubrir una gama más amplia de escenarios de compra. Una opción podría ser adoptar una sencilla estrategia de versiones que permita comprar en distintos tamaños o con distintos niveles de calidad o prestaciones. Otra opción es aumentar la cuota de bolsillo (en la jerga de la gestión, la cantidad que los clientes gastan en nosotros en lugar de en nuestros rivales) satisfaciendo las necesidades no cubiertas que nuestros clientes buscan actualmente en la competencia.

Supongamos que divido mi compra entre dos marcas. La marca A tiene tiendas más pequeñas y bonitas, un servicio de atención al cliente maravilloso, una pequeña gama de productos de alta calidad y precios elevados. La marca B tiene tiendas enormes, pero comparativamente poco atractivas, y ofrece un servicio monótono, pero vende una gama mucho más amplia de productos a precios más bajos. Yo compro en la marca A fruta fresca, verduras, carne y pescado. Para las aburridas necesidades domésticas, acudo a la marca B.

La marca A puede mejorar la calidad de sus alimentos, el servicio de atención al cliente o el ambiente de la tienda todo lo que quieran, puede que consideren que estos son los factores de satisfacción que afectan a la percepción de los clientes de su negocio. Pero esto no me hará gastar más con ellos; compro a la marca B porque satisfacen necesidades diferentes. A la inversa, la marca B puede bajar sus precios todo lo que quiera, pero no me hará gastar menos en la marca A.

Aunque la mejora de lo que ya hacen puede conducir a una mayor puntuación de satisfacción, las mayores oportunidades —los motores de crecimiento— para cada marca son las necesidades insatisfechas que hacen que los clientes gasten en otros lugares.[185]

La marca A, por ejemplo, podría introducir una gama de precios más bajos, que es exactamente lo que han hecho los supermercados *premium* a ambos lados del Atlántico. Waitrose, en el Reino Unido, introdujo la gama Essentials, que incluye alubias

---

185. Keiningham, T.L., Aksoy, L., Williams, L. & Buoye, A.J., *The Wallet Allocation Rule: Winning the Battle for Share,* John Wiley & Sons, Hoboken.

flageolet, paté de las Ardenas, halloumi chipriota y combustible para helicópteros —realmente esenciales— y Whole Foods, en Estados Unidos, introdujo 365, una gama de accesibilidad similar dirigida a compradores más conscientes del precio.[186] Puede incluso ser suficiente para neutralizar, en lugar de superar, la ventaja natural del rival. Las gamas accesibles de Waitrose y Whole Foods podrían salirse con la suya siendo un poco más caras que sus rivales, pero siendo lo suficientemente baratas como para que los clientes puedan racionalizar la compra de mayor calidad.[187]

Desgraciadamente, muchas marcas asumen erróneamente que la satisfacción y los motores de crecimiento deben ser lo mismo, por lo que se centran en hacer lo que ya hacen mejor que las marcas rivales, en lugar de dar a los clientes razones para dejar de usar alternativas, lo que es una vía más atractiva para el crecimiento.

Por lo tanto, podemos crecer no solo versionando nuestro producto para atender a una gama más amplia de precios, sino también a una gama más amplia de necesidades. En otras palabras, podemos ampliar la gama para cubrir un espectro más amplio de escenarios y necesidades de compra.

Mejora continua

Sin embargo, mientras perseguimos todas estas oportunidades, no debemos olvidar que el éxito empresarial se basa en la creación de valor para los clientes, y que cuanto mayor sea su percepción de valor, más éxito tendremos. ¿Pero de dónde viene ese valor? Hay cuatro fuentes subyacentes.

Lo primero y más importante es el *producto o servicio* en sí mismo: lo que hace y lo que cuesta.

186. Mentí sobre el combustible del helicóptero, el resto son todos artículos reales.

187. Gracias a Luke Williams, coautor de *The Wallet Allocation Rule*, por la crítica y la perspectiva adicional sobre este tema.

También está el atractivo de la *marca*, es decir, hasta qué punto se asocia con determinadas cualidades, categorías o expectativas.

El *conocimiento* también es vital: la gente no puede valorar algo que no sabe que existe, y tiende a encontrar marcas, productos o servicios conocidos más atractivos y más fáciles de recordar cuando surge la necesidad de comprar.

Por último, está la *experiencia del cliente* —la secuencia de interacciones que los clientes tienen con nosotros— que puede añadir valor adicional más allá del producto en forma de, por ejemplo, un servicio de atención al cliente excepcional, la incorporación, las experiencias de compra o la asistencia posventa.

Ya hemos tocado todos estos aspectos de la creación de valor de una forma u otra, destacando la importancia de crear disponibilidad mental, por ejemplo, y las ventajas que ofrece el versionado del producto.

La realidad, sin embargo, es que las expectativas tienden a aumentar con el tiempo. Y ciertamente, durante los primeros años de nuestra marca, producto o categoría habrá un amplio margen de mejora en todos estos ámbitos, sobre todo en el rendimiento del propio producto o servicio. Cuando miro los objetos de mi mesa, por ejemplo, veo un disco duro externo cuya capacidad era inimaginable hace dos décadas, un *smartphone* cuya potencia de procesamiento, duración de la batería, cámara y sistema operativo han mejorado exponencialmente desde la primera versión, y un portátil más ligero, más rápido y con una pantalla de mayor resolución que su predecesor.

También pienso en lo mucho que ha cambiado la forma de comprar estos productos. Hace poco pedí un par de auriculares por Internet que llegaron a mi puerta en dos horas, una hazaña logística impresionante. Sospecho que pronto se normalizará este tipo de servicio.

Como dijo una vez el empresario Jim Jannard, «Todo en el mundo puede mejorarse y se mejorará... las únicas preguntas son

"¿cuándo y quién lo hará?"»[188] Nuestra respuesta debería ser ahora, y nosotros. Recordemos que no tenemos que predecir el futuro si estamos delante creándolo.

Sí, es posible sobrepasarse, haciendo productos demasiado buenos para las necesidades de nuestros clientes. Pero también es fácil perder de vista el hecho de que estamos en una carrera contra las crecientes expectativas que nos obligan a mejorar continuamente nuestros productos, servicios y la experiencia del cliente en general. Y en nuestro mundo ruidoso y desordenado, debemos invertir continuamente en nuestra marca y en su reconocimiento para no caer en el olvido.

Dormirse en los laureles es una receta para el desastre, así que tenemos que tener en cuenta otra pauta de crecimiento: aumentar la percepción de valor del cliente mediante la mejora continua.

Para aprovechar al máximo nuestros esfuerzos de creación de valor, recomiendo un enfoque integrado, en el que tratemos las fuentes de valor como intrínsecamente vinculadas. Obtenemos más beneficios de nuestros esfuerzos de reconocimiento, creación de marca y experiencia del cliente si las expectativas establecidas a través de nuestras comunicaciones se cumplen en la realidad. Del mismo modo, creamos más valor para los clientes si nuestros productos y servicios se integran perfectamente en la experiencia más amplia de ser cliente. Y podemos reforzar aún más nuestra marca si creamos una experiencia de cliente que sea conscientemente distintiva. Si podemos hacer estas cosas —y asegurarnos de que nuestras mejoras son realmente notables— nos ocuparemos de la retención de los clientes por carácter transitivo.

La empresa de ropa Patagonia es un buen ejemplo. Demuestra activamente sus valores ecológicos a través de su activismo, donaciones a organizaciones de base, servicios (como reparaciones

188. Jannard, J. (2014), *Oakley*, Assouline Publishing, Nueva York.

gratuitas de sus artículos) y esfuerzos de desarrollo de productos, todo ello centrado en la reducción de su impacto medioambiental. Su servicio de atención al cliente es siempre excelente y sus productos están bien diseñados y fabricados. Todos los aspectos de la creación de valor contribuyen a amplificar los demás, lo que explica en gran medida por qué llevo un forro polar, unos pantalones y unos calzoncillos Patagonia mientras escribo esto.

Explotación y exploración

Hasta ahora, todas las vías de crecimiento que hemos considerado se enmarcan en el ámbito de la explotación: formas de hacer crecer las líneas de productos, los servicios o las unidades de negocio existentes que ya han conseguido adaptarse al producto y al mercado.

Sin embargo, con el tiempo, todo partido debe llegar a su fin. Las ventajas serán igualadas por la competencia. Las categorías se saturarán, o declinarán y serán menos rentables. La explotación, por desgracia, tiene un potencial limitado.

Pero no es nuestra única opción. También tenemos la exploración: crear productos o servicios totalmente nuevos, quizás incluso en categorías diferentes. Y para aprovechar nuestro potencial de crecimiento debemos utilizar ambos enfoques: explotar las oportunidades existentes y explorar otras totalmente nuevas.

¿Por qué? Las razones de la explotación son bastante obvias. No tiene sentido dejar dinero sobre la mesa después del arduo trabajo y los riesgos que conlleva poner en marcha una nueva empresa. Y en los mercados competitivos, quedarse quieto es retroceder.

Pero la exploración también es esencial si queremos sembrar las semillas de la oportunidad para el futuro. Además, los beneficios potenciales pueden ser mucho mayores, ya que podemos crear otras empresas que también pueden crecer mediante la explotación, si es que despegan.

Como explicó Jeff Bezos en una carta a los accionistas: «Algunas veces (en realidad, a menudo) en los negocios, sabes a dónde vas, y cuando lo sabes, puedes ser eficiente. Poner en marcha un plan y ejecutarlo».

«Por el contrario», continúa, «vagar por los negocios no es eficiente... pero tampoco es aleatorio. Está [...] impulsado por una profunda convicción de que el premio para los clientes es lo suficientemente grande como para que merezca la pena ser un poco desordenado y tangencial para encontrar nuestro camino. El vagabundeo es un contrapeso esencial a la eficacia. Hay que emplear ambos. Es muy probable que los descubrimientos de gran envergadura —los "no lineales"— requieran vagar».[189]

Al apreciar este ciclo de exploración y explotación, podemos resolver una paradoja que pocos en el ámbito del *marketing* y el desarrollo de productos parecen ser capaces de entender: los célebres emprendedores son conocidos por estar profundamente centrados en el cliente y, al mismo tiempo, mostrar poca consideración por la investigación de mercado tradicional.

La razón es sencilla: la mayoría de las técnicas de investigación de mercado están orientadas a la explotación, que ofrece resultados principalmente lineales al ayudar a las marcas a innovar en respuesta al cliente. Estos métodos son valiosos dentro de ese contexto, pero no ayudan tanto en un mundo incierto en el que debemos explorar, apostar y alimentar las ideas prometedoras y matar el resto. Para lograr esos objetivos, debemos sentirnos cómodos con la incertidumbre, estar dispuestos a asumir riesgos e innovar en nombre del cliente. No tenemos datos del futuro.

189. https://blog.aboutamazon.com/company-news/2018-letter-to-shareholders

Esto también explica, al menos en parte, por qué tan pocas grandes empresas logran entrar y dominar los mercados de crecimiento futuro fuera de los asociados a sus líneas de negocio principales, y a menudo pierden oportunidades masivas por completo. Se debe a un rechazo patológico de la incertidumbre.

Cuanto más grande sea la empresa, mayores serán las oportunidades que deberá aprovechar para alcanzar sus ambiciosos objetivos de crecimiento. Si factura un millón de dólares al año, puede crecer un diez por ciento añadiendo cien mil dólares de ingresos. Si genera diez mil millones de dólares al año, tiene que encontrar mil millones más para lograr el mismo índice de crecimiento, una gran petición dado que la mayoría de los mercados maduros son relativamente estáticos e intensamente competitivos.

Ante una situación en la que hay que ingresar grandes sumas de dinero para satisfacer a los accionistas y a los analistas del sector, centrarse en la explotación parece más fácil y menos arriesgado que la exploración. Entrar en lo que puede parecer superficialmente un mercado minúsculo, plagado de riesgos desconocidos y de ventajas poco claras, aunque crezca rápidamente, es menos atractivo. No puede saciar el apetito de nuestra empresa hoy, y lo que podría ofrecer en el futuro está lejos de ser seguro. Por ello, la idea de la exploración —colocar un puñado de pequeñas apuestas en las que la mayoría pueden fracasar, pero una sola ganadora podría lograr resultados fenomenales— suele ser un anatema para los altos directivos reacios al riesgo. Consideran irresponsable dar luz verde a un proyecto que puede fracasar.

Sin embargo, aunque la explotación parece eficiente, eficaz, lógica y más predecible, no es suficiente. Centrarse exclusivamente en las mejoras incrementales de los productos o servicios existentes es arriesgado a largo plazo. Y si esperamos a que un nuevo mercado sea lo suficientemente grande y estable como para que nos interese, nos encontraremos con que ahora pertenece a otras marcas que jugaron, experimentaron y aprendieron lo que funciona por el camino.[190]

¿Entonces, qué debemos hacer?

Siguiendo los métodos empresariales expuestos en el capítulo anterior, debemos trabajar a partir del principio de pérdida asequible y empezar a apostar por nuevas ideas prometedoras. Aunque algunas de nuestras ideas no prosperen, solo necesitamos un gran éxito para que la recompensa cubra con creces nuestros fracasos.

Cuando IAC era la empresa matriz de Match.com, adoptó un enfoque exploratorio del crecimiento financiando con seis millones de dólares su propia incubadora de empresas, Hatch Labs.[191] Solo tuvieron un éxito, pero ese éxito resultó ser la aplicación de citas Tinder, que ahora vale miles de millones de dólares por derecho propio.[192] Las mejoras incrementales de Match.com nunca habrían logrado el mismo resultado.

Otro ejemplo inspirador es Ustwo, un estudio de diseño digital cuyo trabajo principal es el diseño de sitios web y aplicaciones para clientes. Este es un negocio de tiempo y materiales, por lo que el crecimiento a través de la explotación es un camino relativamente lineal: añadir más personal u oficinas para atender a más clientes. Sin embargo, Ustwo también ha adoptado un enfoque exploratorio del desarrollo, combinando su excepcional talento y creatividad para crear un juego de ordenador, Monument Valley, que ha recaudado veinticinco millones de dólares en cuatro años, lo que supone una rentabilidad diecisiete veces superior a los 1,4 millones de dólares

190. Christensen, C.M. (2013), *The Innovator's Solution: Creating and Sustaining Successful Growth,* Harvard Business Review Press, Boston.

191. https://techcrunch.com/2011/03/31/exclusive-iac-hatches-hatch-a-technology-sandbox-to-incubate-mobile-startups/

192. https://www.theverge.com/2019/5/8/18535869/match-group-tinder-employees-stock-pay-value-lawsuit-payout

que Ustwo gastó en su desarrollo. Es el tipo de beneficio enorme que habría sido imposible si se hubieran centrado simplemente en el desarrollo de su agencia.[193] Monument Valley también ha producido un beneficio sinérgico, dando a conocer la marca de Ustwo y atrayendo así más clientes a su negocio principal de diseño.

La última pauta de crecimiento, por tanto, es esta: combinar la explotación de las oportunidades existentes con la exploración de nuevas categorías y ofertas para maximizar tu potencial de crecimiento.

Las diez vías de crecimiento

1. Asumiendo una salud financiera sólida, priorizar el crecimiento de los ingresos sobre la reducción de costes.
2. Gestionar los precios de forma proactiva para no dejar ingresos sobre la mesa.
3. Adquirir constantemente más clientes.
4. Comunicar tu relevancia al mayor número posible de compradores potenciales.
5. Cultivar activos distintivos que hagan que tu marca sea más fácil de reconocer y recordar.
6. Maximizar la disponibilidad de tus ofertas cubriendo más canales y territorios.
7. Desmantelar sistemáticamente las barreras de compra y adopción.
8. Ampliar la gama para cubrir un espectro más amplio de escenarios y necesidades de compra.
9. Aumentar la percepción de valor del cliente mediante la mejora continua.

193. https://www.pocketgamer.biz/news/68909/monument-valley-ingresos-mundo-supera-los-25-millones/

10. Combinar la explotación con la exploración para maximizar tu potencial de crecimiento.

Pero, ¿cómo aplicamos estas directrices en la práctica? Hay dos enfoques que podemos emplear: uno seductoramente sencillo, de arriba abajo, y otro, basado en cada proyecto, que es un poco más complejo.

Definiendo tu estrategia de crecimiento

El enfoque descendente consiste en descubrir los puntos de máximo apalancamiento, es decir, las oportunidades de crecimiento que tienen más probabilidades de ofrecer los mayores rendimientos potenciales, y elevarlos a prioridades comerciales.

Algunas empresas nunca han considerado la fijación de precios, por ejemplo, que es un lugar obvio para empezar. Otras no dedican suficientes esfuerzos a la captación de nuevos clientes. Son aún más las que logran un gran reconocimiento de marca pero experimentan tasas de conversión y costes de adquisición de clientes horribles debido a las barreras que dificultan la compra. Algunas se centran tanto en los factores de satisfacción que ignoran las necesidades insatisfechas, otras experimentan un problema mucho más fundamental: productos y servicios que simplemente no son competitivos.

Por tanto, no tenemos más remedio que evaluar nuestro funcionamiento con ojo crítico y buscar las oportunidades de crecimiento que mejor se adapten a nuestro contexto. El cambio casi milagroso de Domino's Pizza, cuya cotización subió un 1.300% bajo el mandato de su director general, J. Patrick Doyle, es un ejemplo tremendo.[194]

---

194. https://www.vox.com/2018/1/10/16874054/dominos-ceo-business-stock-price-amazon-facebook-google-pizza

En su momento más bajo, el problema más evidente de Domino's era la propia pizza, que tenía un sabor espantoso. Por ello, se dedicaron a mejorar las recetas hasta que sus pizzas sabían mejor que las de sus mayores rivales. Luego empezaron a transformar la experiencia básica del cliente, introduciendo, por ejemplo, el ahora famoso rastreador de pizzas que permite a los clientes ver el progreso de su pedido. De un plumazo, mejoraron la percepción del valor por parte del cliente donde más importaba: el sabor y la comodidad.

Mientras se llevaban a cabo estas mejoras, Domino's lanzó una campaña de marca muy creativa que llamó la atención de la gente al admitir lo mal que habían hecho las cosas y lo que estaban haciendo al respecto.

A continuación, Domino's comenzó a invertir fuertemente en tecnología para que la compra fuera lo más sencilla posible. Ahora se pueden hacer pedidos de Domino's a través de un desconcertante abanico de canales más allá de sus tiendas físicas, su sitio web o su aplicación, como Alexa, Slack y el tablero de algunos coches Ford.[195] Más del sesenta por ciento de sus ventas proceden ahora de canales digitales, en lugar de los métodos tradicionales de pedido de pizza, como el teléfono o el mostrador.[196]

Domino's adoptó un enfoque descendente, y funcionó. Pero no siempre es así.

Incluso si la dirección puede elaborar una estrategia convincente, el éxito depende de que todo el mundo en la empresa la entienda y trabaje a partir de los mismos supuestos, y eso no es algo que ocurra siempre, o incluso normalmente. En realidad, como han demostrado los talleres y los compromisos con los clientes a lo largo de los años, cuando se desciende un par de

195. https://anyware.dominos.com/

196. https://diginomica.com/domino_digital_100

peldaños en la jerarquía, pocos tienen una idea clara de cuál es la estrategia de la empresa. También es posible que te metas en un atolladero político, con cada departamento o feudo peleando con los demás.

Este problema es una consecuencia natural de las estructuras divisorias y de las especialidades que encontramos en las grandes organizaciones: el entorno perfecto para que arraigue el tribalismo humano. También es un problema que se agrava por el hecho de que cada departamento tiene un presupuesto asignado para gastar. El equipo de medios de comunicación social se gasta el dinero en iniciativas de medios de comunicación social, el equipo de servicio al cliente se gasta el dinero en mejoras del servicio al cliente y el equipo de comunicaciones de *marketing* se gasta el dinero en publicidad, para eso está el dinero.

El reto, por tanto, es ligeramente diferente: ¿cómo nos aseguramos de que nuestras actividades departamentales ayuden a que nuestra empresa crezca en su conjunto?

La clave es ver nuestras habilidades y recursos como un medio para alcanzar un fin, y alinearlos con las oportunidades de crecimiento más prometedoras basadas en nuestro propio análisis lúcido y amplio del contexto de la empresa. Además, debemos evaluar el mérito de todos los proyectos e ideas a través de su valor para estas oportunidades.

Por ejemplo, es habitual que los profesionales de la experiencia del cliente den por sentado que pueden aportar el máximo valor a sus organizaciones centrándose en la retención y la fidelidad, y en iniciativas destinadas a deleitar a los grandes compradores, una peligrosa convicción que explica en cierta medida el escaso rendimiento de muchos de estos programas.

Un análisis de la base de clientes, de su comportamiento de compra y del contexto competitivo podría revelar algo totalmente distinto: que sus iniciativas deberían centrarse en allanar el camino hacia la compra para los nuevos clientes y mejorar la experiencia general de los consumidores casuales, donde la cuota de cartera podría aumentar más fácilmente. También podrían reconocer el valor de la investigación primaria para entender qué necesidades insatisfechas están enviando clientes a los rivales. A partir de ahí, también podrían abordar las causas más acuciantes de insatisfacción entre la base de compradores existente, una medida defensiva contra la deserción, así como una estrategia de crecimiento. Por supuesto, podrían llegar a una conclusión totalmente distinta: que el mayor reto al que se enfrenta la empresa es la falta de reconocimiento, en cuyo caso podrían proponerse crear algunas interacciones realmente notables o memorables que generen expectación entre los compradores potenciales.

En cualquier caso, una vez identificadas estas oportunidades, se puede elaborar una propuesta sólida, presionar a la dirección para que la financie y realizar experimentos para comprobar la hipótesis.

Todo ello depende, por supuesto, de la voluntad de la empresa de ver más allá de las líneas departamentales, ampliar el conocimiento general del negocio de los responsables de la toma de decisiones, realizar experimentos y basar las decisiones en las evidencias, lo cual nos lleva al tema del capítulo final, que aborda cómo el liderazgo, la gestión de las personas y la cultura nos llevan al fracaso o al éxito en nuestro mundo incierto.

RESUMEN DEL CAPÍTULO

- Aunque ninguna empresa debería aspirar a ser derrochadora, las empresas de éxito tienden a buscar el crecimiento a través del aumento de los ingresos en lugar de la reducción de costes.

- Los cambios de precios tienen un impacto desproporcionado en nuestros márgenes de beneficio. Gestionar los precios de forma proactiva es esencial para no dejar ingresos sobre la mesa.
- Las marcas crecen sobre todo adquiriendo más clientes, no fidelizándolos.
- Podemos atraer a más clientes mejorando la disponibilidad mental y la capacidad de compra.
- Para estar en la mente de los compradores debemos centrarnos en el alcance, la relevancia y el reconocimiento.
- Podemos mejorar la capacidad de compra cubriendo más canales de venta y territorios.
- Garantizar que nuestra marca, productos y servicios sean distinguibles facilita su reconocimiento.
- Reducir las barreras operativas, experienciales y financieras a la compra puede aumentar las ventas.
- Otra opción es ampliar la gama para cubrir un espectro más amplio de escenarios de compra, atendiendo a las necesidades insatisfechas que llevan a los clientes a la competencia.
- Debemos aspirar a aumentar la percepción de valor del cliente a través de la mejora continua en cuatro áreas: mejorar el producto o servicio en sí, reforzar el atractivo de la marca, aumentar el reconocimiento y mejorar la experiencia del cliente.
- Para alcanzar nuestro máximo potencial de crecimiento debemos combinar la explotación, crecimiento de las líneas de productos, servicios o unidades de negocio existentes, y la exploración, creación de oportunidades totalmente nuevas.
- El enfoque ideal para el crecimiento es descubrir los puntos de máximo apalancamiento, las oportunidades de crecimiento

que ofrecerán el mayor rendimiento potencial, y centrarse en ellos.

- Las iniciativas departamentales deben ser concebidas y evaluadas a la luz de las áreas de crecimiento más oportunas.

8
Lecciones para los líderes
Gestionar en un mundo imprevisible

Las manías. Todas las personas que conozco las tienen, y yo no soy la excepción. Una de las mías, que parece protagonizar todas las mesas redondas o conferencias, son los monólogos serios que empiezan con: «Tenemos que cambiar la cultura».

«Tenemos que cambiar la cultura bancaria» es una frase que he escuchado varias veces, sin suerte hasta ahora, por cierto. Y los nuevos directores generales encargados de acabar con los comportamientos escandalosos en cualquier empresa suelen hacer del «cambio de la cultura» una frase destacada en su gira de disculpas a clientes, legisladores y empleados, cambios que estoy seguro serían beneficiosos para todos. Entonces, ¿por qué me irrita tanto la expresión?

Parte de mi ira surge del enorme abismo que existe entre la trivialidad del comentario y la realidad de lo que implica. «¿Qué hay en mi lista de tareas para hoy?... déjame ver. Comprar unos huevos, recoger la ropa de la tintorería, cambiar la cultura de una industria global multimillonaria». Y también hay un elemento de pedantería, que no puedo perdonar. Cuando la gente dice «Tenemos que cambiar la cultura», la relación entre el verbo y el objeto en la frase implica que la cultura es algo que puede cambiarse sin más, como los neumáticos de un coche.

Pero la cultura no es así. No se puede manipular de forma tan directa, no se puede levantar y desplazar. Además, esta observación que parece inocua desafía el propósito de la cultura en sí misma: aportar estabilidad y cohesión a un grupo social reforzando los comportamientos normativos y amortiguando las fuerzas que los alteran. La característica central de la cultura es que se resiste al cambio.

Sin embargo, esto no quiere decir que la cultura esté grabada en piedra. Puede evolucionar, y de hecho lo hace, a menudo a través de una acción deliberada para lograr un cambio en el comportamiento de las personas. Y los hermanos de la cultura, el liderazgo y la gestión, también son consideraciones vitales. La aplicación de las lecciones de este libro a cualquier nivel más allá del individual requiere ciertas características organizativas que tienen implicaciones directas en la forma de contratar, gestionar e incentivar a las personas.

Una cosa es decir, por ejemplo, que debemos estar dispuestos a fracasar. Pero si nuestros líderes no están de acuerdo, tenemos un problema. Del mismo modo, está muy bien que recomendemos aprovechar la pluralidad de perspectivas para llegar a mejores decisiones, pero ¿cómo es posible si todos los responsables de la toma de decisiones de una organización tienen la misma edad, género, nacionalidad, clase social y grupo étnico, y encima tienen la misma educación?

Con estas ideas en mente, este último capítulo explora los rasgos organizativos que necesitamos para prosperar en condiciones de incertidumbre. Empezando, de forma un tanto irónica, por cuestionar el valor de los propios objetivos.

Persecución destructiva de objetivos

Hace un par de años, un amigo me anunció que había empezado a entrenar para un exigente ultramaratón a finales de año: cincuenta kilómetros a través de un terreno salvaje en el asfixiante verano californiano.

Como soy un aguafiestas, traté de convencerlo de que no lo hiciera. Yo mismo soy un corredor entusiasta, con experiencia de primera mano de lo que ocurre cuando se pasa de la noche a la mañana de una vida sedentaria a un entrenamiento intenso. Si no se sientan primero unas bases sólidas —una buena movilidad, flexibilidad y fuerza abdominal— las lesiones son una conclusión inevitable.

De todos modos, se lanzó al reto y empezó a acumular kilómetros. Pronto se quejó de que le dolían las rodillas, pero siguió el programa. Unos meses más tarde, se inscribió en un maratón a modo de entrenamiento, a pesar de que le dolía la rodilla (a pesar de todo, estaba en su plan), y pasó las dos semanas siguientes con muletas. Nunca llegó a pisar la línea de salida de la gran prueba y desde entonces no ha podido correr en absoluto. En lugar de abandonar o modificar su objetivo en respuesta a las nuevas condiciones, siguió adelante y sufrió las consecuencias.

Esta búsqueda destructiva de objetivos es un fenómeno sorprendentemente común, y en casos extremos puede ser mortal. Todos los años, por ejemplo, mueren personas en el Monte Everest por «la fiebre de la cumbre». Se concentran tanto en llegar a la cima que perseveran ante unas condiciones meteorológicas letales y nunca consiguen bajar.

¿Podríamos enfrentarnos a riesgos similares en un contexto empresarial? No es algo que muchos consideren porque están muy preocupados por los beneficios de la fijación de objetivos. Los objetivos proporcionan una estrella del norte hacia la que navegar, impulsan a los trabajadores en pos de un objetivo común. Y a nivel personal, los objetivos son los que nos empujan a funcionar y a comprometernos con el mundo que nos rodea, aportan un sentido vital a nuestras acciones.

Sin embargo, cada vez hay más pruebas que sugieren que perseguir objetivos estrechamente definidos de manera rígida —especialmente los ambiciosos de los que hablan los gurús de la gestión— puede ser francamente peligroso, ya que están en todo en desacuerdo con la realidad de nuestro complejo e impredecible mundo.

¿Qué pasa si nos fijamos un objetivo ambicioso y, mientras lo perseguimos, experimentamos un cambio importante en nuestro entorno que hace que ese objetivo sea inalcanzable? ¿Debemos perseguirlo a pesar de todo? ¿Y si nuestro gran y audaz objetivo entra en conflicto con otros objetivos importantes?[197] ¿Debemos seguir adelante con él, aunque las consecuencias generales para la empresa puedan ser desastrosas?

Aunque la respuesta obvia a estas preguntas es un rotundo «¡No!», las organizaciones pueden obsesionarse tanto con lo que se han propuesto que ignoran, en detrimento suyo, los cambios inevitables de su entorno.

General Motors se empeñó tanto en ganar el veintinueve por ciento de la cuota de mercado —una cifra un tanto arbitraria bajo la cual habían caído en aquel momento— que comprometió sus perspectivas a largo plazo en el proceso.[198] Wells Fargo estaba tan decidida a que cada cliente tuviera ocho de sus productos que, cuando no los querían, el personal creó millones de cuentas fraudulentas para cumplir sus objetivos.[199] De forma más general, los altos ejecutivos admiten libremente que sacrifican el futuro de su negocio para cumplir las expectativas de los analistas a corto plazo, el objetivo que más se les incentiva a perseguir.[200]

---

197. Los gurús de la gestión, Jim Collins y Jerry Porras, abogan por que las empresas establezcan objetivos ambiciosos. Véase Collins, J. y Porras, J. (1994), *Built to Last: Successful Habits of Visionary Companies,* Collins Business Essentials, Nueva York.

198. Burkeman, O. (2012), *The Antidote - Happiness for People Who Can't Stand Positive Thinking,* Farrar, Straus and Giroux, Nueva York.

199. https://www.forbes.com/sites/maggiemcgrath/2016/09/23/the-9-most-important-things-you-need-to-know-about-the-well-fargo-fiasco/?sh=2e61a1893bdc.

200. Martin, R.L. (2011), *Fixing the Game,* Harvard Business School Publishing, Boston.

Tal vez la tendencia más destructiva que he observado en mi propia carrera es la de los equipos que lanzan productos al mercado para cumplir un plazo, incluso cuando esos productos son fatalmente defectuosos, inoportunos o no tienen ninguna esperanza de éxito comercial. BlackBerry, por ejemplo, estaba tan desesperada por lanzar un rival para el iPad que se apresuró a comercializar el PlayBook, a pesar de que este no incluía versiones nativas de las funciones más importantes de BlackBerry: sus sistemas de correo electrónico, contactos y calendario. Fue una decisión que finalmente dio lugar a un producto que pocos querían, y a una pérdida de cuatrocientos ochenta y cinco millones de dólares en inventario no vendido.[201]

En realidad, el proceso de establecer y perseguir objetivos adecuados está plagado de obstáculos y peligros. Los objetivos que nos fijamos pueden ser los equivocados; pueden ser difíciles de abandonar (incluso cuando su persecución es obviamente desaconsejable); pueden fomentar la asunción de riesgos temerarios y un comportamiento poco ético; y cuando el entorno es incierto, su persecución puede hacernos menos eficaces: si intentamos mirar demasiado lejos, podemos cegarnos ante los complejos retos y oportunidades del aquí y el ahora.[202] Por último, visualizar lo que creemos que es nuestra victoria inevitable, una técnica muy popular que proponen desde el púlpito los oradores motivacionales, en realidad engaña al cerebro para que piense que ya la hemos conseguido, lo que puede hacer que nos esforcemos menos, no más.[203]

Entonces, ¿qué debemos hacer de forma diferente?

---

201. Ibídem.

202. Kayes, D.C. (2006), *Destructive Goal Pursuit,* Palgrave Macmillan, Nueva York.

203. Oettingen, G. (2014), *Repensar el pensamiento positivo: Inside the New Science of Motivation,* Current, Nueva York.

La clave es reconocer las condiciones que conducen a la búsqueda de objetivos destructivos para poder evitarlas. Según el Dr. Christopher Kayes, una autoridad en la materia, estas condiciones incluyen un objetivo único y fijo (alcanzar el veintinueve por ciento de la cuota de mercado, por ejemplo); objetivos ambiciosos que hemos prometido públicamente que se alcanzarán (por ejemplo, los resultados prometidos a los analistas del sector); y objetivos que se vinculan demasiado con el sentido de identidad de un individuo o grupo (como aquellos cuya misión en la vida es conquistar el Everest).

Kayes también advierte del peligro de establecer objetivos que reflejen una visión idealizada del futuro y que distraigan de las complejidades del presente. Señala los peligros de los objetivos que se justifican a sí mismos, en lugar de estar ligados a otros motivos lógicos de acción (por ejemplo, perseguir estándares de calidad cada vez más altos debido a un deseo insaciable de perfección). Y desaconseja animar a la gente a creer que el cumplimiento de un objetivo concreto es el destino de un equipo o de un individuo. En todos estos casos, afirma, si se producen acontecimientos imprevistos, o surgen complejidades que exigen la gestión de múltiples objetivos en conflicto, o un cambio en la situación hace que el resultado deseado sea inalcanzable, seguir persiguiendo el objetivo conducirá al desastre.

En lugar de caer en cualquiera de estas trampas, deberíamos establecer en primer lugar objetivos adecuados y cuidadosamente pensados, y luego estructurar su consecución de manera que se reduzca la probabilidad de un comportamiento destructivo. En resumen, tenemos que ser reflexivos y precavidos. Como señalan los autores del influyente artículo *Goals Gone Wild*, «en lugar de dispensar la fijación de objetivos como un tratamiento benigno, y sin receta, para la motivación, los directivos y los estudiosos deben conceptualizar la fijación de objetivos como un medicamento recetado que requiere una dosis cuidadosa, la consideración de los efectos secundarios perjudiciales y una estrecha supervisión».[204]

A menudo ayuda adoptar la mentalidad de un emprendedor. Cuando se trata de entornos inciertos, por ejemplo, es mejor centrarse en los objetivos de aprendizaje, adquirir ciertos conocimientos, habilidades o generar ideas, en lugar de los objetivos de rendimiento, como alcanzar metas predefinidas.[205] Los emprendedores expertos no suelen empezar con objetivos de ingresos o ventas, ni se comprometen con una visión inflexible del futuro. Se centran en obtener información del mercado lo antes posible y a bajo coste, y en formar un equipo de alto rendimiento que pueda resolver problemas inesperados y complejos en poco tiempo.

Otro truco empresarial útil es evitar el uso de puntuaciones numéricas y métricas singulares como base para las recompensas y el reconocimiento. Con demasiada frecuencia, esto conduce a una fijación patológica de las métricas, un agente catalizador para la persecución destructiva de objetivos, y un tema que merece ser explorado por derecho propio.

Los peligros de la fijación métrica

Como se ha visto en el capítulo dos, la ortodoxia de la gestión actual desciende directamente del paradigma de gestión científica de Taylor de hace más de un siglo. Así que no es de extrañar que los responsables de la toma de decisiones de las empresas muestren hoy un afán irrefrenable por medirlo todo. En todo caso, este afán

204. Ordóñez, L.D., Schweitzer, M.E., Galinsky, A.D. y Bazerman, M.H. (2009), *Goals Gone Wild: The Systematic Side Effects of Over- Prescribing Goal Setting,* Harvard Business School.

205. Kayes, D.C. (2006), *Destructive Goal Pursuit,* Palgrave Macmillan, Nueva York.

ha aumentado en los últimos años, ya que las tecnologías de recopilación de datos son cada vez más potentes.

Pero aunque los datos precisos combinados con el juicio de los expertos conducen a una toma de decisiones superior en muchas, si no en la mayoría de las circunstancias de la empresa, los problemas aparecen inevitablemente si asumimos que si no podemos medir algo no vale la pena gestionarlo, o si solo gestionamos lo que podemos medir fácilmente.

Los riesgos de este enfoque son demasiado evidentes cuando se considera lo que ocurre cuando la evaluación del rendimiento individual se reduce a lo que se puede medir. Es tentador, por ejemplo, remunerar a un vendedor únicamente por su capacidad de generar ingresos inmediatos. Sin embargo, al hacerlo se corre el riesgo de que nuestro vendedor se preocupe poco por si las ventas que está realizando son realmente rentables o si su cliente está satisfecho. También puede sucumbir a la tentación de jugar con sus números para ajustarse a lo que se ha dictado desde arriba.

Esta ley de las consecuencias imprevistas no es solo un problema para los vendedores. Cuando se evalúa a los cirujanos en función de sus porcentajes de éxito, dejan de operar casos difíciles que podrían hacer que su puntuación se viera afectada.[206] Cuando se incentiva a los agentes de policía para que reduzcan la incidencia de determinados delitos, reclasifican los delitos que resuelven en consecuencia, por ejemplo, rebajando a la categoría de intento de robo a un allanamiento de morada.[207] Y cuando se evalúa a los representantes de atención al cliente en función de las puntuaciones obtenidas en las encuestas, empiezan a pedir a los clientes que los valoren positivamente. De ahí la Ley de Goodhart, según la cual cualquier medida utilizada para el control deja de ser una

206. Muller, J. (2018), *The Tyranny of Metrics,* Princeton University Press, Princeton.

207. Ibídem.

buena medida. Una respuesta común a la Ley de Goodhart suele ser añadir más métricas, un ejercicio que exige más datos, requiere sistemas y procesos más complejos y, en general significa que la gente pasa más tiempo informando de su rendimiento que actuando realmente.

Un amigo cercano que trabaja para una marca global compartió conmigo su propia experiencia de la ley de las consecuencias imprevistas. Trabaja en un mercado local y tiene que proporcionar regularmente previsiones de ventas a la oficina central, que está abrumadoramente preocupada por la exactitud de las previsiones (pero aparentemente no por su trayectoria), e históricamente ha hecho saber su descontento si estas previsiones resultan ser incorrectas. ¿Cómo ha respondido el equipo del mercado local? En primer lugar, ha reclasificado los pedidos futuros confirmados como pedidos previstos, de modo que sus datos predictivos puedan verse siempre como correctos. En segundo lugar, cuando llega un pedido inesperado se retrasa hasta que se pueda «pronosticar».

Las previsiones de la oficina local pueden ser superficialmente precisas, pero tergiversan por completo la realidad, impiden una toma de decisiones astuta, y el engranaje necesario para generarlas socava la capacidad de la empresa para ganar dinero y gestionar el flujo de caja: el ejemplo perfecto de cómo la fijación de las métricas y la búsqueda de objetivos destructivos van de la mano. En el proceso, garantizar la satisfacción del cliente y los ingresos se han convertido en consideraciones secundarias.

La medición también puede perjudicar la innovación. Como explica Jerry Muller en *The Tyranny of Metrics*: «Cuando se juzga a las personas por las métricas de rendimiento, se les incentiva a hacer lo que las métricas miden, y lo que las métricas miden será algún objetivo establecido. Pero eso impide la innovación, que significa hacer algo que aún no está establecido, que de hecho no se ha probado. La innovación implica la experimentación. Probar algo nuevo conlleva un riesgo, incluida la posibilidad, quizá la probabilidad, de fracasar».[208]

Yo iría más allá y argumentaría que el hecho mismo de que la actividad empresarial implique elementos de riesgo desconocidos que simplemente no pueden ser cuantificados significa que su éxito es incompatible con una cultura de fijación de la métrica. Las organizaciones con una cultura de cuantificación obsesiva tienden a favorecer los proyectos que aportan mejoras incrementales fáciles de medir a corto plazo, y evitan arriesgarse con ideas que podrían aportar beneficios espectaculares, pero cuyo rendimiento de la inversión es desconocido de antemano. El resultado neto puede ser un fracaso sistemático a la hora de alimentar nuevas oportunidades que podrían sentar las bases de un crecimiento aún mayor en el futuro.

En cambio, los emprendedores de éxito adoptan la muy diferente noción de pérdida asequible (véase la página 186). Al hacerlo —reconociendo que un proyecto puede no tener éxito, y menos aún tener unos beneficios precisos que puedan calcularse de antemano— el equipo escapa a la trampa de la fijación de la métrica y se libera para perseguir ideas más grandes, al tiempo que mantiene las barandillas que permiten a la organización microdosificar el riesgo de forma controlable.

¿Qué más podemos hacer para mantener los beneficios fundamentales de la medición del rendimiento, limitando al mismo tiempo los posibles inconvenientes?

En primer lugar, debemos reconocer que, como señala Muller, la medición no es una alternativa al buen juicio, sino un ingrediente. Debemos cultivar no solo la experiencia para interpretar correctamente las métricas, sino también la sabiduría para saber qué vale la pena medir, cómo debe medirse y qué incentivos pueden crear esas medidas.

---

208. Ibídem.

En la práctica, esto significa implicar a las personas cuyo rendimiento se va a medir en el propio proceso, solicitando su opinión sobre lo que debe medirse, cómo y con qué criterio, y manteniendo una fina línea entre un número insuficiente de medidas (que distorsiona el comportamiento) y un número excesivo (que es costoso y complejo de gestionar). También significa respetar que no todo lo que puede medirse importa, y no todo lo que importa puede medirse. La innovación y la creatividad, el espíritu empresarial y el crecimiento exploratorio son intrínsecamente incompatibles con una cultura de fijación de la métrica. También son extremadamente difíciles de perseguir si la organización en cuestión tiene una cultura de error negativa.

Culturas de error negativas y positivas

Hace unos años me pidieron que criticara una nueva propuesta para una gran empresa tecnológica. Mis conclusiones sugerían que el producto tenía pocas probabilidades de éxito en su forma actual y recomendé algunos cambios para aumentar las probabilidades de un resultado favorable.

Al leer el informe, mi cliente dijo algo que está grabado en mi memoria: «Lo primero que tenemos que hacer es asegurarnos de que nadie vea este informe». En lugar de compartirlo y debatirlo, las conclusiones se suprimieron activamente. El proyecto se convirtió en un desastre. Al final, la división sangró tanto dinero que cerró.

La actitud de mi cliente no es inusual. En todo caso, es la norma en las grandes organizaciones, donde los fracasos y los errores no se tratan como las consecuencias inevitables de intentar aprender o crecer en un entorno dinámico e impredecible, sino como acusaciones de nuestra competencia o carácter. En estos entornos, nuestra toma de decisiones se vuelve defensiva, impulsada por la necesidad de evitar resultados negativos, la culpa o el parecer estúpido, y mientras el éxito tiene muchos padres, el fracaso es huérfano.

Esto crea lo que el experto en riesgos Gerd Gigerenzer llama una «cultura del error negativa». Los errores se ocultan o se minimizan, privando a los responsables de la toma de decisiones de la información que necesitan y dificultando la adopción de medidas para evitar que se repitan. Los costes pueden ser desastrosos.[209]

Cuando se compara el historial de seguridad de la aviación, que tiene una cultura del error positiva, con el de la medicina, que en términos generales tiene una cultura del error negativa, vemos las consecuencias en toda regla. El transporte aéreo es cada vez más seguro, mientras que la Organización Mundial de la Salud informa que uno de cada diez pacientes sufre daños durante las visitas al hospital.[210]

El uso de listas de comprobación básicas, por ejemplo, una parte rutinaria de la aviación, es comparativamente raro en medicina y las consecuencias son a menudo trágicas. Dos tercios de las veintinueve mil muertes que se producen cada año en Estados Unidos por infecciones de catéteres podrían evitarse mediante el uso de una lista de comprobación de higiene básica, pero incluso con diez años de datos que avalan su uso, pocos hospitales han adoptado esta práctica.[211]

Una cultura del error tan negativa no nos llevará lejos en un mundo imprevisible. Por el contrario, debemos aspirar a lo contrario, a una cultura del error positiva, en la que el miedo se sustituya por la transparencia, en la que se recompense la detección y

209. Gigerenzer, G. (2014), *Risk Savvy - How to Make Good Decisions,* Penguin Books, Nueva York.

210. https://www.who.int/news-room/fact-sheets/detail/patient-safety

211. https://www.rolandberger.com/en/Insights/Publications/Decision-making-views-on-risk-and-error-culture.html

el tratamiento de los errores, en la que se anime a los equipos a probar, experimentar y tomar la iniciativa, y en la que se compartan ampliamente las lecciones aprendidas. ¿Cómo podemos lograr este objetivo?

Los líderes deben dar el ejemplo adecuado y estar dispuestos a informar y reconocer sus propios errores. Los directivos deben ser capaces de separar a las personas del problema cuando se produzcan errores, y luego centrar su atención en las condiciones, los sistemas y los procesos latentes que condujeron al error.

Podría decirse que nadie ha sido más partidario de crear una cultura del error positiva en las empresas que el inversor Ray Dalio, cuyo fondo de inversión Bridgewater es el mayor del mundo. En su libro, *Principios,* pide a los líderes que «creen una cultura en la que esté bien cometer errores y sea inaceptable no aprender de ellos».

Castigar los errores es contraproducente, explica. Lleva a la gente a ocultar sus errores, privando a la organización de información valiosa y oportunidades de aprendizaje. En lugar de ello, la empresa penaliza a quienes ocultan o no reconocen sus errores, y recoge los errores en un informe de toda la empresa para poder analizarlos en busca de patrones y abordarlos sistemáticamente, una práctica habitual en el sector de la gestión de la seguridad. Dalio también fomenta la transparencia radical dentro de su organización para que la información precisa fluya libremente.[212]

Otra técnica que utilizamos en nuestras propias empresas es realizar no solo autopsias de proyectos, sino autopsias previas. Empezar un compromiso, un proceso de desarrollo de un producto o incluso el lanzamiento de una nueva empresa reconociendo de forma proactiva los riesgos y las posibilidades de error establece el tono correcto desde el principio, un tono en el que las personas

212. Dalio, R. (2018), *Principles,* Simon & Schuster, Nueva York.

son abiertas sobre sus preocupaciones, comparten los errores que han visto en el pasado y los riesgos que perciben en el programa.

En algunos proyectos, sobre todo en los de empresas farmacéuticas o de servicios financieros, sabemos por experiencia que las revisiones legales o reglamentarias pueden retrasar los proyectos o imponer fuertes restricciones, por lo que analizamos cómo tenerlo en cuenta desde el primer día. En otros casos, hemos aprendido que la recopilación y creación de contenidos (por ejemplo, textos e imágenes para un sitio web) suele llevar mucho más tiempo de lo que se calcula, por lo que puede retrasar las cosas si no se empieza a trabajar con suficiente antelación. Sin embargo, la posibilidad de entablar este tipo de diálogos depende de la dinámica del propio equipo, lo que nos lleva al tema fundamental de la seguridad psicológica.

La necesidad de seguridad psicológica

¿Por qué algunos equipos son capaces de obtener un rendimiento extraordinario y otros consiguen mucho menos? Esta es la pregunta que Google trató de responder con el Proyecto Aristóteles, un análisis casi exhaustivo de la eficacia de los equipos en cientos de sus grupos de trabajo.

La condición más importante, concluyeron, es la seguridad psicológica: el grado en que los miembros de un equipo se sienten seguros asumiendo riesgos y siendo vulnerables entre sí, sin la perspectiva de la vergüenza, el ridículo o el castigo.[213]

Esta conclusión no debería sorprender. Nuestra capacidad para prosperar y crecer en un mundo incierto depende de nuestra capacidad para innovar y experimentar, lo que a su vez depende de nuestra voluntad de compartir ideas en primer lugar, y aceptar la posibilidad de que no siempre tengan éxito.

213. https://rework.withgoogle.com/print/guides/5721312655835136/

Si se nos disuade de compartir ideas por miedo a hacer el ridículo, y si se nos castiga o difama por cometer errores o asumir un riesgo y fracasar, no nos molestaremos en intentarlo. Nuestra capacidad de adaptación y crecimiento también depende totalmente de nuestra capacidad de aprendizaje, que suele implicar hacer preguntas. Si la gente no puede cuestionar con seguridad la forma de hacer las cosas, la empresa se estanca.

Como explica Timothy Clark, entrenador de liderazgo y autor, la principal tarea de un líder es, por tanto, aumentar la fricción intelectual —el afán por adoptar una multitud de perspectivas, considerar una gama diversa de ideas, desafiar lo habitual y participar en un debate productivo— y, simultáneamente, reducir la fricción social que impide el sentimiento de pertenencia, la inclusión y el apoyo dentro del equipo.

¿Cómo lo hacemos en la práctica? Clark propone un modelo convincente, sugiriendo que la seguridad psicológica depende del nivel de respeto y permiso que sientan los miembros para hacer aportaciones.

Cuando el respeto es alto pero el permiso es bajo, por ejemplo, la dinámica del grupo es cordial pero la cultura es paternalista. Se le dice a la gente lo que tiene que hacer o se le sigue la corriente a sus ideas, pero rara vez se ponen en práctica, por lo que los miembros del equipo se vuelven dependientes del líder o se van por frustración. Por el contrario, cuando el permiso es alto pero el respeto es bajo, la cultura se vuelve explotadora. Los miembros del equipo, tratados como desechables por líderes despóticos en busca de gloria, tienden a marcharse por el bien de su propia cordura. Por tanto, el respeto y el permiso para participar son esenciales y deben mantenerse en equilibrio.

Según Clark, el respeto y el permiso crecen a medida que un equipo pasa por cuatro niveles de seguridad. El primero es la *seguridad de inclusión*: el sentimiento básico de aceptación y pertenencia al grupo, sin el cual no nos sentimos realmente parte del equipo. El segundo nivel es *la seguridad de aprendizaje*, donde nos sentimos animados a hacer preguntas y experimentar, y apoyados si cometemos errores. El tercero es *la seguridad de colaboración*, donde se nos concede más autonomía a medida que demostramos nuestras habilidades. Y, por último, la *seguridad de desafío*, cuando empezamos a sentirnos cómodos desafiando el statu quo sin riesgo de ser castigados.[214] Cada etapa se basa en la anterior para liberar todo el potencial del equipo.

Al estudiar este modelo, me sorprendió lo mucho que afectan estos niveles de seguridad no solo al rendimiento de los equipos de proyecto, sino a nuestra calidad de vida en general. Pienso en un líder que me arrastró al pasillo fuera de una sala de reuniones y me maltrató por cuestionarle delante de sus colegas. Pienso en las veces en que se ignoraron grandes ideas por culpa de quién o de dónde venían. Pienso en amigos que no sienten esa seguridad de inclusión básica en el trabajo por el color de su piel. Pienso en otro amigo inteligente que apenas puede motivarse para participar en las reuniones porque nunca nada cambia; nadie puede cuestionar la forma en que se hacen las cosas, así que nada puede mejorar.

Pienso en los millones de dólares que he visto malgastar a lo largo de los años porque la gente se siente incómoda admitiendo que se han cometido errores o desafiando un curso de acción defectuoso. Y pienso en los equipos que se sienten incapaces de contribuir al éxito de su organización porque su director general acapara el poder de decisión y microgestiona todos sus movimientos. El despilfarro de tiempo, energía, talento y otros recursos es trágico, y no puedo dejar de pensar en las ramificaciones

214. Clarke, T.R. (2020), *The 4 Stages of Psychological Safety*, Berrett-Koehler Publishers Inc., Oakland.

más amplias: para la educación, la crianza de los hijos y otras actividades en las que el trabajo en equipo es esencial para el éxito.

Dicho esto, también pienso en la suerte que he tenido de trabajar en equipos en los que estas formas de seguridad psicológica están profundamente arraigadas, en los que se han establecido rápidamente las dinámicas adecuadas, y en la sensación de plenitud que se ha producido.

Los líderes deben marcar la pauta desde arriba, creando un entorno inclusivo, fomentando el aprendizaje, delegando eficazmente para maximizar las contribuciones y acogiendo las ideas desafiantes. Cuanto más caótico sea el entorno en el que opera la empresa, más importantes serán estos factores. Cuando el poder de decisión se concentra en la cúspide, la rapidez de los acontecimientos puede desbordar a los líderes, que han formado a los miembros de su equipo para que no piensen ni actúen por sí mismos: una combinación letal.

Dov Charney, el fundador de American Apparel, es un caso de estudio extremo. Desde el primer día decidió que sería un líder hiperaccesible. Cualquiera —empleados, clientes, proveedores o periodistas— podía contactar directamente con él. Estaba en el centro de todos los aspectos de la empresa. Según el relato de Ryan Holiday, autor de un *best-seller* y antiguo director de *marketing* de American Apparel, esto le sirvió a Charney en sus inicios, pero cuando el negocio creció hasta tener doscientas cincuenta tiendas en veinte países, se volvió tóxico. En 2014 respondía a una avalancha de solicitudes de todos los rincones del mundo y casi había dejado de dormir. Como era de esperar, su juicio se resintió.

Desesperado por arreglar un cambio fallido entre instalaciones de distribución, se trasladó al almacén, colocando una cama en una pequeña oficina, lo que no hizo más que empeorar las cosas. Sus decisiones se volvieron cada vez más erráticas, confusas y contradictorias, hasta que finalmente llamaron a su madre para que lo llevara a casa. Al cabo de un año ya no tenía trabajo, la empresa se había hundido y debía veinte millones de dólares a un fondo de inversión.[215]

En lugar de acaparar el poder de decisión para sí mismos, los líderes deberían facultar a sus empleados para que decidan los medios con los que se pueden alcanzar sus visiones, y hacer hincapié en el valor del aprendizaje y la adaptabilidad.

Los hoteles Ritz Carlton, por ejemplo, tienen un credo claro: ser «un lugar en el que el cuidado y la comodidad genuina de nuestros huéspedes es nuestra misión más importante». Para ello, su personal está facultado para gastar hasta dos mil dólares en un huésped si detectan una oportunidad de hacer algo excepcional.[216]

En una línea similar, los empleados de algunas empresas —sobre todo los gigantes de la tecnología como Google y Atlassian— se animan a explorar sus propias ideas, dedicando hasta un veinte por ciento de su tiempo de trabajo a sus propias iniciativas, una estratagema que se hace eco de algunos de nuestros postulados anteriores. No saben cuál puede ser la recompensa de estos proyectos personales, pero una sola gran idea vale la pena la reducción de la productividad: crecimiento exploratorio y pérdida asequible en acción.

El análisis de William Thorndike Jr. sobre las prácticas de trabajo de los directores generales de éxito inusual, *Los Outsiders*, encontró aún más apoyo para la creación de una cultura en la que las personas sienten la seguridad al contribuir y el permiso para actuar. Descubrió que los directores generales que superan con creces los resultados del mercado favorecen una estructura radicalmente descentralizada, con un sistema de organización plano y un énfasis en la autonomía individual.

---

215. Holiday, R. (2019), *Stillness Is the Key*, Portfolio/Penguin, Nueva York.

216. https://ritzcarltonleadershipcenter.com/2019/03/19/the-power-of-empowerment/

En palabras de Warren Buffett, para liberar la energía empresarial dentro de sus empresas, su objetivo es «contratar bien (y) gestionar poco».[217] ¿Pero qué significa contratar bien? La capacidad y la actitud no deben pasarse por alto, por supuesto, pero hay otro ingrediente que puede ser igual de importante: la diversidad.

Los beneficios de la diversidad

Hay dos formas básicas de diversidad que debemos considerar: la demográfica y la cognitiva. La diversidad demográfica incluye factores como la raza, el sexo, la edad, el nivel socioeconómico y el nivel educativo. La diversidad cognitiva implica diferencias en lo que hacemos y en cómo lo hacemos. Empecemos por ahí.

¿En qué podemos diferir cognitivamente? En el nivel más profundo, podemos tener diversas preferencias —objetivos y valores, esencialmente— pero también podemos tener diversos medios para acercarnos a esos objetivos: las perspectivas y los enfoques de resolución de problemas que constituyen nuestro conjunto de herramientas intelectuales particular.[218] Pero, ¿cómo ayuda realmente la diversidad cognitiva a nuestro rendimiento?

De nuevo, podemos pensar en esto como un juego de números. Cuantas más perspectivas, habilidades o heurísticas de toma de decisiones tenga el equipo, más soluciones potenciales a los problemas tendrá, y más posibilidades habrá de que se produzca una innovación decisiva cuando se pongan en común esos recursos. Esto tiene un sentido intuitivo: si todo el mundo tuviera los mismos modelos mentales y habilidades, no habría ningún beneficio en tener un equipo, excepto para aumentar la capacidad.

---

217. Thorndike, W.N. (2012), *The Outsiders: Eight Unconventional CEOs and Their Radically Rational Blueprint for Success,* Harvard Business Review Press, Boston.

218. Page, S.E. (2007), *The Difference: How the Power of Diversity Creates Better Groups, Firms, Schools and Societies,* Princeton University Press, Princeton.

Cuando los problemas son especialmente difíciles, las personas son inteligentes y el equipo es lo suficientemente grande, la diversidad puede mejorar aún más nuestro rendimiento.[219] Si todas las personas más inteligentes intentan resolver un problema con las mismas herramientas, pueden quedarse atascadas en el mismo sitio.[220]

Como se explicó en el capítulo tres, para prosperar en condiciones de incertidumbre debemos tener una mentalidad de búsqueda de la verdad, es decir, la voluntad de recalibrar nuestras creencias en respuesta a nueva información valiosa obtenida a través de la apertura mental activa, la búsqueda de múltiples perspectivas y el evitar el apego a una gran idea. Otro tema recurrente en el libro es la necesidad de desviarse del consenso, es decir, evitar parecerse demasiado a los demás en cuanto a patrones de pensamiento y visión del mundo si queremos superar a nuestros rivales. Teniendo en cuenta estas consideraciones, está claro que un equipo cognitivamente homogéneo es una desventaja en un mundo incierto. Amplía el sesgo de confirmación, limita nuestro acceso a la información, reduce nuestro ámbito de oportunidades y nos hace converger en una visión del mundo consensuada. Si todo el mundo mira en la misma dirección, nos exponemos peligrosamente a los acontecimientos inesperados que se precipitan hacia nosotros desde la periferia.[221]

Como dijo el pionero de la informática Alan Kay, «un cambio de perspectiva vale ochenta puntos de coeficiente intelectual».[222] Al crear intencionadamente equipos de personas diversas, potenciamos nuestra capacidad para detectar nuevas oportunidades,

---

219. Ibídem.

220. Ibídem.

221. Ibídem.

222. Sutherland, R. (2019), *Alchemy: The Surprising Power of Ideas That Don't Make Sense*, WH Allen, Londres.

generar ideas inusuales, considerar los retos desde distintos ángulos, gestionar los riesgos y evitar el temido pensamiento de grupo. O como dijo Jacob Bronowski: «La diversidad es la hélice de la evolución».[223]

Sin embargo, ¿qué pasa con la diversidad demográfica? ¿Hay algún beneficio en la contratación de personas con diferentes identidades y orígenes? La respuesta es un sí inequívoco.

Aparte del obvio y urgente imperativo moral de superar la discriminación y la representación errónea dentro de las empresas y la sociedad en general, la diversidad demográfica puede aumentar el rendimiento porque tiende a ir de la mano de la diversidad cognitiva.[224]

Nuestros diferentes orígenes y experiencias nos dan diferentes perspectivas, diferentes modelos mentales y diferentes enfoques para la resolución de problemas. Sin embargo, solo podemos aprovechar estas diferencias si trabajamos juntos con eficacia. Por lo tanto, la diversidad y la seguridad psicológica están vinculadas inextricablemente. Los beneficios potenciales de la contratación de una plantilla diversa no pueden hacerse realidad sin la seguridad de inclusión, por ejemplo, un sentimiento de pertenencia y aceptación. Y los beneficios de un entorno psicológicamente seguro pueden verse amplificados por el aumento de la diversidad.

Y aunque conseguir ambas cosas no es algo sencillo —irónicamente, Google tiene un largo camino que recorrer en cuanto a la gestión del racismo y el acoso sexual, según un artículo de opinión publicado en el *New York Times*— ¿qué podría ser más digno de un compromiso tenaz y a largo plazo, teniendo en cuenta los beneficios que se obtendrán tanto en el lugar de trabajo

---

223. Bronowski, J. (2011), *The Ascent of Man,* BBC Books, Londres.

224. Page, S.E. (2007), *The Difference: How the Power of Diversity Creates Better Groups, Firms, Schools and Societies,* Princeton University Press, Princeton.

como en la sociedad en general?[225] Muchas personas se sienten, comprensiblemente, hastiadas por las malas experiencias, todavía tenemos mucho que aprender, y el camino que tenemos por delante es ciertamente largo y desafiante, pero es innegable que merece la pena recorrerlo.

La ventaja de la visión general

A medida que una organización crece, su personal se especializa más para aprovechar los conocimientos más profundos en la materia, y estos especialistas se organizan en algún tipo de estructura divisional, normalmente por disciplina, unidad de negocio o ambas.

El problema, como expliqué al principio del libro, es que estas divisiones son en gran medida artificiales. Una empresa es un sistema dinámico, en el que un cambio en un área afectará a las demás; es un conjunto interconectado, en el que el éxito se determina no por el rendimiento de cada departamento individual, sino por lo bien que se coordinan las actividades de los distintos departamentos.

Un ejemplo real de un taller que facilitamos demuestra este principio en acción.

El director general de una empresa de distribución de rápido crecimiento pensó que podría mejorar la experiencia de sus clientes facilitando la devolución de los productos no utilizados o no deseados, por lo que reunimos a un grupo de personas de toda la empresa —servicio al cliente, logística, jurídico, contabilidad y operaciones— para evaluar la idea.

El representante del servicio de atención al cliente estaba muy a favor del proyecto. La gente se quejaba a menudo de la política

---

225. https://www.nytimes.com/2021/04/07/opinion/google-job-harassment.html

de devoluciones, las expectativas van en aumento y el cliente siempre tiene razón, argumentaban. La persona de logística, sin embargo, parecía incrédula. Señaló que, literalmente, no había espacio en el depósito para almacenar más productos, por lo que el cambio de política sería imposible de ejecutar sin ampliar la capacidad con un gran coste. Les dio un duro ultimátum: acabar con el proyecto o comprar un depósito adicional.

Sus intercambios fueron subiendo de tono hasta que la persona del departamento jurídico intervino. «Es extraño... Yo pensaría que la razón por la que los clientes están descontentos es que tenemos seis o siete políticas de devolución diferentes que no se aplican de forma coherente. Si tuviéramos una política más sencilla y mejor comunicada, no tendríamos que cambiar las condiciones. Podríamos mejorar la experiencia de los clientes sin aumentar el volumen de devoluciones».

Los representantes del servicio de atención al cliente y de logística la miraron sorprendidos. Como ambos habían considerado el asunto solo desde sus propias perspectivas, ninguno había pensado en si el problema podía tener realmente su origen en otro lugar.

Esta constatación condujo a una solución que todos podían apoyar: al consolidar una única política de devoluciones claramente explicada y aplicada, la empresa podría mejorar la experiencia de sus clientes y simplificar sus operaciones, sin el coste de ampliar su capacidad.

¿Qué podemos hacer para facilitar este tipo de coordinación? El primer paso es ampliar la comprensión general de la gente sobre el funcionamiento real de una empresa. Aumentar los niveles de conocimientos financieros en una empresa —una comprensión básica de conceptos como la estructura de costes, el flujo de caja y el capital de operaciones, por ejemplo— debería mejorar la toma de decisiones en general, porque cada persona tendría una mejor idea de cómo su trabajo afecta a los resultados financieros de la empresa.

El segundo paso es fomentar una mayor comprensión de otros campos de trabajo. Si el diseño, el servicio de atención al cliente y el marketing tuvieran un mayor conocimiento de las disciplinas de los demás, por ejemplo, les resultaría más fácil integrar sus distintas actividades por el bien del cliente, la marca y la empresa en su conjunto.

Los conocimientos empresariales generales también nos sirven cuando nos hacemos más veteranos o decidimos lanzar nuestra propia empresa. De hecho, una de las mayores ventajas de poner en marcha tu propio negocio es que, independientemente del éxito que tenga, llegas a apreciar todas las partes móviles de una empresa que deben estar en armonía.

Es sorprendente, por ejemplo, la rapidez con la que la gente pasa de despreciar las actividades de *marketing*, como la publicidad o las relaciones públicas, cuyo objetivo es dar a conocer la empresa, a obsesionarse con ellas cuando empiezan su propio negocio. Como inteligentemente dijo el publicista David Droga: «Todo el mundo odia la publicidad hasta que quiere vender su casa o encontrar su gato perdido».[226]

Sin embargo, la cuestión de la visión general frente a la especialización, y la consiguiente constatación de que una mala coordinación puede ser un impedimento mayor para el rendimiento que la competencia técnica, plantea otra pregunta: ¿cómo deberíamos estructurar nuestras operaciones y equipos para prosperar en nuestro entorno imprevisible e incierto?

El poder de la adaptabilidad

No podemos prosperar ante la incertidumbre si el espíritu es fuerte pero la carne es débil. No sirve de mucho tener la mentalidad y la

---

226. https://twitter.com/ddroga/status/144553001862971392

cultura adecuadas si la infraestructura de la empresa no puede responder al cambio. Sin embargo, en la práctica, muchas empresas están sobreoptimizadas y paralizadas por procesos y protocolos.

Si se les da a elegir entre mantener su capacidad de adaptación o funcionar de forma más eficiente, la mayoría opta por eliminar la holgura del sistema, ya que supone una ganancia cuantificable a corto plazo. Por el contrario, la adaptabilidad es un poco como un seguro: parece un desperdicio hasta que se necesita, momento en el que realmente se vuelve indispensable. Con el tiempo, las organizaciones se convierten en *dragsters,* imbatibles en línea recta pero incapaces de superar el más simple bache en la carretera, por no hablar de una curva pronunciada.[227] Y aunque la eficiencia es deseable en entornos rutinarios y estables con procesos estandarizados, la innovación —que requiere experimentación, retoques y ensayo y error— es intrínsecamente ineficiente, al igual que los métodos de creación de capital social y fortalecimiento de las relaciones. El crecimiento exploratorio, la fuente de nuestras futuras oportunidades, también es intrínsecamente ineficiente en comparación con la explotación de las existentes.

En otras palabras, la mayor parte de las cosas que tienen más ventajas —innovar, establecer relaciones de alta calidad y descubrir oportunidades de crecimiento masivo— no pueden hacerse de forma eficiente. Y al extender los métodos y las mentalidades tayloristas a ámbitos que son intrínsecamente ineficientes, comprometemos en lugar de amplificar nuestro éxito. «La estrategia», escribió Jules Goddard en *Uncommon Sense, Common Nonsense,* «es la rara y preciada habilidad de ir un paso por delante de la necesidad de ser eficiente».[228]

227. DeMarco, T. (2001), *Slack,* Dorset House, Nueva York.

228. Goddard, J. y Eccles, T. (2013), *Uncommon Sense, Common Nonsense: Why Some Organisations Consistently Outperform Others,* Profile Books, Londres.

Por tanto, la adaptabilidad es primordial, sobre todo durante las fases iniciales de una idea. Al principio no sabemos si tendremos que ampliar, cambiar de dirección o eliminar un proyecto en conjunto. Solo cuando nos establecemos y ponemos a prueba nuestra posición en el mercado, deberíamos empezar a considerar seriamente la mejora de la eficiencia.

Sin embargo, las nuevas ideas son débiles y frágiles. Son fáciles de matar, sobre todo si desafían las normas o tienen que competir por los recursos y la atención con los mejores productos de la actualidad, o si se espera que produzcan resultados inmediatamente. Por eso hay que ir más allá de la adaptabilidad básica y poner en marcha estructuras específicas para protegerlas y alimentarlas, tema al que me referiré ahora.

Loonshots y franquicias

Siempre me ha interesado la poca relación que parece haber entre la inventiva y los recursos.

¿Cómo es posible, por ejemplo, que la motocicleta más innovadora de todos los tiempos fuera diseñada y construida en un cobertizo de Nueva Zelanda por un solo hombre, que luego dejó en el polvo a los equipos de los fabricantes en las carreras de todo el mundo?[229] Incluso hizo el motor desde cero. ¿Por qué las empresas emergentes parecen ser capaces de desarrollar ideas rompedoras con mucha más facilidad que la mayoría de las grandes empresas, a pesar de sus menores medios y su mayor exposición al riesgo individual? No puede ser una cuestión de la gente en sí, ya que muchas personas dejan sus trabajos en las grandes empresas para unirse a las empresas emergentes y viceversa. Si el problema fuera

229. https://web.archive.org/web/20090422100650/http://www.fasterandfaster.net/2008/01/britten-v1000-greatest-motorcycle-ever.html

el apetito de riesgo individual o el entusiasmo por las nuevas ideas, nunca veríamos este tipo de polinización cruzada.

Tras años de curiosidad, reflexión y estudio, lo más cercano que he visto a una respuesta convincente proviene del físico y empresario de la biotecnología Safi Bahcall, cuya explicación se basa en sus conocimientos de ambos ámbitos.

Según Bahcall, la capacidad de cultivar nuevas ideas rompedoras —lo que él llama *loonshots*— y la habilidad de construir a partir de los éxitos existentes —o las franquicias— se asemeja a las fases de la materia. Al igual que el agua no puede ser líquida y sólida al mismo tiempo, la estructura, los incentivos y la gestión de una organización no pueden optimizarse simultáneamente para inventar los nuevos productos imaginativos del futuro y explotar las oportunidades de mercado existentes en el presente.

Sin embargo, cuando el agua pasa de líquida a sólida experimenta una transición de fase en la que, a una temperatura exacta, se forman bloques de hielo dentro de charcos de agua. Las dos fases coexisten, juntas pero separadas, en equilibrio dinámico. Un grado en cualquier dirección y se congela o funde totalmente.

Bahcall considera que la misma lógica de las transiciones de fase se aplica a las organizaciones, en las que ciertos parámetros de gestión pueden cambiar los incentivos hacia el apoyo a los *loonshots* o a las franquicias, o alcanzar ese milagroso estado de equilibrio en el que ambos son posibles. ¿Cómo funciona esto en la práctica?

Las principales variables en funcionamiento son dos fuerzas que compiten entre sí: el rango y la apuesta.[230] En una pequeña empresa emergente, por ejemplo, si nuestra *loonshot* supera las probabilidades de éxito, todos nos haremos extremadamente ricos.

---

230. Bahcall, S. (2019), *Loonshots: How to Nurture the Crazy Ideas that Win Wars,* Cure Diseases, and Transform Industries, St. Martin's Press, Nueva York.

En otras palabras, todos tenemos un gran interés en el éxito de la empresa, y con solo un puñado de personas en la compañía no hay beneficios para el rango.

Sin embargo, en algún momento, si nuestra empresa emergente tiene éxito, alcanzará un tamaño en el que las ventajas del rango se equiparan. Si tenemos que elegir entre apoyar una idea descabellada que corre un alto riesgo de fracasar, que puede tardar años en materializarse y que, en caso de hacerlo, no supondrá una gran diferencia en nuestro éxito personal, o apoyar un proyecto de franquicia que tiene más probabilidades de triunfar y de suponer un ascenso o un aumento de sueldo en el plazo de un año, la opción más obvia es descartar la idea descabellada y quedarse en el molde. La organización ha pasado por una fase de transición.

Sin embargo, como explica Bahcall, este punto de transición puede ajustarse mediante la manipulación de los factores de gestión que cambian los incentivos de un individuo hacia el trabajo o la política del proyecto. Hay cinco factores que merecen una consideración especial.

En primer lugar, está el *alcance de la gestión*, es decir, el número de subordinados directos bajo cualquier nivel de la jerarquía. Cuanto más amplio sea este intervalo, menos oportunidades habrá de promoción, por lo que habrá menos incentivos para jugar el juego. Cuando los rangos son más amplios, también es más probable que compartamos ideas y busquemos la opinión de nuestros compañeros: una estructura mejor para fomentar la experimentación y la innovación.

A continuación tenemos el *escalón salarial* y nuestra *fracción de equidad*. Cuanto mayor sea el escalón entre los niveles de la jerarquía, más incentivados estaremos para centrarnos en el rango; cuanto menor sea el escalón, más nos centraremos en el trabajo por proyectos. Y cuanto más equidad tengamos, más nos centraremos en el éxito comercial de la empresa.

Por último, tenemos dos factores de aptitud más sutiles: la *adecuación al proyecto* y el *rendimiento de la política.* Si somos excepcionalmente hábiles en nuestro trabajo, lo disfrutamos y podemos tener un impacto positivo evidente en el resultado de un proyecto, es más probable que centremos nuestra atención en el trabajo en sí que si estamos atrapados en un papel en el que no podemos contribuir mucho. Del mismo modo, si la política de la oficina parece ser un factor decisivo a la hora de decidir quién asciende en el escalafón, en lugar de la calidad de su trabajo en el proyecto, puedes apostar a que los esfuerzos de la gente irán a parar allí.[231]

Al manipular estos factores, podemos ajustar los incentivos de la gente hacia la participación o el rango, y con ello su apoyo a los *loonshots* o a la ampliación de franquicias. Podría decirse que un enfoque mejor es separar estas organizaciones por completo, creando una incubadora de *loonshots* dedicada a alimentar nuevas ideas audaces fuera del negocio de las franquicias.

Mi propia experiencia, sin embargo, me ha enseñado que separar las organizaciones sobre el papel no es, necesariamente, suficiente para separar sus mentalidades, especialmente si las señales del entorno y las operaciones replican las de la oficina central.

Una vez trabajé con un laboratorio de innovación que había sido bendecido con las oficinas más lujosas que he visto nunca, y cuyos miembros del equipo pasaban una cantidad desmesurada de tiempo volando por todo el mundo en clase ejecutiva para visitar a posibles socios.

Había algo en la sensación de abundancia que impregnaba la operación —desde la entrada de mármol y el mobiliario de diseño hasta los beneficios, los presupuestos y la dotación de personal— que hacía que no hubiera la sensación de urgencia o emoción que se suele encontrar en las empresas de nueva creación, donde la

231. Ibídem.

perspectiva de fracaso está siempre presente, y tu pequeña banda se ha unido para emprender un viaje hacia lo desconocido. Es difícil no sentir que ya has triunfado mientras miras hacia el horizonte desde tu oficina vidriada con tu trasero firmemente plantado en una silla Eames. No hace falta decir que esta organización en particular gastó mucho y consiguió muy poco. Pero fue divertido mientras duró.

Por el contrario, las nuevas empresas independientes suelen tener recursos muy limitados, equipos lo más reducidos posible y su entorno físico, si es que tienen oficina, suele ser discreto. Hay muchas historias, por ejemplo, de empresas tecnológicas que empezaron en un garaje o de fundadores que montaron sus propios muebles de IKEA el primer día. El Skunk Works de Lockheed, el prototipo de empresa emergente dentro de una gran empresa, construyó su primer avión en una tienda de campaña.

Siempre he creído que este tipo de limitaciones influyen tanto en nuestro éxito como los recursos. Las limitaciones, ya sean de tiempo, dinero o personal, liberan nuestra creatividad. Nos obligan a priorizar, concentrarnos e improvisar, y la sensación de escasez desalienta la complacencia. Para que nuestra incubadora triunfe es importante que la separación entre la franquicia y la incubadora vaya más allá de la estructura organizativa básica y los incentivos, y se extienda a las operaciones, los recursos y el entorno.

Otro reto se presenta cuando un concepto sale de la incubadora y se introduce en la franquicia para poder entrar en el mercado. Si la transición es demasiado forzada —impulsada por un líder entusiasta— se corre el riesgo de ignorar las vitales ideas de los franquiciados. Si la transición es demasiado débil, las ideas prometedoras nunca atraerán la atención de la franquicia, que está incentivada a explotar las oportunidades existentes. El equilibrio es esencial.[232]

---

232. Ibídem.

Para gestionar esta transición, es vital que ambos grupos —los artistas y los soldados, como los llama Bahcall— sean igualmente respetados por la organización, y que el traspaso se gestione cuidadosamente con la ayuda de promotores del proyecto que no solo estén familiarizados con ambas partes y puedan tender un puente entre ellas, sino que también sean expertos en ventas internas.[233]

«El eslabón débil», escribe Bahcall, «no es el suministro de ideas. Es la transición al campo. Y la causa de ese eslabón débil es la estructura, el diseño del sistema, más que las personas o la cultura».

Afortunadamente, la estructura es algo que, a diferencia de la cultura, puede manipularse directamente, al igual que los demás factores que hemos abordado en este capítulo: cómo fijamos los objetivos y utilizamos las métricas, a quién contratamos y cómo se les forma para tomar decisiones.

No podemos agitar una varita mágica y transformar una organización de la noche a la mañana, pero con paciencia y compromiso podemos crear equipos más diversos, aumentar su seguridad psicológica y proporcionarles los incentivos y entornos que necesitan para florecer, sea cual sea la naturaleza que les acecha.

RESUMEN DEL CAPÍTULO

- La forma de contratar, gestionar e incentivar a las personas y de estructurar los equipos afecta a la capacidad de una organización para prosperar en la incertidumbre.
- Aunque los objetivos son fundamentalmente útiles, pueden ser destructivos cuando los objetivos fijos entran en conflicto con la naturaleza impredecible de nuestro entorno.
- En entornos inciertos es mejor centrarse en los objetivos de aprendizaje que en los de rendimiento.

233. Ibídem.

- La fijación de la métrica puede crear incentivos perversos y ser un catalizador para la búsqueda destructiva de objetivos.
- La obsesión por las métricas desalienta la asunción de riesgos y la innovación.
- En las organizaciones con una cultura del error negativa, la toma de decisiones se vuelve defensiva y la capacidad de adaptación, aprendizaje y crecimiento se ve comprometida. Una cultura del error positiva tiene el efecto contrario.
- Una de las principales tareas de los líderes es crear un entorno en el que aumenten las fricciones intelectuales y disminuyan las sociales.
- La seguridad psicológica es un factor determinante del rendimiento del equipo y de la capacidad de una organización para prosperar en medio de la incertidumbre.
- Hay cuatro etapas de la seguridad psicológica: seguridad de inclusión, seguridad de aprendizaje, seguridad de colaboración y seguridad de desafío.
- La diversidad cognitiva aumenta la probabilidad de que se produzcan innovaciones revolucionarias y nos ayuda a resolver los problemas con mayor eficacia al crear un conjunto de herramientas más amplio con el que trabajar.
- La diversidad demográfica y cognitiva van de la mano.
- La diversidad y la seguridad psicológica están estrechamente relacionadas. Sin la seguridad psicológica, un equipo diverso no rendirá bien. Un entorno psicológicamente seguro se beneficiará de una mayor diversidad.
- Los conocimientos empresariales generales son un poderoso complemento de los conocimientos especializados, ya que mejoran la comunicación y la toma de decisiones.
- Las organizaciones deben seguir siendo adaptables y reconocer que muchas de las actividades más beneficiosas para una empresa son intrínsecamente ineficaces.

- El hecho de que un equipo se centre en cultivar ideas innovadoras o en explotar las oportunidades de mercado existentes depende de sus incentivos individuales.
- Las organizaciones deben crear estructuras separadas pero integradas para alimentar las nuevas ideas y las franquicias, y gestionar cuidadosamente los intercambios entre ambas.

Epílogo

No se puede escribir un libro sobre el azar y el éxito sin reevaluar un poco tu propia historia en el proceso. Al volver sobre mis pasos con una mayor apreciación por el azar, la casualidad y las fuerzas cognitivas y culturales que los oscurecen, veo los acontecimientos pasados bajo una luz totalmente diferente.

No podía saber, por ejemplo, cuando me subí a aquel tren hacia Oxford, que hojear un periódico desechado pondría en marcha mi carrera. Y cuando desempacaba mi portátil mi primer día de un trabajo de consultoría en 2007, no tenía ni idea de que acabaría dirigiendo un negocio al otro lado del mundo con el desconocido que estaba sentado a mi lado.

Csaba me cuenta que no tenía intención de asistir a la fiesta en la que nos conocimos, pero que decidió ir en el último momento. Sin esa decisión precipitada, y el imprevisible curso de los acontecimientos que me llevaron a estar allí también, no habríamos escrito este libro y tú no lo habrías leído.

Al reflexionar sobre estos encuentros fortuitos, me llama la atención, en particular, su absurda trivialidad. Los acontecimientos que cambian la vida nunca han sido evidentes en el momento. Un solo grano de arroz cae suavemente sobre otro del montón y desencadena la reacción.

Estos casos me recuerdan el consejo de Kurt Vonnegut: «Disfruta de las pequeñas cosas de la vida porque un día mirarás atrás y te darás cuenta de que fueron las grandes cosas». El siguiente pequeño encuentro con un desconocido puede ser el comienzo de una asociación que cambie tu vida. Una pequeña frustración con un producto o servicio puede dar lugar a una gran empresa. Y la historia nos enseña que los grandes avances nacen más a menudo de encuentros fortuitos, accidentes felices y curiosidades que de un análisis lógico y riguroso. Así que, aunque no hay forma de eliminar la incertidumbre de nuestro entorno, tampoco deberíamos querer hacerlo. Y si suscribimos la creencia de Séneca de que la suerte es lo que sucede cuando la preparación se encuentra con la oportunidad, entonces hay mucho que podemos hacer para estar mejor preparados y crear más oportunidades: desde la mentalidad que adoptamos y las relaciones que desarrollamos, hasta las estrategias que perseguimos y las estructuras de equipo que creamos.

Y lo que es igual de importante, podemos encontrar más felicidad, tranquilidad y emoción si aceptamos la imprevisibilidad de nuestro entorno en lugar de luchar contra ella. Una mayor sensación de control sobre los resultados no vendrá de los intentos inútiles de desterrar la incertidumbre, sino de hacer que esa incertidumbre trabaje a nuestro favor. Parafraseando a Aristóteles Onassis, no podemos ordenar al océano que cumpla nuestras órdenes, pero podemos aprender a navegar con buen o mal tiempo, y así no tendremos por qué dejar de explorar.

Si te ha gustado el libro, has aplicado estos conceptos en la práctica y te gustaría compartir tus historias, nos encantaría saber de ti, especialmente si crees que hay una oportunidad de colaborar a través de Tiller Partners o Methodical. Envía un correo electrónico a authors@mastering-uncertainty.com.

Quién sabe a dónde puede llevarnos. Después de todo, ¿cuál sería la desventaja?